我的
尋藥人生

從病房到雨林島嶼
一位民族植物學家探尋自我、採集新藥的不尋常之旅

The Plant Hunter

A Scientist's Quest for Nature's Next Medicines

Cassandra Leah Quave

卡珊卓・麗雅・奎弗 ———著 駱香潔 ———譯

臉譜書房 FS0156

我的尋藥人生：

從病房到雨林島嶼，一位民族植物學家探尋自我、採集新藥的不尋常之旅

The Plant Hunter: A Scientist's Quest for Nature's Next Medicines

原著作者 卡珊卓・麗雅・奎弗（Cassandra Leah Quave）
譯　　者 駱香潔
副總編輯 謝至平
責任編輯 鄭家暐
行銷企畫 陳彩玉、林詩玟、陳紫晴、林佩瑜
封面設計 莊謹銘

發 行 人 涂玉雲
總 經 理 陳逸瑛
出　　版 臉譜出版
城邦文化事業股份有限公司
臺北市民生東路二段141號5樓
電話：886-2-25007696 傳真：886-2-25001952
發　　行 英屬蓋曼群島商家庭傳媒股份有限公司城邦分公司
臺北市中山區民生東路二段141號11樓
讀者服務專線：02-25007718；25007719
24小時傳真專線：02-25001990；25001991
服務時間：週一至週五09:30-12:00；13:30-17:00
劃撥帳號：19863813 戶名：書虫股份有限公司
讀者服務信箱：service@readingclub.com.tw
城邦網址：http://www.cite.com.tw
香港發行所 城邦（香港）出版集團有限公司
香港灣仔駱克道193號東超商業中心1樓
電話：852-25086231或25086217 傳真：852-25789337
馬新發行所 城邦（馬新）出版集團
Cite（M）Sdn. Bhd.（458372U）
41-3, Jalan Radin Anum, Bandar Baru Sri Petaling,
57000 Kuala Lumpur, Malaysia.
電話：+6(03)-90563833 傳真：+6(03)-90576622
讀者服務信箱：services@cite.my

一版一刷 2022年11月

城邦讀書花園
www.cite.com.tw

ISBN 978-626-315-207-6（紙本書）
ISBN 978-626-315-209-0（EPUB）

定價：NT$ 460（紙本書）
定價：NT$ 322（EPUB）

國家圖書館出版品預行編目資料

我的尋藥人生：從病房到雨林島嶼，一位民族植物學家探尋自我、採集新藥的不尋常之旅／卡珊卓・麗雅・奎弗（Cassandra Leah Quave）著；駱香潔譯. -- 一版. -- 臺北市：臉譜出版，城邦文化事業股份有限公司出版：英屬蓋曼群島商家庭傳媒股份有限公司城邦分公司發行，2022.11
面；　公分. --（臉譜書房；FS0156）
譯自：The plant hunter : a scientist's quest for nature's next medicines
ISBN 978-626-315-207-6（平裝）

1.CST：奎弗(Quave, Cassandra Leah.) 2.CST：傳記
3.CST：植物學 4.CST: 藥用植物

785.28　　111015106

這本書獻給喜愛大自然的美麗與精妙
守護知識和追求智慧的每一個你

目次

輯三／醫學

附錄

作者的話

這本書討論的是我與傳統療癒師以及各種醫療體系合作的經驗，也會討論到特定植物成分的具體用途。即使在同一個語言裡，一種植物也會有多個名字。因此除了俗名之外，我也會附上學名（種、屬、科），以免造成混淆。本書末尾提供學名索引。

我根據記憶重新描述事件、場所與對話。為了保護隱私，我更改了某些人名與地名，或是改掉容易辨識的特徵與細節，例如外貌特色、職業和居住地等。

這本書提供的資訊不能取代醫生的醫療建議。讀者若有健康問題應諮詢合格醫生，尤其是可能需要診斷或治療的任何症狀。

前言

我和一支由六名學生組成的團隊站在緊鄰沼澤的潮濕草地上，勘察這天上午的工作地點。我們一大早摸黑起床，在沼澤曙光乍現的時候，驅車二十英里深入鄉間。我的實驗室位於喬治亞州亞特蘭大市的艾默利大學（Emory University），我經常像這樣帶學生進行田野工作。我們的任務是：尋找植物。

眼前的草地長滿了入侵種雜草，這種雜草叫做毛果茄（*Solanum viarum*, Solanaceae）有堅硬的黃色果實和帶尖刺的葉子。除了毛果茄，這裡也長了一簇簇毛絨絨的原生植物假蒿（*Eupatorium capillifolium*, Asteraceae）。此時此刻，迎風搖曳的植物彷彿正在向我們招手。十五英尺外，綠油油的草地變成黑色淤泥，那裡是一大片柏樹林，長著樹結的樹幹突出水面很像膝蓋，使樹林看上去更像是一群看守沼澤的枯瘦哨兵。我凝視眼前的景象，抬手拭去額頭上的汗。還沒開始工作，我已在潮濕的四月天裡汗流浹背。

我是艾默利大學的教授兼植物標本館的館長，從植物裡發掘新藥是我全心投入的工作。接下來兩週，我和學生要在這塊沼澤地採集大約一百種植物，帶回我的實驗室進行研究。我們花了三個月準備這次田調：詳查美洲原住民使用植物的歷史紀錄；為這次田調製作一本藥用植物和應用指南，並且附上參考照片；安排適合深度科學考察的各項後勤細節。

終於到了出發的時刻。

「等一下！」我說。「換上長筒靴。」

千萬別小看佛羅里達州的淤泥。

我坐在卡車的車尾，看著學生換上雨鞋。我準備的時間會比他們久一點。我的骨骼有多重先天缺陷，可以說我從小就以各種方式與醫學和科學結下不解之緣。我經歷過多次手術，第一次是三歲做了膝蓋以下的截肢手術，目的是讓我能夠穿上各式各樣的義肢行走。今天我穿的是最簡單的義肢：金屬支架一端套住膝蓋底下的殘肢，一端是橡膠假腳。這種義肢的腳踝無法彎曲，所以我沒辦法穿上一般的長筒靴。幸好我老公馬可（Marco）心靈手巧，他在這款長筒靴背面裝上拉鍊，穿起來比較簡單。我穿好靴子，檢查軍用腰帶上的工具：一把獵刀、一把修剪枝葉的園藝剪、一把日式挖掘園藝刀、一臺手持無線電、一把點三五七史密斯威森手槍。

我們不是來打獵的，但我知道毫無防備就闖入有鱷魚的區域非常危險。我的手槍裝的是中空彈，並且打開保險。真正熟知佛羅里達州生態系統的人很少：在內陸沼澤與濕地的水邊野餐，可能會讓自己成了鱷魚的野餐。不過，這個狂野又危險的原始地帶是我長大的地方。

學生都帶著手持無線電、園藝剪和鏟子，兩人一組沿著沼澤的邊緣散開，各自行動。他們從不同的角度進入沼澤，像一群鎖定獵物的狼。我派其中兩人往反方向的小溪走，深入灌木叢與高莖草原尋找一種極難尋覓的黑莓，其他人則是直接進入沼澤。

金（Kim）是個活力十足的女孩，加入實驗室已有一年。進入沼澤後，她是第一個呼喚我的學生。我拿著登山杖艱難前行，靴子啪噠作響地在淤泥裡跋涉。她指著一株草本植物，高度約一英尺，莖部末稍有幾簇小巧白花。「嗨，你真可愛，」我邊說邊用指尖輕觸這株植物。我翻開田調指南，確認自己第一眼的判斷是否正確。

「你好厲害！」我語帶崇拜地說，「這是一種三白草科植物，只生長在沼澤這樣的潮濕棲地。」這株植物叫蜥尾草（*Saururus cernuus*），切羅基人（Cherokee）和喬克托人（Choctaw）用蜥尾草的根做成敷料敷在傷口上。塞米諾爾人（Seminole）用整株蜥尾草治療被蜘蛛咬傷的地方。

確認本日的第一個戰利品後，我身旁的學生都很清楚接下來的步驟。我會剪下一株植物收入植物標本館逐漸擴充的標本庫，金和其他人會謹慎地裝滿一桶樣本，數量要夠多才能拿回實驗室裡進行萃取。我們把剪下來的每一株植物鋪在報紙上，蓋上另一張報紙壓住，並且標註名字、編號、日期與地點。接著蓋上厚紙板與吸油紙，然後放進木條板結構的植物標本夾裡，標本夾在乾燥過程中緊壓植物，壓扁的標本將在艾默利大學的植物標本館長期存放。

同樣的過程不斷重複：搜尋、辨認、採集，我們像一群執行偵察任務的士兵，像一群野營者在沒有電的野外採集糧食，也像一群顧客在地球上規模最大、最原始的沃爾瑪超市貨架間穿梭。辛勤工作大約一小時後，我們找到了不少目標植物，此時無線電傳來喬許（Josh）的聲音，他興奮地說出我渴望已久的消息：「找到了。」喜悅之情瞬間將我淹沒。他們找到那種黑莓了。

發現目標純粹的興奮感，是科學的核心本質。我在田調時尋找的每一株植物，都像是埋藏或消失已久的寶物。但是這一種懸鉤子屬（*Rubuss*）的黑莓是本次田調的主角。我急著親眼見到它，邁步走向喬許的時候，我甚至差點在淤泥裡滑倒。懸鉤子屬植物有三百多種，遍布地球各處，原住民用這種植物治療腹瀉、性病和皮膚感染長達好幾個世紀。我希望能多研究幾株北美原生種，因為我已仔細研究過一種極具抗菌潛力的義大利原生植物。① 它是一種生物膜抑制劑（biofilm inhibitor），意思是它能限制細菌附著於表面的能力，使細菌更容易被抗生素或免疫系統擊敗。採集愈多懸鉤子屬植物，就愈能深入了解它們解決抗生素抗藥性的潛在效用。細菌對抗生素產生抗藥性，是抗生素問世以來最令人憂心的發展之一，這些細菌是我的眼中的死敵兼大魔王，而我的任務就是開發武器，希望能打贏這場或許將攸關人類存亡的大戰。

全球每年因為抗生素抗藥性（AMR，antimicrobial resistance）而死於感染的人超過七十萬。② 預計到了二〇五〇年，每年死於AMR的人將超過一千萬（每分鐘十九人），超越癌症（八百二十萬）、糖尿病（一百五十萬）、腹瀉疾病（一百四十萬）與交通事故（一百二十萬）。打個比方，大部分的校巴一輛能坐五十個成年人，現在**每天**因AMR感染致死的人差不多能坐滿三十八輛校巴。三十年後，**每小時**死於AMR感染的人差不多能坐滿二十二輛校巴。AMR宛如一列全速前進的貨運火車，但是盡頭已沒有軌道……也無法剎車。這是必須正視的嚴峻問題。

更可怕的是，人類自一九八〇年代以來就停止發現和市場化新的抗生素類別。③找到和開發具備正確的抗菌活性又符合人體安全的新型化學結構絕非易事，須投入大量的時間、專業能力與資金。更確切的說，需要持續投入資金。過去十年，費盡千辛萬苦獲得美國FDA核准的抗生素新藥有十五種④，其中五種因為公司申請破產或是被併購而擱置上市。我們在對抗超級細菌的戰役中面臨著雙重危機：一個是抗生素失效，另一個是支撐我們發現與開發抗生素的經濟模式嚴重崩解。

我們是如何走到這一步的？

這些藉由感染導致人類病弱或死亡的微小禍首，擁有各式各樣的形態、生活方式與棲地。有些是病毒，有些是真菌或寄生物。細菌是大宗。細菌是無所不在的單細胞生物，就連我們的皮膚和體內也是細菌的棲地。如果所有的巨型生物[1]全數消失（不分動植物），地球上將充滿牠們幽靈般的輪廓，由牠們體內和體外的微生物描繪而成。

---

1 譯註：巨型生物意指任何可以在沒有儀器協助下肉眼可見的生物。

大多數的時候細菌是無害的（**微生物體**〔microbiome〕指的是你的身體內部與表面自然存在的細菌和其他微生物），但有些細菌會把握機會從無害的不速之客變成詭計多端的入侵者，造成程度或輕或重的感染。這時我們就需要抗生素。正因如此我才會為了這株黑莓在雜草與藤蔓中摸索搜尋，還得鍛鍊自己的周邊視力留意蠢蠢欲動的鱷魚。這種懸鉤子屬植物有可能成為全新的抗生素。

生活於現在的我們，很難想像沒有抗生素的生活。但不可思議的是，我們熟悉的抗生素其實只存在不到一個世紀。以人類史的時間長度來說，一百年簡直微不足道。一九〇〇年的美國還沒有抗生素⑤，當時的前三大死因都是傳染病：肺炎、肺結核、腹瀉或腸炎（小腸發炎）。一九二八年青黴素的發現以及十五年後青黴素量產，被公認是醫學界的重大變革。甚至可以說，青黴素就是**變革本身**。史前人類學會用火，改變了人類烹調和進食的方式；而青黴素則是將人類推向全新的醫療時代。一九四五年獲得諾貝爾醫學獎的亞歷山大．弗萊明（Alexander Fleming）、恩斯特．柴恩（Ernst Chain）與霍華德．弗洛里（Howard Florey），以及一九六四年獲得諾貝爾化學獎的桃樂絲．霍奇金（Dorothy Crowfoot Hodgkin），帶領我們走上一條空前的探索之路。曾經面臨生死存亡的病人，現在都能好好活著。

青黴素之所以能殺菌，是因為它會干預細菌的生長和分裂。細菌的細胞壁是由肽聚糖（peptidoglycan）構成，青黴素能在細菌生長時阻礙肽聚糖單元彼此連結，使細菌快速分解並排出內容物，就像漏水的水球一樣。細菌會因此死去。這項創新問世後，其他創新快速跟進，抗生素的黃金年代就此開啟，科學家前仆後繼在世界各地尋找能夠製造這種神奇藥物的微生物。

遺憾的是，抗生素上市不久就遭到濫用。青黴素於一九四五年開放大眾使用後，人們連輕微病痛也會使用青黴素，例如病毒感染，但其實青黴素對這些病痛毫無效用。每個人都想試試這種最新的醫學奇蹟。症狀一減輕就停藥的情況相當常見，導致細菌對抗生素產生抗藥性。在一小塊青黴上發現殺菌力的弗萊明是蘇格蘭醫生兼微生物學家，他知道抗藥性是這種救命新藥注定要面對的問題。他在一九四五年的一場演講中警告觀眾過度使用這種神奇藥物的危險⑥：「自我用藥最大的潛在問題是劑量不足，非但不會消除感染，反而會鍛鍊細菌抵抗青黴素，進而培養出許多對青黴素有抗藥性的細菌。這些細菌在人與人之間傳染，直到有人感染了連青黴素都無法治癒的敗血症或肺炎。」不幸的是，他所預測的事——細菌被鍛鍊出抗藥性以及抗藥菌的人際傳播——後來都一一實現。

抗生素的研發挑戰不容小覷。這是一個艱辛的領域。現在臨床常用的抗生素類別，幾乎都是在一九五〇年代早期發現的，當時我們連DNA的結構都了解甚少。儘管人類在分子生物學、生物化學、藥理學和許多其他領域都有長足進步，但過去幾十年來我們苦苦尋找新的抗生素卻大多以失敗告終。湯姆．杜爾蒂博士（Tom Dougherty）是製藥產業的抗生素研發專家，他曾經告訴我：「如果你對失敗的承受力不高，或許可以考慮離開這個領域去做一些難度較低的事，例如火箭科學。至少大致上從一九五〇年代以來他們一直發展得很成功。」更複雜的是，因為利潤不夠豐厚，大型藥廠正在退出抗生素的研發，留下巨大的研發斷層。

我們需要新的治療方式，而且現在就需要。這就是我的研究領域。

地球上估計約有三十七萬四千種植物[7]，其中至少三萬三千四百四十三種有藥用紀錄。[8]有些植物做的藥物被收錄在書籍裡，例如古羅馬醫生迪奧斯科里德斯（Pedanius Dioscorides）在西元一世紀的著作《藥物論》（*De materia medica*），以及聖賀德佳修女（Hildegard of Bingen）十二世紀的著作《自然界》（*Physica*）。但是有許多自然界的藥物仰賴口述傳統，靠薩滿或巫醫代代相傳。三萬三千種！這意味著地球上約有百分之九的植物曾經是（在許多地方現在依然是）主要的醫療方式。人類無論來自哪個文化、住在怎樣的地方，都經歷了數千年的嘗試和錯誤，在幾十萬種植物裡搜尋哪些或許能緩解頭痛跟胃部不適、哪些能止飢解渴、哪些能舒緩疼痛，最後確認了至少三萬三千種藥用植物。這實在太驚人了，但更加驚人的是：這些藥用植物絕大多數**居然還沒**被人類認真研究過。

這些植物之中，曾被現代科學深入研究藥用潛力的數量少得令人震驚，只有寥寥幾百種。也就是說，藥典有記載的植物占地球總數的百分之九，而其中只有不到百分之五曾有幸進入實驗室。雖然傳統療癒師知道這些植物有療效，但我們對它們**如何**發揮療效欠缺科學上的理解。我們知道的僅是皮毛！儘管如此，以我們研究和提煉過的植物來說，結果極為驚人。

我們現在習以為常的各種救命和保健藥品，其實都是植物的衍生物。你吃過阿斯匹靈嗎？這是柳樹的功勞（柳屬植物，*Salix*）。你看牙醫時注射過麻藥嗎？麻藥最初也是在植物中發現的：來自安地斯山脈的古柯樹（*Erythroxylum coca*, Erythoxylaceae）。外科手術的止痛藥呢？罌粟（*Papaver somniferum*, Papaveraceae）提煉的嗎啡能有效緩解術後疼痛。許多癌症新藥同樣來自植物：紫杉醇（Taxol）取自美國西北部的太平洋紫杉（*Taxus brevifolia*, Taxaceae）；依託泊苷（etoposide）取自美國東部的鬼臼（*Podophyllum peltatum*, Berberidaceae）；長春新鹼（vincristine）取自馬達加斯加長春花（*Catharanthus roseus*, Apocynaceae）；喜樹鹼（camptothecin）取自中國喜樹（*Camptotheca acuminate*, Cornaceae）。如果你去過瘧疾地區或不幸感染了瘧疾，第一種瘧疾藥物是在亞馬遜雨林發現，也就是取自金雞納（*Cinchona* spp., Rubiaceae）樹皮的奎寧（quinine）；後來在中國發現的青蒿素（artemisinin）亦可治療痢疾，取自黃花蒿（*Artimisia annua*, Asteraceae）。青蒿素的發現甚至獲頒諾貝爾獎。[9]

十九世紀晚期出現合成藥物之前，所有的藥物都是直接取自植物、動物和礦物，形態包括混合、化合、萃取、烹煮和直接使用。現在我們生活的合成藥物時代其實尚不足一百五十年，卻足以使我們忘記藥物的來源。

時至今日，親手種植或採集食物跟藥物的生活，距離多數人已非常遙遠。我們仰賴工業化農業與藥廠提供產品。對人類來說，這在許多方面都是一大福音：有更多食物餵飽更多人類，低價藥物變得更容易取得。但這樣的進步是有代價的。我們對自然界的力量感到愈來愈陌生，再加上愈來愈沒機會接觸種植與採集這些資源的土地，導致我們對於大自然在健康方面的關鍵作用愈來愈不了解，這樣的無知相當危險。由於失去了與自然界的連結，我們以為自己和大自然的力量毫不相干，甚至互相對立。但其實從古至今，人類一直是自然界的一部分。

遺憾的是，簡化主義是目前科學界的風氣，許多科學家要麼只研究人工化合物，要麼只想改造既有藥物的結構走「捷徑」。這種改造的效果或許能持續一段時間，卻錯失了探索廣大潛在藥物的機會，世界各地的傳統文化都已證實這些藥物擁有治療疾病的巨大潛力。除此之外，西方尋找藥物時最常使用的方法是優先考慮單一化合物或單一生物學靶點（biological target），而植物固有的網絡藥理學（network pharmacology）相當複雜，所以相關研究經常遭到直接否決——太複雜、太費時、太昂貴。

不過還有另一種途徑：民族植物學（ethnobotany），這是一門研究人類與環境互動的科學，亦即如何獲得植物材料並且將之變成食物、建材、工具和（我特別關注的）藥物。美國植物學家約翰·哈什伯格（John Harshberger）於一八九五年率先提出**民族植物學**一詞。[10] 儘管長期以來植物學家、醫生和學者一直對記錄有用的植物特性充滿興趣，但民族植物學直到二十世紀才成為一門正式的科學學科。以希臘文、中文甚至埃及象形文字書寫的古代草藥文本和卷軸古冊承載了豐富的歷史，證明人類熱衷於記錄與保存有用的植物知識以便與他人分享。

植物對人類有著方方面面的影響。我們用植物為身體提供營養，製作衣物（例如棉質T恤），建造房屋（堅固的木材），創作藝術（植物染料）和音樂（管樂器的簧片是蘆葦做的）來豐富人生。簡言之，民族植物學是生存的科學。[11] 身為民族植物學家，我非常清楚要在大自然裡尋找新藥物很困難、很費時也很昂貴。但是這種作法對人類大有益處，因為大自然不但可以，也已經呈現驚人的結果。除此之外，人類對這種作法的需求超越以往。我相信如果現在不採取行動，用更多的植物研究來開發治療感染的新方法，人類將面臨一場嚴重的、致命的、代價高昂的危機。事實上，這件事可能決定人類的生死存亡。

我用民族植物學的方法鑑定自然界的藥物，尋找治療抗藥性感染的新療法。這正是我的團隊在佛州沼澤裡揮汗跋涉的原因。為了這項任務，我曾深入亞馬遜河水氾濫的森林，喬治亞州響尾蛇出沒的松林，阿爾巴尼亞與科索沃的偏遠山峰，義大利中部綿延的丘陵，還有地中海上的礁岩小島。我的化學資料庫現在收藏了六百五十幾種藥用植物和兩千種萃取物，為研究團隊的尋藥工作提供參考資料。我曾經划獨木舟進入以河流為公路的森林，在沙漠上騎沙灘車越過沙丘，在崎嶇的山路上騎四輪越野車，在陡峭到難以攀爬的地方騎騾子，在佛州大沼澤（Everglades）乘坐風扇艇，也曾緩慢徒步尋找藥用植物，採訪使用這些植物的人。這一切的一切，都是因為我希望人類可以跟大自然攜手確保人類的物種延續。

尋找抗生素新藥於我也有個人意義。我一出生就有多重骨骼缺陷，右腿和右腳都缺了好幾塊骨頭，三歲時差點死於金黃色葡萄球菌感染。美國每年有超過兩萬人死於金黃色葡萄球菌感染。[12]我很幸運，抗生素幫我戰勝了感染。

現代醫學救了我一命。如同過去一世紀以來，它挽救了數億，甚至數十億人的生命。我希望藉由擴充知識基礎與研究方法，提升未來醫學的作用和影響力。我的目標是兼容並蓄，將科學、藝術與人文領域的觀念都納入考量。我以謙卑的態度聆聽和請教各地長者，他們擁有代代相傳的知識，這些知識經過千百年來的積累和傳承，是他們文化中獨有的健康觀念與醫療方法。只要仔細尋找、堅持不懈，我相信我們可以從過去遭到忽視或輕視的人、地與經驗中學到很多。我在實驗室裡研究的黑莓萃取物已證實能有效對抗金黃色葡萄球菌，也就是當年幾乎殺死我的細菌。

這個故事是我的人生旅程，包括我如何與殘疾和感染搏鬥，我對科學的沉迷與奉獻，我身為科學家兼探險家的生涯發展，結婚育兒，以及如何在男性主導的科學界找到自己的定位，尋找能夠戰勝傳染病的新方法。我經歷過多次外科手術，以長達數十年的時間親身感受西方醫學的優缺點。這些經驗使我逐漸明白：人類與大自然緊密相連，大自然可以為新一代的先進藥物提供線索，抗生素抗藥性的解決之道可能在於消除細菌造成傷害的能力，而不是直接消滅細菌。我相信，大自然可以拯救人類。

輯　一

自　然

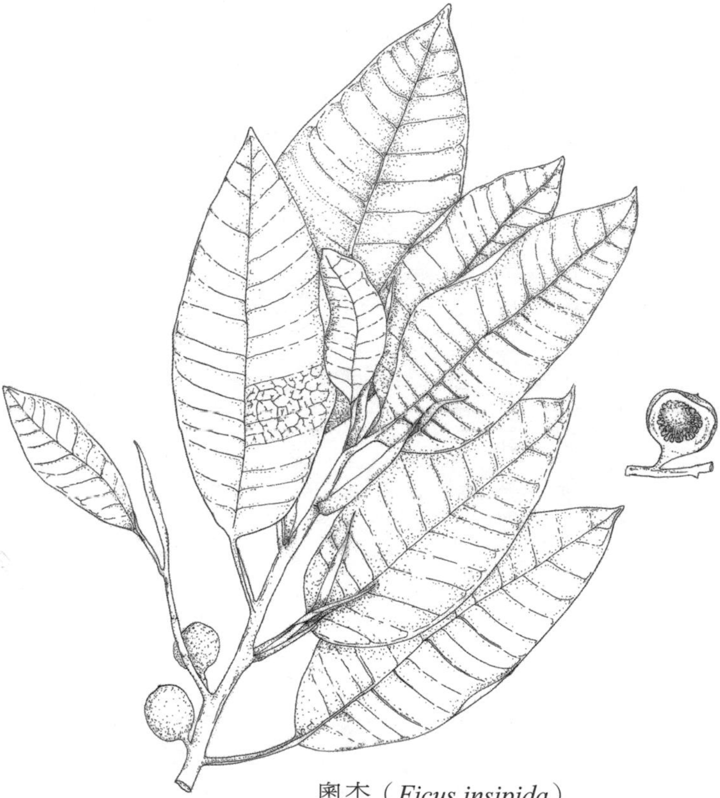

奧杰（*Ficus insipida*）

第一章／我、我的右腿與野外

「你只能活兩次：一次是誕生於世，一次是直面死亡。」

——伊恩·佛萊明（Ian Fleming）《你只能活兩次》（*You Only Live Twice*）[1]，1964

我們奎弗家族源遠流長，祖譜可追溯至璜·德·奎瓦思（**Juan de Cuevas**），此人一七六二年出生於西班牙的阿加米塔斯（**Algamitas**），移民至美國密西西比州，在現在稱之為哈里森郡（**Harrison County**）的地方落腳。他的妻子姓拉德納（**Ladner**），是法裔加拿大人，拉德納家族比他更早移民定居於此。兩人婚後住在貓島（**Cat Island**），生養了十二個孩子。現在的奎瓦思、庫耶瓦思（**Coueves**）、奎弗（**Quave**）跟庫弗（**Queve**）等幾個相似的姓氏，都是他們的後裔。我們家姓奎弗，世代都住在這個地方。

我父親雷蒙（**Raymond**）在比洛克西市（**Biloxi**）長大，他住的那條街就叫奎弗街（**Quave**

Street）。有一段時間，這條街的居民全是近親。我爺爺叫J.L.，以清除伐木殘幹為業。一九二〇年代，佛羅里達州的海岸與內陸小鎮如雨後春筍般湧現，美國南部高聳入雲的長葉松（*Pinus palustris*）被砍伐殆盡，用來建造小鎮的住宅與店鋪。這種常綠樹的針葉長度居全球松樹之冠，樹高可達二十四至三十公尺。樹砍掉之後會留下殘幹。爺爺跟他幾個兒子的工作是用推土機把殘幹連根推倒，再用炸藥把殘幹炸碎，變成適合殘幹加工廠磨碎的小木塊。海克力士火藥公司（Hercules Powder Company）旗下有一家殘幹加工廠，位在佛州德索托郡（DeSoto County）的和平河畔（Peace River）。洗淨後的殘幹先磨成木屑，再以蒸煮萃取松節油及其他副產品，例如硝化甘油與火藥。

伐木之後，清除殘幹是整地與創造耕地的關鍵步驟。這份工作並不輕鬆。我叔叔湯米（Tommy）小時候因為玩鎚子和雷管炸掉了幾根手指。有一個在我爺爺手下做事的熟人叫做阿波（Bo），有次懸吊重型機具的鏈條斷裂，把他砸死在聯結車的駕駛室裡。我爸在戶外從小玩到大，焊接金屬廢料不止是一種藝術創作的抒發，這項技術也能用來修理推土機、拖拉機跟挖土機的零件。他們一家人從密西西比州搬到佛州之後，我爸跟他的兄弟飆車飆出了名氣，還經常上演跟警車追逐的戲碼。我有個叔叔曾因此被捕，跟其他囚犯用鏈條鎖在一起服勞役。

1 譯註：繁體中文版由臉譜出版社於二〇〇四年出版。

一九六九年我爸二十歲，那年他第一次出國，離開佛州的沼澤，前往越南的沼澤。他服務的單位是中央高地軍步兵師第三團B營第十一連第一步兵排。他在剛噴灑過戴奧辛（橙劑）的叢林中長途跋涉。橙劑是一種強大的除草劑／落葉劑，美軍在越南叢林噴灑橙劑，目的是消滅北越人與越共藏身的樹林以及他們的糧食作物。一九七〇年七月底，我爸手裡握著一把上鎖上膛的機槍，跟同班的四位同袍站在裝甲運兵車頂上。他們頂著汗流浹背的高溫巡視四周，保持警戒。裝甲車裡另外坐著六個同一排的弟兄。他們駐紮在北越，位置是廣義省以北，此刻奉命前往另一個地區，因為有人在那裡發現越共。一切發生得很快。驚天動地的巨響出現時，我爸還沒意識到這是爆炸。裝甲車走的這條路埋設了地雷，就藏在看似尋常的泥土底下。

裝甲運兵車頂上的士兵裡，只有他和另外四個人活了下來。一架直升機及時抵達將他們送到軍事後送醫院，這家醫院位於南越一個叫做美溪（My Khe）的海濱城市，有中國海灘（China Beach）之稱。爸爸四肢無缺，但是脊椎受到撞擊，後來一輩子飽受背痛之苦。他獲頒一枚紫心勳章，並且被送回美國。回國後，他在佛州的阿卡迪亞（Arcadia）邂逅了我的母親西西（Cissy）。雷蒙在越南服役的時候，西西就讀位於阿拉巴馬州伯明罕的桑福德大學（Samford University），一開始念的是生物學與醫學技術。有一年夏天她在皮爾斯伍茲醫院（G. Pierce Woods）實習，這家醫院收治阿卡迪亞的心理障礙與心理疾病患者，這段時間她開始和雷蒙約會。西西是個高䠷美人，年輕的容貌加上及腰的栗色長直髮，只能說雷蒙賺到。

我爸媽決定在阿卡迪亞這個小鎮成家。阿卡迪亞位在佛州西南部的德索托郡，地處內陸，距離較知名的海濱城鎮沙拉索塔（Sarasota）和麥爾士堡（Fort Myers）約一小時車程。跟爺爺一樣，爸爸也投入清除伐木殘幹的工作，後來還擴大業務從事大規模整地，支援蓬勃發展的農牧業（肉牛與乳牛的牧場，橘子果園，種植番茄、草莓和西瓜的農場等）。媽媽在學校體制裡擔任特教老師。他們很幸福、很健康，也很相愛。

直到我出生。

我的右腿下半部天生發育不全，右腳踝以一種奇怪的角度彎曲，右腿脛骨很短，腓骨和踝骨完全缺失。請在腦海中想像一雙腿，其中一條腿比另一條短了許多，短腿長度只到長腿的小腿肚。醫生百思不得其解：母親懷孕期間，沒有任何跡象顯示我有先天缺陷。不過我出生於一九七八年，當時超音波還不是產檢的標配。我出生短短幾個月就頻繁就醫，看了很多醫生，這不僅影響了我爸媽的心理健康，也給他們造成經濟壓力。

隨著我慢慢長大，醫生告訴母親由於我腳踝處的假關節症（pseudarthrosis）[2]和日漸增大的

2 譯註：先天性脛骨假關節症是一種脛骨發育不良的罕見疾病，常見於脛骨中下三分之一交界處。

雙腿長度差距，走路對我來說將是一大挑戰。就算套上支架來支撐短腿，我的腳也可能因為假關節症而經常骨折。更糟的是，有位住院醫師預測我除了身體上的障礙之外，心智障礙的可能性也很高，這在罹患多重發育缺陷的孩子身上很常見。所幸在其他預測都成真的情況下，這個預測並未實現。總之，爸媽知道我的人生將充滿危險、行動相對不便而且馬上就要承受痛苦。他們非常心碎。

他們必須在我滿三歲之前做出決定。在翻閱我的病歷並且審慎考慮醫生的建議後，他們決定最好的作法是膝蓋以下的截肢手術：我只要借助義肢就能好好走路。這不是一個容易的決定。儘管他們已權衡利弊得失，還是會有親朋好友責怪他們刻意殘害自己的孩子。家裡的氣氛愈來愈緊張。

一九八一年八月，我剛滿三歲兩個月，手術團隊為我切除了一部分的腿。右膝以下保留一段長短適中的殘肢，骨頭末端留有一層厚厚的脂肪組織方便套上義肢。我住院住了將近兩週後才出院。一切非常順利。

三天後，我媽聞到一股腐臭味。這味道不是來自廚餘，也不是來自垃圾桶，而是我身上。我的殘肢發出臭味。出院時，護士說無論如何都不能拆開繃帶，但媽媽的內心深處有個聲音告訴她：問題很嚴重。這個味道她有印象，小時候生病的馬匹身上有傷口感染時，就是這個味道。於是她動手慢慢解開長長的外層繃帶，猶如解開木乃伊的裹屍布。她非常輕柔地揭開下一層厚棉墊，有液體流了出來，那是鼻涕般濃稠的黃色液體，質地像黏黏的香草布丁。她繼續揭開一疊沒有黏性的紗布，這是殘肢的最後一層屏障。她看見一灘黏稠液體、脂肪碎塊和腐爛的組織從我的小腿肌肉末端掉到地上時，不禁倒抽一口涼氣。潰爛的傷口裡突出一根長長的白骨。她的直覺沒有錯：我的右腿因為感染而潰爛。她趕緊把我送回醫院。

「不要！」我大聲尖叫。我全身赤裸在媽媽的懷裡扭動，護士在一旁幫忙。「不要把我放進血裡面！」大顆淚水從我脹紅的臉龐滾落。

這裡是沙拉索塔紀念醫院的水療中心，我將在這裡以漩渦浸浴水療治療感染的右腿，今天是第一次，往後還有許多次。在這之前，我的右腿做了清創手術，也就是醫生把爛肉刮掉。鋪著灰色磁磚的水療室看起來很單調，幾個圓形水療池放在墊高的平臺上。空氣裡的味道使我想起幾週前的手術室，又刺鼻又沉重，讓啜泣的我連連咳嗽。水療池裡裝滿血紅色的優碘溶液，旋轉的渦流產生許多氣泡。三歲的我以為，大人想把我放進一池血水裡。

一如往常，這場意志角力由媽媽勝出，我一邊哭泣一邊水療。水療不痛，只是我堅信這是一池血水。隔天一位也在水療中心治療的老太太送我一隻大黃鴨，於是接下來幾週的水療十分順利。就算血池裡只有我跟鴨鴨獨處也沒問題。

感謝媽媽的先見之明，如果她遵循護士的警告，沒有及時解開繃帶，我可能已經死了。感染破壞了我的皮膚與軟組織。傷口不但長了壞疽，而且金黃色葡萄球菌感染也已侵入骨骼，在組織裡形成一種難以分解的生物膜，這是一種叫做骨髓炎的疾病。要是再拖上幾個小時，感染就會擴散至血液，造成敗血症與多重器官衰竭。

根據我現在對葡萄球菌感染的了解，我真的要感謝幸運女神，我感染的是一九八〇年代的金黃色葡萄球菌（*Staphylococcus aureus*），而不是一九九〇年代流行的、已對多種藥物產生抗藥性的**HA-MRSA**菌株（與醫療相關的抗甲氧苯青黴素金黃色葡萄球菌），當然也不是在那不久後出現、攻擊性驚人的**CA-MRSA**菌株（與社區相關的抗甲氧苯青黴素金黃色葡萄球菌）。金黃色葡萄球菌十分狡猾，不僅會擴散至全身，還會造成不同類型的多種感染，例如骨骼（骨髓炎）、心臟（心內膜炎）、血液（菌血症與敗血症）、腦（腦膿腫）和皮膚（軟組織感染，或甚至是壞死性筋膜炎）。

住院三週後，我又裹上層層繃帶再次出院，這次我爸媽密切觀察感染跡象。十一月中旬，我回醫院接受另一個手術。醫生必須把骨頭截短，再把周圍的肉縫合在一起形成一段殘肢，方便我以後套上義肢走路。跟上次以及往後的每一次手術一樣，開刀很可怕、有致命風險，而且每次都很痛。但是這一次，我挺過來了。三歲的我勇敢面對死亡。我這一生還有很多事情要完成。我還不能走。人這輩子只能活兩次。[3]

雖然行動不便，但是我喜歡在戶外玩耍，經常跟狗狗小斑（Spot）一起探索我家附近的茂密櫟樹林、松林和棕櫚林，或是跟妹妹貝絲（Beth）跑到爸爸在後院弄的大土堆上玩。不過，顯微鏡把我從觀察昆蟲在森林地面爬行、觀察鹿在草地上嗅聞覓食的巨觀世界，瞬移到一個嶄新又奇妙的地方。透過顯微鏡觀察生物活動，我進入另一個維度，一個我過去從未聽聞的世界，一個等著我去發現的世界。在這一刻，我愛上了科學，因身障而壓抑的豐沛能量終於找到了出口。

一九八七年，國小三年級的我第一次參加科展。我的題目很簡單：一滴池水裡住著哪些生物？為了讓我在家準備科展，媽媽向高中借了一臺顯微鏡。拄著枴杖採集池水樣本並不容易，但我和小斑成功走到屋前的池塘邊，裝了滿滿一杯池水走回屋內。我的目標是觀察很多個水滴樣本，畫下我觀察到的生物，辨識出這些生物，然後算出每一種生物的數量。這是個簡單、優雅的計畫，我心中充滿期待。

顯微鏡底下的池水裡充滿生命。半透明的生物在明亮的光線裡扭動旋轉身軀。我靠近顯微鏡想看得更仔細，不小心撞到靠在餐桌旁的一對枴杖，枴杖倒在磁磚地板上。我無心撿起枴杖。這

---

3 譯註：007小說《雷霆谷》（*You Only Live Twice*）的書名，男主角龐德模仿松本芭蕉寫下俳句：你這輩子只能活兩次，一次是誕生於世，一次是直面死亡。

件事太重要了。我轉動旋鈕，換用解析度較高的鏡頭，另一隻手微調視野。

「牠身上都是毛！」我喊道。

可惜我身旁沒有人。

草履蟲在這滴池水裡游來游去，長橢圓形的身體被短毛覆蓋，短毛擺動是草履蟲的移動方式。我用彩色鉛筆把草履蟲畫在筆記簿裡，然後繼續觀察鏡頭底下漂浮的另一種生物。這種生物形狀不固定，變來變去，從物鏡一頭滑向另一頭的時候，會形成手臂一般的突出物。我翻閱百科全書。

「啊哈！」我說，「你肯定是變形蟲！」

我在筆記簿裡寫下這個名字，然後耐心畫下它的球狀輪廓。爸爸從後門走進廚房，用門外的臺階敲掉靴底的泥土，他剛用穀倉裡的重型機具完成工作。

「你在幹嘛？」他經過我身旁，走到廚房水槽前洗手。

原本低頭看顯微鏡的我抬起頭。

「你知道前面的池塘裡有草履蟲**還有**變形蟲嗎？」

「真酷，」他聽起來頗有興趣。

「我超想知道水溝裡有什麼生物。希望能看到螺旋體！」

螺旋體！阿米巴原蟲！原生動物！藻類！

我對牠們（以人類肉眼十倍的視力）一見鍾情。

我記錄下池水實驗的數據之後，著手整理展示板，列出假設、實驗方法、材料、結果、結論與參考文獻。我每天下午都花很長的時間趴在客廳地板上整理科展的東西，小斑則是趴在我旁邊哈氣。幾週後我在學校的圖書館裡呈現作品，接受評審的審查。我懷著忐忑的心情，拄著枴杖離開自己的作品，去看看其他孩子做的東西：泡棉火山模型、豆子生長研究等。等我走回自己的作品展示區時，看見展示板上黏著一枚小小的藍色緞帶。我在這個類別得了第一名！我贏了。這是我第一次獲勝。

念小學的時候，我每年都要做一、兩次手術調整殘肢。不幸的是，我進入生長高峰期之後，脛骨末梢經常出現刀狀的骨質增生突出，俗稱骨刺。每次手術後我都只能待在室內，等到傷口癒合的程度足以承受潮濕和沾滿塵土的遊戲才能出去。我在度秒如年的痛苦中度過那些足不出戶的漫長歲月。時間拖著腳步慢慢走，無聊變成沮喪，沮喪變成憤怒，憤怒變成對四肢健全的孩子心生羨慕。例如妹妹貝絲和鄰居家的孩子。我凝望窗外，渴望自己也能去外面跟大家一起玩。當時我沒有想過，那幾年對貝絲來說肯定也不好受。她比我小四歲，她出生時我早已截肢。父母在我和我持續不斷的健康問題上付出那麼多關注，這使她遭到忽略，我凝望窗外的同時，她也凝望著窗內。

每次看醫生都很花時間，我的缺課紀錄堆積如山。醫院像是我的第二個家，但是我很討厭醫院，看病害我錯過正常的人生。我很難向四肢健全的同學解釋我的日常，因為他們的生活經驗跟我完全不同。

「你耶誕節收到什麼禮物？」同學問我。

「櫻桃冰棒跟嗎啡點滴！」如果誠實回答的話。

「暑假有去哪裡嗎？」

「有！天天往返醫院！」

有時候我會在夜裡哭泣，問媽媽我為什麼少了一條正常的腿，媽媽會將我抱在懷裡陪伴我。媽媽堅定地相信我跟其他女孩沒兩樣。她從來不讓我拿殘腿當藉口，也不會因此對我特別縱容。她會說：「只要你想做，沒有你做不到的事。」

媽媽引導我衝破我遭遇的諸多限制，爸爸教導我如何將想法化為現實。我向來有很多天馬行空的想法，是爸爸教會我如何實踐想法。無論是我夢想中的樹屋，還是防止枴杖掉在地上、夾在桌邊的枴杖架，爸爸都會拿著我的設計圖走進穀倉，我在一旁看他用鋸子、槌子與焊槍做出設計圖上的物品。看著他使用手邊的工具敲敲打打，我明白媽媽所言不虛。只要發揮一點創意加上努力付出，我**確實可以**完成任何我想做的事。

我聽媽媽的話，面對我的無助她依然保持信念，因此我決心不負她的期待。我想投身科學。這將是我發揮實力的地方。小學三年級的科展鼓舞了我，加上渴望了解肉眼看不見的世界，因此我決定對這件事傾注全副心力。我參加科展就像別人參加壘球或足球比賽一樣，成王敗寇。

做完池水實驗之後，我決定觀察唾液。我提出的問題是：誰的口腔最髒？是人類、狗、馬，還是牛？如同每一個盡責的科學家，我從自己的唾液出發。我的狗小斑和我的馬紅杉（Sequia）也貢獻了唾液。但我家的母牛不肯合作。我花了好幾個小時拄著枴杖靠一條腿狂追牠，試管放在我的襯衫口袋裡差點跳出來。小斑幫我追牛，奈何牠倆不是好朋友，加上牠不停吠叫更是無濟於事。這是我投身科學後學到的第一個教訓：計畫鮮少趕得上變化。於是我剔除了母牛，減少樣本數。我驚訝地發現，在我、小斑和紅杉的唾液樣本裡，微生物數量最多的是我的唾液。

那天我透過顯微鏡看見的，只是人類與人類最親近的寵物口腔內複雜生態的簡單一瞥。幾十年後會有更先進的儀器發現，微生物體對於維持身體健康極為重要。遺傳學、基因定序技術和運算能力的進步，為人體生態系的研究開闢了全新的道路，分布各處、各式各樣的微生物無所遁形。我漸漸體會到生命的浩瀚，以及那些肉眼看不見卻長期與我們共存的多元生物，尤其是生活在我們體內的生物。

從小學到中學，我的科展實驗從簡單的觀察池水和我家寵物唾液裡的各種生物，進階到去鄰鎮龐塔哥達（Punta Gorda）的醫院臨床微生物實驗室做人類病原體實驗。有一種病原體引起我的注意，那是大腸桿菌的一個致命菌株①，而注意到它的人不只我一個。這種特別致命的菌株早在一九八二年就已發現，但直到一九八〇年代末和九〇年代初才受到全國新聞的關注，引發大眾對受汙染的牛肉集體恐慌。最嚴重的感染事件爆發於一九九三年，有一家連鎖速食店因為漢堡肉沒煮熟在許多州造成食物中毒，感染人數超過七百人，甚至導致四名兒童死亡。美國人一直相信加工食品安全無虞，卻在一夕之間發現事實不然。電視的專題報導、報紙頭條、雜誌文章、新的飲食建議紛紛出籠——這是一個嚇人的大新聞，深深吸引了我的關注。

我腦中的想像是：一個四口之家去漢堡店買得來速（每年都有千百萬美國人這麼做），四個人一人吃一個漢堡。不久之後，媽媽、爸爸、十歲的巴比肚子痛了起來，可能伴隨著腹瀉。四歲的提姆昏昏欲睡、亂發脾氣，他肚子先是痛得不得了，接著腹瀉拉血便。提姆的情況愈來愈嚴重。父母帶他去醫院，他出現腎衰竭的情況，幾天後去世。對任何父母來說，這都是可怕的噩夢。之所以發生這種悲劇，是因為牛肉被一種致命的大腸桿菌新菌株汙染：大腸桿菌O157:H7型。簡單地說，被這種病原菌汙染的牛肉如果沒煮熟就吃進肚子裡足以致命，幼童跟老人尤其危險。我的家鄉阿卡迪亞飼養肉牛歷史悠久，會舉辦牛仔競技與拍賣會，因此牛肉的大腸桿菌汙染事件十分吸引我，是一個值得研究的謎題。而且比起唾液和池水，這件事**非常重要**，因為牛肉汙染的新聞危害了阿卡迪亞畜牧業者的生計。這是我可以全神貫注探究的、真實世界的問題。

為了釐清牛絞肉與致命的大腸桿菌之間的關聯，念中學的我決定下一次科展以此為題。我提出的問題切中要害：哪些供應商的牛肉最乾淨？

致命的大腸桿菌在加工過程中進入牛肉，原因是牛皮沾染了糞便，所以在屠宰牛隻和絞碎牛肉時也會接觸到糞便。我去鎮上的每一家商店買牛絞肉，包括主要的連鎖超市與一家本地的肉鋪。我穿上我的標準個人防護裝備：實驗袍、手套、護目鏡，現在我已經穿得很習慣了。我先用精密秤將每家店舖買來的牛絞肉各秤一公克，把牛絞肉放入裝有無菌食鹽水（磷酸鹽緩衝生理鹽水）的試管中，然後將稀釋的牛絞肉液體塗抹在營養豐富的血液瓊脂培養基上，用來培養大腸桿菌。抹好之後，我將培養皿放進培養箱，等待細菌生長。

第二天我迫不及待打開溫暖潮濕的培養箱，一股刺鼻的腐臭味撲鼻而來——畢竟這是糞便細菌。我用手持式計數器進行這項既冗長又費力的任務，以目測的方式計算每一個培養皿上閃閃發光的乳白色菌落，再把數據記錄在筆記簿裡。隨著我處理每一疊培養皿，一個模式漸漸浮現，我的心情也愈來愈興奮。結果很明確：全國連鎖超市的牛肉含菌數遠高於本地肉鋪。

接下來的每一年，我逐步擴大我對這種病原菌的研究，一開始是尋找殺死它的方法。有一位放射科醫師同意協助我，於是我帶著牛肉樣本走進我再熟悉不過的X光室裡。我謹慎地將金屬檯上的樣本對準雷射光束下的紅色X記號，這時我不禁想到我的身體也曾俯臥在類似的堅硬檯面上，讓放射師將X記號對準我的髖部、腿和任何一個需要評估的骨骼畸形部位。

樣本擺好之後，我和放射師一起快步走到鉛製的保護牆後面，以預設的劑量照射生肉。我仔細比對控制組（未經輻射處理）與實驗組的結果，算出在深紅色培養皿上閃亮的菌落數量。我再次得到明確的結果。經過輻射處理的生肉，含菌數顯著低於控制組。我想知道用輻射線照射食物能否為消費者保障食品安全（無病原菌）。

上了高中後，我的研究主題從食物中的病原菌變成從病患樣本中分離出來的細菌。我採集感染大腸桿菌的病患尿液樣本，著手研究取自個別臨床樣本的抗藥菌特性。植入式裝置特別容易滋生細菌、造成感染，尤其是長期留在體內的裝置。正如預期，這樣的細菌通常對多種抗生素產生抗藥性。細菌如何產生抗藥性以及抗藥性產生的速度，成了我的研究焦點。為了找到答案，我將細菌塗抹在血瓊脂培養皿上，培養出生長茂密的菌落。我讓菌落接觸低劑量抗生素，放回培養箱二十四小時之後再取出。我睜大眼睛尋找突變的菌落：在其他細菌陣亡的「死亡區」裡依然耀眼的乳白色圓圈。出現抗藥突變的機會只有百萬分之一，但是別擔心：實驗室為大腸桿菌提供最佳生長環境，因此它們的世代時間（又叫倍數生殖時間）跑得很快，僅需十五到二十分鐘！也就是說，數以百萬計的細菌在面對抗生素的淘汰壓力時，百萬分之一的突變機會其實不算低。

在微生物與它們感染的人類的身體健康之間建立關聯，成為我極度感興趣的研究主題。雖然微生物本身**確實**很有趣，但我發現真正吸引我的是人類因感染所付出的代價。畢竟這是我人生的一部分。我長年處於醫病關係之中，卻一直無從體會對方的感受，也就是醫療照顧的提供者，而非接受者。當病人不好玩，治療病人以及了解醫生在對抗怎樣的敵人似乎比較有意思。

我接受過很多醫生的治療，如同大部分的孩子接受很多老師的教導一樣。隨著我遇過的醫生愈來愈多，我領悟到一件事。有的醫生走的是汽車維修員路線：發現問題，鎖緊螺絲，訂購零件，寄出帳單。有的醫生把我和我的身體當成有生命、會呼吸的存在。兩種醫生有著天壤之別。簡言之，一種把我當成問題，一種把我當成人類。在大部分醫生眼中，我像一個物品，可以被戳刺、被討論、被無視。有時我甚至被當成一種奇特現象展示在醫學生與住院醫師面前，彷彿我是巡迴馬戲團裡長著一臉大鬍子的女人。不過，普萊斯醫生（Dr. Price）不是這樣的醫生。他是骨科專家，媽媽找他幫我治療股骨日漸擴大的長度差異、髖關節發育不良和即將到來的脊椎側彎。普萊斯醫生**對著我**說話，而不是**無視我**對著別人說話。我上國小三年級的時候，右膝比左膝高了約三英寸，所以我走路搖搖擺擺沒什麼好奇怪的。幾年後我上了高中，偶爾會發生像被中型閃電擊中背部的肌肉痙攣，這也不足為奇。

普萊斯醫生穿著白色的醫師袍，為我說明他要把一種治療侏儒症患者的方法調整一下，用來拉長我的右腿。進了手術室後，他先在我右大腿上方切了一道深達骨頭的開口，接著將股骨鋸成兩截，然後從右大腿外側鑽兩根釘子到股骨裡，斷口的上下各一根。我的右大腿外側有一根棒狀的體外固定器，這兩根釘子就鎖在固定器上。基本上，這種方法就是斷骨之後以非常緩慢的速度將兩截骨頭分開，骨頭會在癒合過程中自然填補空隙，使我的右腿長度慢慢趕上左腿。

這一切引發我極大的興趣。我知道兒童的骨骼會在生長高峰期發育，慢慢長大成人。但是我的骨頭可以先被斷開再填補空隙，簡直不可思議，就像自己製造食物的自營藻類一樣。因為經常聽到旁人討論我的身體（治療這邊、治療那邊），所以我也想要盡量了解我的身體構造。我翻開家裡那套百科全書，認識器官、肌肉與骨骼的作用。若書裡找不到答案，下次看醫生的時候也一定找得到人問。

普萊斯醫生喜歡和我討論治療的具體細節，他甚至告訴我，這是他第一次將這種新方法用在截肢病患身上。之前他僅為軟骨發育不全（侏儒症）的兒童動過這種手術，效果很好。幾個月後療程結束，他讓我自己鬆開螺絲釘，取下骨頭上的固定器。媽媽幫我拍照，照片上的我手裡拿著金屬螺絲釘，滿面春風。藉由這件事，他使我成為治療的一部分，我不再只是醫療介入的對象。

普萊斯醫生的行醫風格不僅發揮自己的專業知識，也允許病患參與治療過程。受到他的影響，我決定去阿卡迪亞唯一的郡立醫院擔任青少年志工，這家醫院距離我的中學只有兩條街。從七年級開始，放學後我會在醫院主樓看顧病人，視需要為他們送新鮮的冰水、毯子或枕頭。我把血液和尿液樣本送去醫院的臨床分析實驗室。志工的工作僅需幾個小時，可在醫院食堂免費吃一餐（醫院的布朗尼意外好吃）。志工服務安排我們在不同的科別輪調，例如住院部、產科，適齡的志工還會去急診室幫忙。

我到了九年級才終於有機會親眼看見急診室實況。從我第一天走進那些氣氛忙亂而慎重的走道、見證真正的醫療行為開始，我便對醫學深深著迷。就是那一刻，我確定自己想成為醫生。由於我是畢業紀念冊的編輯，週五晚上經常得去看我們學校的美式足球主場比賽，我會站在防守方的界線上、啦啦隊的後方，拍攝觸地得分與攔截的照片。結束之後，再動身前往急診室工作。當我穿上刷手服的時候，我的同學正在化妝或喝點小酒，在牧場上燃起篝火飲酒作樂，或是在鄉村小路上飆車。週五和週六晚上是外傷病人最多的時間：酒吧裡的揮刀相向、海洛因嗑藥過量、酒駕出車禍。這是我想待在急診室的原因。我彷彿過著雙面人生，白天是中學生兼科學阿宅，晚上是在急診室裡腎上腺素飆升的祕密實習生。我是急診室裡唯一的青少年志工。事實上，那幾年我是唯一的志工，沒有別人。聽來或許有點奇怪，但我在急診室裡待的時間很長，平均每週十四小時，這裡真的成了我的第二個家，但這次是我心甘情願的。醫護人員也成了我第二個家的家人，指引我度過青少年歲月。

我觀察了從出生到死亡的完整過程，例如死後僵硬的身體變化，血液停止流動後皮膚漸漸從紅潤變成陰森的青色。我盡我所能為病患與家屬提供安慰。我看過人生中最痛苦的時刻：帶著槍傷被推進來的醉漢、失去寶寶的準媽媽。但是，我也看過夫妻為了手術成功而欣喜，父母在孩子害怕顫抖時鼓起勇氣。

十六歲的時候，我無助地看見同校的一個男生被用推床送進急診室。他和朋友在鄉間小路上飆車，結果他的車撞上一棵樹。急診室團隊將電極綁在他的胸口，在一輪又一輪的CPR之間努力將電流送回他的心臟。男孩的臉依然斑駁得發青——他身上大部分的骨頭都已撞斷。他斷氣了。目睹同齡人死於如此毫無意義的行為，我深感震撼。我覺得難以呼吸，所以走到外面喘口氣。夜空被雲層遮蓋，潮濕的空氣給人一種世界正在崩塌的感覺。一位資深救護員也走了出來。

我們靜靜站了一會兒，兩人都眼眶泛淚。他轉過來對我說：「這種事永遠習慣不了。」

在接下來的日子裡我繼續旁觀醫生工作，我知道如何縫合撕裂傷，也知道哪些跡象代表發生了感染。怎麼幫病人靜脈注射，抽血，在X光片上尋找肺炎跡象和插尿管。怎麼幫吸毒過量或中毒的病人插鼻胃管送入活性碳和洗胃，用點滴袋和管子幫耳垢阻塞的病人沖洗耳道，移除小孩子塞進鼻孔裡或成年人塞進直腸裡的各種異物。有時候，急診室的病患會直接送進手術室。在病患同意的前提下，外科醫生會允許我在旁邊看。手術室本就是我待得很習慣的地方。我早就去過多回，只不過現在是站著旁觀，而不是躺在手術臺上。我下定決心，以後要成為外科醫生。

申請大學的時候，我最想進入醫學預科很強的學校。我拿到全額獎學金，佛州任何一所州立大學我都能去。但我想離開這裡重新開始，我想去一個家鄉的孩子不會去的地方。我對於在河岸飲酒狂歡與高中裡的小團體感到厭倦。最後我選了艾默利大學，這所學校的校園很小，而且離美國疾病管制暨預防中心（CDC）很近。我想盡量靠近核心區。

大學第一年過得很辛苦。和許多新同學不一樣的是，我不曾有過機會參加大學先修課程或國際文憑大學預科課程（International Baccalaureate）。雖然我在班上向來名列前茅，卻從未真正掌握學習方法。不知道從什麼時候開始，我相信學習的關鍵在於畫重點。於是我認為重點畫得愈多，學到的東西就愈多。我的生物課本和化學課本像霓虹燈一樣五顏六色，我認真畫下每一個字，因為我以為這樣就能融會貫通。錯誤的學習方法反映在我最初的考試成績上。我哭著打給媽媽，告訴她：「他們比我聰明多了。我念不下去。」媽媽用她一貫的堅定態度要我好好振作、加倍努力，她說我能上大學並非僥倖，只要努力一定能成功。我慢慢學會正確的學習方法：閱讀後寫簡短摘要，為需要大量記憶的內容製作索引卡。我還認識了優秀的新朋友，例如薩希爾（Sahil）跟珍妮（Jenny），他們跟我分享了自己的學習技巧。漸漸地，我改掉畫重點的習慣。

除了密集的醫學預科課程，我也想修一些有趣的課讓大腦休息一下，暫時逃離反覆背誦的生活。我最早修的其中一門課是人類學概論，並且在那之後持續深入了解人類學。我喜歡探索人類藉由食物、習俗、語言和藝術慶祝生命的無數種方式。醫療人類學這門課，將我對其他文化的興趣與我對醫學的熱愛合而為一。忽然之間，我認識的不僅僅是古老文明或遙遠部落，我也**重新認識**了自己的文化、自己的故事、自己的身體。「最好」的醫療形式是什麼？只有**一種**嗎？還是有好多種？現代西方醫療是否缺少了傳統治療模式固有的社會與心理益處？**健康**是什麼？健康的衡量標準，是否也取決於健康如何被看待的文化視角？殘障的定義是什麼？被認定為殘障又意味著什麼？我發現殘障者的身分在不同的文化裡有不同的意義。有些文化認為殘障者很脆弱，應被捨棄或任其自生自滅。而有些文化則認為這是受到神明青睞的記號，或是擁有特殊療癒力量或其他天賦的徵兆。**我屬於哪一種？**

不知不覺中，我修了不少人類學課程，學分多到足以將人類學列為第二主修。我的主修學科是生物學。我努力完成醫學院的修課要求，也努力準備醫學院入學考試，可是在這個過程中，我總覺得缺少了什麼。雖然我仍未放棄外科醫生的夢想，但我很懷念以前為了科展做研究的興奮感，而且我愛上了人類學課程的田野工作。或許這就是成年人會碰到的情況，在分岔路選擇往左或往右時，知道選了其中一條路意味著永遠放棄另一條路。就在這個時候，我邂逅了民族植物學。

熱帶生態學這門課只有兩學分，賴瑞．威爾森博士（Larry Wilson）在課堂上提到民族植物學這個我未來將投身的領域。威爾森博士性格活潑，頂著一頭棕灰色的頭髮，熱愛兩棲動物。他說明了人類與自然之間的連結，以及人類對動植物的知識如何代代相傳，帶動各種食物的培育、醫療、衣物與工具的發展。這門課的指定書籍之一是《一名薩滿學徒的故事》（*Tales of a Shaman's Apprentice*），作者是馬克．普洛特金博士（Mark Plotkin），內容是他在亞馬遜雨林的遊歷和他接受薩滿訓練的過程。看完這本書，我腦中突然浮現一個念頭：這是一個關於起源的故事——現代藥學的起源，是那些熟知豐富自然資源的人所分享的智慧與經驗談。

我發現威爾森博士幾乎每年都會在春假期間，率領一小群學生去秘魯的探險旅舍（Explorama Lodges）研究營地。這趟旅程為期一週，學生可在尋找野生動植物的過程中直接體驗森林裡的各種棲地，從洪水淹沒的森林到位於高處的林冠。我非常想去，但價格超出我的預算。我問他有沒有其他研究行程能讓我以較低的預算參加。他告訴我，營地提供植物園研究實習的工作機會，時間比較長，而且價格非常低廉：一天只要付三十五美元的食宿費用。

爸爸不但鼓勵我參加，還幫我籌措費用，於是我開始計畫那年夏天的旅程。我將在一九九九年的夏天飛往秘魯。新的千禧年即將到來。這是一個機會，我可以探索我覺得生命中缺失的東西，同時執行我自己設計的研究計畫。或許這不是一條分岔路。或許我可以魚與熊掌兼得，在兩條路中間開創一條屬於自己的路。

第二章／歡迎來到亞馬遜

選擇天職是生命的重中之重；而決定天職的，是運氣。

——布萊茲．帕斯卡（Blaise Pascal），《思想錄》（*Pensées*），1660

我坐在緊挨樹幹、搖搖晃晃的長凳上，等待巫醫。日正當中，這棵茂密的灌木為我提供遮蔭，樹枝上掛著閃亮的深色樹葉與尖尖的、雞蛋大小的亮紅色果莢。我不由得想起掛滿飾物的耶誕樹。我欣賞著蕁麻科的傘樹（*Cecrepia*），扇葉像張開手指的手掌，攤開的樹冠猶似燭臺。有個胖胖的棕色身影懸掛在其中一棵樹上，移動得非常非常緩慢，長長的爪子一點一點伸向樹幹。是一隻樹懶。三隻藍色閃蝶從旁邊的小徑上快速掠過，金屬光澤的大翅膀隨著每一次振翅在陽光裡閃耀光芒。蟲鳴不斷，間或穿插鳥兒的合唱。我的每一個感官都因生命的多元樣貌而喜悅，從蔚藍的天空到鞋底沾染的泥巴，生命將我圍繞。

亞馬遜河流域是地球上生物多樣性最高的地方。這裡有一千五百多種鳥類，比歐洲多了將近一千種！魚類超過兩千五百種，一千四百多種哺乳動物，包括潛行的叢林貓、美洲豹與豹貓，好脾氣的水豚（世上最大的嚙齒動物）、南美貘、各種猴子，以及在林地遊蕩的食蟻獸。這裡有一千五百多種兩棲動物，種類多到難以估算的昆蟲，森林裡仍有許多科學尚且無法描述的物種。

跟我碰面的巫醫是安東尼奧先生（Don Antonio）。他去植物園深處的棕櫚茅屋拿東西，我坐在長凳上等他。我一邊等，一邊試著把登山靴上的泥巴敲掉，那天早上我們剛去過叢林考察。敲不掉，泥巴還是很濕。我的背包就放在身旁，已經很破舊了，裡面裝了各種裝備和工具：攝影器材、園藝剪、急救箱、水壺、碘片、一本艾爾．詹特里（Al Gentry）的《南美洲西北部木本植物田野指南》（*Field Guide to the Families and Genera of Woody Plants of Northwest South America*）、一本筆記簿、一枝筆。

我在一週前抵達秘魯亞馬遜河流域的這個偏遠角落。我先從亞特蘭大搭飛機到利馬，再從利馬飛到伊基多斯（Iquitos），待了幾天等機動艇把我送至上游。伊基多斯是叢林裡的偏遠小鎮，陸路無法抵達，但是以人口來說是秘魯第六大城。在正值橡膠熱的十九世紀末、二十世紀初，這裡曾是橡膠生產重鎮。如今伊基多斯的經濟以出口森林資源為主，包括木材和魚類，同時也吸引絡繹不絕的遊客湧入這個通往秘魯亞馬遜河流域的門戶。

機動艇沿著亞馬遜河逆流而上，接著轉向西北方進入納波河（Napo River）①，來到位於蘇庫薩利河（Sucusari River）的探險旅舍，這裡非常靠近厄瓜多邊境。時值一九九九年六月，我即將升上大四，剛滿二十一歲，這是我第一次來到南美洲。我曾和家人多次自駕出遊，高中也參加過學校的歐洲旅遊。像這樣自己單獨造訪一個如此原始的地方，對我來說是全新體驗。身為探險旅舍的研究實習生，我工作的地方是安東尼奧與兒子吉爾莫（Gilmer）經營的民族植物園。

帶著威爾森博士的介紹信，加上高中時在學校學過的基礎西班牙語，再加上在急診室當志工時學到的一點醫療西班牙語，我就這樣開始適應研究營地的生活。安東尼奧的植物園只種可當作傳統食物、藥物與工具的植物。除了照料植物園，他們父子也為探險旅舍的遊客導覽，帶他們參觀植物園與研究基地附近、位於森林深處的林冠走道。

安東尼奧慢悠悠地走回來，伸出手抓住我們頭頂上一顆尖尖的果莢。我的身高五尺六寸，安東尼奧比我矮了幾公分，有深色的眼睛、炭黑色的頭髮與寬闊的肩膀。他的雙手因為照顧植物而長滿老繭，但他的身分可不是園丁這麼簡單。他也是一位亞馬遜薩滿（Ayahuasquero shaman），懂得利用植物在鄰近村莊治療病人。植物園只是他平常的正職。安東尼奧告訴我，這棵樹叫做胭脂樹（achiote）。我認真地翻開田野指南找到它。胭脂樹是紅木科的紅木屬植物（*Bixa orellana*）。我們培養出一種默契：他會用輕快的語氣耐心說明植物的特性，碰到我聽不懂的西班牙語單字，他會再說一次，方便我之後查找。我全神貫注，以最快的速度抄寫筆記，緊鎖的眉頭不知道是要表達專注還是困惑。

他順著果莢的接縫捏開手裡的果莢，露出裡面光滑的紅色種子，大小跟蔓越莓差不多，顏色也很相近，只是質地較硬。他用手指壓碎果莢裡的種子，搓揉成糊狀。我看得津津有味，並且將這個過程寫在筆記簿裡，文字的旁邊是一張果實的素描。接著他傾身靠近我，把剛做好的藥膏抹在我的嘴唇和嘴巴周圍上。他這麼做的時候，我的大腦飛速運轉。這是治療唇疱疹的藥膏嗎？還是嘴唇乾裂或其他問題呢？

他小心翼翼地拾起剛才回茅屋拿來的袋子，從裡面取出一樣東西，這樣東西在穿透樹冠灑下的陽光裡閃耀光芒。那是一面小鏡子，他將鏡子舉到我面前。我看見我的嘴上和牙齒上都沾染了紅色藥膏。

他臉上的表情從奸笑變成大大的笑容，伸出手指著我。

「你擦口紅耶！」話音未落他已捧腹大笑，幾乎笑到在林地上打滾。我也跟著笑了。我看起來像個小丑。

自從人類以雙腿行走離開非洲大草原以來，植物一直是主要的藥物來源。一九九一年有兩個人在阿爾卑斯山健行的時候，幸運發現五千三百年前的奧茲「冰人」遺骸（Ötzi），還有狩獵工具、莓果與多孔菌。這種樺樹多孔菌會製造松蕈酸（agaric acid），是一種效果強烈的瀉藥，奧茲可能用它來治療科學家在他腸子裡發現的鞭蟲。關於藥用植物的文字紀錄，最早可追溯至西元前一五五〇年的古埃及。有一個長度超過六十五英尺的卷軸，記錄了大約七百種植物配方與各種病痛的治療方式②，包括慢性傷口與皮膚病。另一個與古代醫學有關的紀錄來自中國，約莫寫於西元前二〇〇年，叫做《神農本草經》。書中詳述三百六十五種草藥，包括每株植物的地理位置、採集時間、治療特性、製藥方式與劑量。

無獨有偶，亞馬遜盆地的原住民也利用自然資源有效管理健康、治療疾病長達千百年。使用哪些植物、何時採收、如何製備、如何判定劑量以及何時開藥，都是龐大知識體系的一部分，而薩滿會以口述的方式將這些知識傳授給學徒。在亞馬遜河流域生活的原住民部落估計約有四百個，每個部落都有屬於自己的語言、領土、文化、世界觀與醫療系統。他們的醫療傳統也像他們自身一樣豐富多元。隨著西方主流文化與市場經濟的影響漸漸滲入森林中的部落，隨著每一種語言的消失，隨著薩滿在過世前找不到傳承巨量知識、歷史與部落傳統的學徒，這世界也永遠失去蘊藏豐富智慧的叢林圖書館。身為巫醫，安東尼奧只用森林提供的資源和他自己在植物園裡種植採收的藥草來治療病人。他年輕時當學徒學習到這些療法，現在他也開始把自己認真學到的知識傳承給兒子。這是傳統習俗。

但這些知識有多少價值？這些醫療方式有多大效用？傳統療法單純用安慰劑效應就能解釋嗎？它們只不過是老太太口中的傳說與故事，沒有任何科學依據嗎？這是我在前往南美洲之前思考過的問題。我渴望深入了解，卻依然心中存疑。我希望能找到一些答案。

我想為這趟旅程做好萬全準備，所以把想像中我可能需要的每樣東西都帶上了：輕便的T恤與登山褲，研究裝備，植物和語言書籍，當然還有一整個行李箱的醫療用品（例如各種繃帶、OK繃、抗生素藥膏、小包裝的口服電解液、止瀉劑、苯海拉明〔過敏藥物〕、外用酒精、縫合包、瘧疾藥、燙傷乳膏），可滿足一間野戰診所的備品需求。

我的房間很小、很簡陋。有一張單人床，那是一塊放在木頭底座上的床墊，上方懸掛著蚊帳；一把椅子和一張小桌子，桌上放著一個大碗和一壺水，用來清洗。這裡沒有電，只有一盞帶燈芯的老式油燈。房間的一側是通往對外走廊的門與牆，另一側是一面矮牆，與潮濕的叢林之間毫無遮蔽。

我每天換衣服之前都會把衣服跟鞋子仔細晃一晃，確定皺褶和縫隙裡沒有藏著蠍子或其他螫人的小動物。接著我會塗抹大量防曬乳，然後狂噴防蚊液。比太陽更毒辣的東西非蚊子莫屬。這裡是瘧疾疫區，當地村民罹患瘧疾時有所聞，我不想冒險。我吃了預防瘧疾的氯奎寧，副作用是每晚都會做非常生動的夢，包括巨蛇、美洲豹和各種潛伏在黑暗裡的生物，我掙脫惡夢醒來之後，常處於異常清醒的狀態。我狂噴含有避蚊胺（DEET）的驅蟲劑卻依然阻擋不了蚊子，我的手臂和雙腿被抓得留下斑斑紅痕。

我不是研究營地唯一的美國人。還有一個華盛頓州立大學的學生也在這裡實習，是個身材嬌小的女孩，名叫珍恩（Jane）。她穿著飄逸的長襯衫，身上散發廣藿香的氣味，對泡澡興趣缺缺。一頭金色長髮編成黑人辮，瀑布般披在背上。我們兩人截然不同。我是醫學預科生，一條軍用迷彩褲搭配簡單白T恤，工具腰帶上掛著水壺跟獵刀，髮型剃成平頭，再綁上一條頭巾，以便在漫長而炎熱的日子裡保持頭部涼爽。

珍恩很親切，給人一種空靈感，彷彿一陣強風就能把她吹走。她認真為我介紹營地裡的當地工作人員，還帶我走一遍營地與營地之間的叢林小徑。這條小徑是幾年前開闢的，得到工作人員與嚮導的精心維護。走在茂密的林下灌木叢裡，如果不夠小心，很容易跟多種致命的動物狹路相逢。我最怕碰到的是粗鱗矛頭蝮（fer-de-lance），一種有毒的蝮蛇，會從盤縮的狀態跳起來發動攻擊，尤其是交配季。

儘管我過度積極地為每一種緊急情況做好準備，還是在第一個星期就遇上了麻煩。珍恩堅持要帶我走一條捷徑，這條路連接研究營地與安東尼奧的植物園。我是個大膽的人，但是我並不傻（我以為）。進入我沒去過的陌生區域時，如果沒有羅盤、地圖或GPS，我會沿著小徑走。可是珍恩堅稱這條捷徑很漂亮，既然她對這一帶比較熟悉，我接受了她的判斷。

「很快就到了，」她自信滿滿。

風景確實很漂亮，問題是一點也不「捷」。而且這條路很難走，我們必須翻過倒地的原木，低頭閃避長滿荊棘的樹幹，不停地上坡下坡，還得涉水走過很容易滑倒的小溪。我穿著義肢走起來特別艱辛，一路上我都在擔心自己會不會驚動正在交配的粗鱗矛頭蝮，然後倒在雨林的地面上變成肥料。反觀珍恩非常從容自得，腳步輕快得猶如漂浮在小徑上。

我們來到小徑與一條小溪的交會處，她伸手舀起一捧清涼的溪水。

「別喝比較好，」我提醒她。「我水壺裡有水。」

「沒關係，」她仰頭喝下，「這水很純淨。」

我在營地先將水壺裝滿燒過的開水，還隨身攜帶碘片，以便在有需要的時候用來淨水。珍恩說她向來都是直接喝野外的天然水。此時我的醫學預科大腦警鐘大作：水裡有蠕蟲、細菌和各種寄生蟲，初來乍到的人喝下之後，腸道會很慘！

當我們終於抵達植物園時，我已經筋疲力盡、脫水、瘸腿，而且心裡非常不爽。由於在炎熱的環境跋涉，我的殘肢被硬生生磨破，泡在鹹鹹的汗水裡，而且發炎紅腫。我只休息了一會兒，就不得不在天黑前走回營地吃晚餐。這次我走的是有記號的小徑，路途平坦，僅需三十分鐘。

隔天我一睜開眼睛就知道出事了。傷口感染的跡象包括散發氣味（我第一次手術後，媽媽聞到的那種甜膩的腐臭味），或是持續的深層疼痛。我急忙撥開床上的蚊帳，坐在床邊，在早晨微涼潮濕的空氣裡渾身發抖。

儘管我前晚仔細沖洗殘肢，抹上大量氧化鋅嬰兒紅疹藥膏來舒緩發炎的皮膚，明顯的腫脹跡象使我心生恐懼。我扭過腿看個仔細，然後發出一聲哀號。我的小腿肌肉組織像一座憤怒的火山，在一片白色藥膏海裡冒出山巔。頂部的皮膚很緊繃，顏色變成青黑色。義肢與堅硬的塑膠承筒接觸的地方，有一個主要的著力點長了膿瘡。

人類的皮膚本就被細菌包覆，碰到適當的機會與生長條件，即使是無害的共生菌（包括正常和有益的細菌）也會變成問題。皮膚的主要作用是防禦，為內臟和血液阻擋外來物質的攻擊，包括生物物質和化學物質。雨林既炎熱又潮濕，我身上發炎部位的皮膚遭到破壞，為細菌的聚集與繁殖提供完美條件。這問題我不是第一次碰到，不過單獨靠自己處理卻是頭一遭，因為想從這裡去現代醫療機構得搭船好幾天。

類似的膿瘡對童年的我來說是家常便飯，跑來跑去、在戶外玩耍個幾天就會出現，因為義肢承筒磨破了皮膚。切開膿瘡、清理傷口時，爸爸會緊緊抱著痛到啜泣的我。「如果我的腿能切下來送給你，我一定會這麼做。」他說。

我用指尖輕壓感染的地方，摸起來熱熱的，而且很痛。膿瘡的頂端尚未成熟，我必須等到膿滿到頂部時才能刺破它。在那之前，我只能待在床上。

這裡沒有枴杖，沒有備用輪椅。什麼都沒有。少了義肢，我動彈不得。

我在憤怒的沮喪中哭泣，我氣自己那麼不小心，氣命運發給我一手爛牌、給我這副殘缺的身體，我恨自己為什麼要聽信空靈的珍恩。我的南美洲之旅不應該是這樣的。只剩下一個月的時間，我有那麼多事要做、要體驗。我的身體再次背叛了我。除了等待，我無計可施。於是我靜靜等待。我看了介紹這個區域的植物學書籍，但是每一頁都像是一個錯失的體驗機會，真正的叢林就在門外，我卻只能望之興嘆。

兩天後，膿瘡熟了。我在急診室當志工時，看過醫生跟護士處理膿瘡，所以我很清楚該怎麼做。我先從醫藥箱裡取出優碘消毒皮膚。我在醫院的臨床微生物實驗室研究細菌多年，這使我明白消毒的重要性。因此，我把房裡照明用的油燈玻璃罩取下，將獵刀的尖端浸泡酒精，再用火燒一下。

我深吸一口氣，劃開膿瘡。膿血終於湧出，我咬牙忍住疼痛。我用戴著手套的手指按壓膿瘡附近的肉，盡量擠出傷口裡的膿血。把黏稠的膿血擦乾淨之後，我用一袋生理食鹽水和優碘清洗傷口，最後用抗生素藥膏和乾淨的紗布包紮傷口。

大功告成！接下來是……更多的等待。我彷彿又變成那個剛動完手術的孩子，差別是外面是地球上最令人興奮的地區之一，而我只能困坐室內。

我又在床上待了幾天，翻看了更多頁的書（十九世紀勇敢的博物學家華萊士〔Alfred Russel Wallace〕在探索內格羅河〔Rio Negro〕的時候，顯然對棕櫚樹與亞馬遜河流域居民之間的相互依存有了深刻的認識），傷口總算恢復到能夠穿上義肢的程度。我請工作人員以無線電轉達我的請求，希望他們能安排我搬去植物園旁邊的主要旅舍，而不是森林深處的研究站。我想盡量減少汗流浹背的長途行走，避免皮膚再次受傷發炎。他們好心地為我在另一個營地安排工作，接下來一切順利許多。

我在新住處安頓下來後，工作人員告訴我珍恩也碰到了麻煩。在我的腿發生感染之後沒多久，珍恩前往伊基多斯接受治療，因為她罹患嚴重的梨形鞭毛蟲病，病因是她吃的食物或她喝的「天然水」被感染了梨形鞭毛蟲的動物或人類糞便汙染。梨形鞭毛蟲（*Giardia*）是一種微小的寄生蟲，會導致嚴重的腹部痙攣、長期腹瀉、體重減輕和脫水，須接受完整的驅蟲療程。我後來得知她已於隔週康復，返回美國。

我很幸運，沒有因為感染而需要住院和靜脈注射抗生素。我知道這裡會面臨哪些風險。炎熱潮濕的環境加上頻繁活動，將使我陷入童年時住在佛州的相同危險。但這次我得仰賴自己的醫療技術，因為想去醫院治療很難。這不會是我的殘肢最後一次受到感染。

在安東尼奧的民族植物園裡，我想像自己是伊甸園的訪客。這裡有芬芳的花朵與果實，形狀與尺寸互異的植物。在精心安排的方形區域內，種著一排排整齊的藥草、一簇簇灌木，間或穿插著各種有用的樹木。這些植物能用來製作藥材、工具、食物、藝術品等。這一小塊土地蘊含生存需要的一切，而且它們就在那兒生生不息！

對一個著迷於藥用植物的學生來說，這裡簡直是仙境。

但是對安東尼奧來說，這裡是他的藥房。成排的植物猶如貨架，他想找的藥物應有盡有。

這裡有種木瓜樹（*Carica papaya*, Caricaceae），尚未成熟的青木瓜像掛在樹幹上的裝飾品。這種花朵與果實生長在樹幹上的特性稱為莖生花（cauliflory），方便動物在樹幹爬上爬下的時候順便授粉或散播種子。安東尼奧告訴我，當地人會用木瓜樹的白色乳汁治療腸道寄生蟲，也可以做為墮胎藥。

旁邊的亞馬遜節莎草（*Cyperus articulates*, Cyperaceae）很容易摘採，可治療被蛇咬傷、消化問題，甚至可治療發燒、流感，還可以用來收驚。還有一種樹叫做bellaco caspi（*Himatanthus sucuuba*, Apocynaceae），乳汁可外敷傷口，也可治療腰痛。木曼陀羅（*Brugmansia suaveolens*, Solanaceae）茂密的枝葉間會開出長長的粉紅色花朵，這種植物的生物鹼叫東莨菪鹼（scopolamine），在西方醫療是治療動暈症與術後噁心的藥物貼布主要成分。木曼陀羅的葉子和花放在水裡泡軟，療癒師或巫醫當成致幻劑吃下之後可與靈界溝通。

有天，安東尼奧拿出大砍刀，在龍血樹（*Croton lechleri*, Euphorbiaceae）的樹幹劈了一刀，裂口流出暗紅色的樹脂，很像人類身上的傷口正在滲出血液。他伸出手指在裂口上抹了一下，然後抓起我的手，把黏稠的樹脂塗在我的掌心。我以為這又是一次惡作劇（「你擦口紅耶！」），但是他眉頭緊皺，堅持要我伸出手指搓揉掌心的樹脂。搓揉之後，掌心的樹脂從暗紅色變成淺灰色。龍血樹脂裡的化合物與我皮膚上的油脂產生化學作用。

「這是判斷藥物真偽的方法，」他說，「市場裡賣給遊客的玩意兒裝在玻璃瓶裡，那是染色的，不是真正來自植物的藥。用這種方法試一下就知道。」

他說這種樹脂能治療輕微的皮膚感染。他從我的掌心挖了一點樹脂，抹在我手臂上被我抓破的蚊子包，傷口現在已經結痂。「擦這個會好，」他說。接著他告訴我這種樹脂內服可以治療腹瀉與產後出血。「非常有效。」

我認真抄筆記，但心中不免存疑。這種取自樹幹、會變色的植物，真的那麼有效嗎？植物本身很有趣……但是碰到嚴重，甚至致命的疾病時，說真的，植物能發揮多大效用？蚊蟲叮咬跟抓傷，不能與內出血跟腹瀉相提並論。

我將在多年後跟全世界一起得到答案。二〇一二年，這種龍血樹的樹脂被美國FDA核准為植物藥（botanical drug）[3]，這種情況不但罕見，而且獲得核准也很難。這表示它通過了嚴格的生產控制與臨床試驗，安全性與效用均獲得證實。這種植物藥最有效的版本不是單一化合物，而是樹脂裡的綜合化合物。現在這種化合物叫做克羅非莫（crofelemer），上市的藥名是Mystesi，是一種治療非傳染性腹瀉的處方藥，好處是不會像鴉片製劑一樣導致便祕。安東尼奧沒騙我——它確實非常有效。

我們繼續在植物園裡走著，我指著另一棵樹問他：「這棵樹有什麼功效？」這棵樹幾乎有七十英尺高，底部有巨大的板根，橢圓形的葉子是淺淺的綠色，有黃色的葉脈。樹幹是淺淺的棕灰色，看起來有些斑駁，但是觸感平滑。令人驚訝的是，它原本是一種依附在主樹上的爬藤，會慢慢殺死宿主，最後變成一棵成熟的樹。我看過安東尼奧劃開這種樹的樹皮，用小瓶子收集白色乳汁。我的田野指南說，它的學名是*Ficus insipida*，桑科的一種無花果樹。

安東尼奧抽出一把刀切開樹皮，流出白色的無花果樹「乳汁」。「這是奧杰（ojé），」他說，「跟果汁混合之後讓小孩子喝下去，可以驅蟲。不過千萬小心，只有巫醫可以做這件事，因為小孩子喝太多可能會中毒。」

身為巫醫，安東尼奧接受了治療與藥物的雙重訓練——他既會製藥，也會開藥。藥物劑量的判定需要多年的知識累積與訓練，使用典型的用藥原則：治療介入時須考量病患的體重與健康狀態。毒物和藥物的界線往往取決於兩個簡單的原則，那就是劑量和意圖。

安東尼奧在他神奇的植物園裡帶領我認識各式各樣的物種。有件事我一直覺得很神奇，除了幼年時期在農村上過學，他沒有接受過正式教育，可是他對人類生理學和藥理學，甚至心理學，都有深刻而複雜的了解。更厲害的是，他的專業能力全都來自一個地方：大自然。

有次安東尼奧突然問起我的肌肉疼痛與右腿幻肢疼痛的事。他發現那天我們在植物園裡清除雜草和採集植物時，我似乎因為疼痛所以動作比平常緩慢。當時我面臨重大的人生抉擇，這使我心煩意亂、意興闌珊。安東尼奧對我內心的掙扎當然一無所知。我開始在醫院當志工之後就一直想從醫，我想成為第一線的醫生，我想當外科醫生。但隨著我和雨林居民的接觸愈來愈深入，看到愈來愈多公衛缺口，思考西方醫療與傳統醫療之間如何交會（或不交會）之後，我不禁心生懷疑。這些疑慮動搖我對自己的認知，也動搖我對畢生職志的認知。

「你願意讓我療癒你的心靈嗎？」安東尼奧停下手邊的工作，轉身面對我，表情嚴肅地問我是否願意接受他為我治療。心靈？這到底是什麼意思？這肯定不是我小時候上過的、討論靈性的假期讀經班。難道這是某種傳統的精神醫學介入手段嗎？

我覺得很有意思。他的直覺反應不是直接治療我右腿疼痛無力的肌肉，也不是消除困擾我的神經疼痛。他想療癒我的心靈：我完整的存在感。或許他僅是觀察我的心情，就能感受到我所面臨的困境。

身為亞馬遜薩滿，安東尼奧偶爾會混合幾種藥用植物，製作成質地濃稠的致幻劑。我從書籍中得知，這種致幻劑的效果很強，一開始會引發嘔吐跟腹瀉，接著是強烈而繽紛的幻覺。曾有藝術家把幻覺畫下來，畫裡充滿森林動物，通常是當地宇宙觀視為「靈獸」的動物，例如美洲豹和又粗又長、蛇行的森蚺，牠們色彩鮮豔，存在於擁有各種樹木、花朵、藤蔓的生態系裡，有時畫面裡也會出現人類。

安東尼奧的巫醫訓練開始得很早，當時他才九歲。我們第一次聊到他的巫醫訓練時，有件事令我大感震驚：他的祖父母竟然把他單獨留在森林裡整整一個月。祖父母住在納波河畔的一個小村子，從他四歲開始撫養他。祖父帶他走進森林深處，來到一棵巨大的木棉樹旁。他叫安東尼奧一個人留在那裡，不准跟任何人交談。祖父叫他在樹幹上挖一個洞，把一顆葫蘆卡在洞上綁好，靜置八天。八天後，他可以吃流進葫蘆的凝膠狀樹汁。這個月他必須斷食，不攝取糖和鹽，只吃少許魚乾與這棵樹的樹汁。

「從小爺爺就常跟我說森林精靈的故事。被留在森林裡的那段日子，我看見以前從未見過的東西，我很害怕。我試著逃跑，結果被它們咬了。它們要我發誓不再逃跑，」我邊聽邊點頭以示同情。

「當個薩滿可真不容易，」他嘆道。

隨著我漸漸了解他行醫的方式，我能明白這段童年經歷以及他後來用死藤水[1]與他童年極怕的森林精靈溝通，都對他的療癒師發展之路至關重要。對他而言，死藤水不是娛樂用藥。這裡不是洛杉磯那種時尚的靈修營，也不是茶几上放著幾本《活在當下》（*Be Here Now*）的紐約布魯克

1 譯註：Ayahuasca，南美洲原住民使用的奇楚瓦語，意思是死亡與靈魂之藤。

林豪宅舉辦的「找自己」狂歡夜。對他來說，死藤水是宗教用途的致幻劑：一種用來達成靈性體驗的天然精神藥物，只有在神聖的情境才能使用。在他看來，這種體驗的目的是支持他做為療癒師的持續發展。

每一個細節都很神聖——從採收植物原料到製作濃稠的藥汁（在篝火上熬煮數小時），到喝下藥汁（喝藥儀式包括吹口哨和搖晃一捆樹葉，這捆樹葉奇楚瓦語稱之為 shakapa 或 chakapa），再到隨之而來的靈性之旅。碰到他無法診斷的病患，或是需要協助才能判斷哪種植物藥物效果最好的時候，安東尼奧會服用死藤水與森林精靈溝通。死藤水是他的老師，他甚至會在製藥和服藥的儀式中向死藤水打招呼。他說在他的幻覺裡，他會來到腦海中的植物園或森林，裡面種植著具有療效的植物；他沿途與森林裡的動植物溝通。在他診斷和開藥的過程中，死藤水扮演關鍵的角色。

死藤（*Banisteriopsis caapi*, Malpighiaceae）又叫靈魂之藤、yagé 或 caapi，是熬煮死藤水的原料之一。死藤可以長到三十公尺，攀附在森林裡的其他植物上。巫醫根據藤蔓的粗細來判斷死藤的年齡與最佳效果。

每一個亞馬遜巫醫都會用一種特殊配方熬煮自己的死藤水，內含多種植物，他們當學徒時學會這種配方，或是透過實驗，自己找到最佳配方。配方通常是保密的，但已有大量報導指出奇楚瓦語稱之為 chacruna 的綠色九節木（Psychotria viridis，跟咖啡同屬茜草科）是原料之一。綠色九節木含有二甲基色胺（簡稱DMT，是一種天然致幻化合物），許多死藤水配方裡都有它。通常DMT會在腸道內分解，但是碰到死藤水裡的駱駝蓬生物鹼時，DMT的分解速度會變慢，有機會進入血液和中樞神經系統（駱駝蓬生物鹼發揮單胺氧化酶抑制劑〔MAOIs〕的作用，這也是一種抗憂鬱藥物）。同時服下死藤水與MAOIs之後，栩栩如生的幻覺和強烈快感可持續長達三小時以上。④

死藤水觀光營地零星散落於伊基多斯，這是過去二十多年來亞馬遜河流域出現的全新觀光潮流。我對此感到擔憂。這是一種神聖的植物儀式，幾千年來，使用死藤水治療病患的療癒師為此鞠躬盡瘁，這不應該變成吸引觀光客的噱頭。這會讓死藤水失去原本的文化涵義與價值。此外，MAOIs絕對不可以跟抗憂鬱的處方藥或成藥、咳嗽藥與止痛藥一起服用。死藤水裡的MAOIs可能會跟藥物產生劇烈化學反應，想喝死藤水解決心理問題的遊客反而面臨最大的風險。MAOIs與SSRIs（選擇性血清素再回收抑制劑，用來增加腦部的血清素濃度，發揮抗憂鬱功能）混合使用足以致命。

跟許多複雜的藥方一樣，我花了許多時間思考人類最初是如何發現和改善死藤水配方。安東尼奧的祖先如何確定這幾種平常不會拿來吃的植物，混合之後能產生這樣的效果？是透過觀察吃了這些植物的動物嗎？我們發現許多動物會進行自我醫治，例如黑猩猩會咀嚼扁桃斑鳩菊（*Vernonia amygdalina*, Asteraceae）帶有苦味的髓心來驅除腸道寄生蟲。觀察動物行為是人類發現藥物的部分助力，這個觀念符合邏輯基礎。又或者一切純屬巧合，他們只是誤打誤撞地把這些植物誤認為食物？還是持續用周遭的資源做實驗？無論如何發現，有一點是肯定的：從古至今，人類一直利用環境資源做實驗，也一直在觀察大自然。有用的動植物藉由口述或文字互相分享、代代相傳，我們都受益於這些共同知識。

「週二跟週五是森林精靈力量最強的兩天。」安東尼奧解釋道。

我心懷感激地接受了他為我治療的提議，因為我想知道他的意圖，也對這種治療形式感到好奇。

而且，那一天剛好是週五。

安東尼奧沒有給我喝死藤水。他告訴我，他已經和他的老師，也就是靈魂之藤 yagé 討論過我的健康問題。他請我那天稍晚去植物園旁邊跟他碰面。

我到的時候，他站在樹蔭下，穿著一件我沒看過的黑色長袍。他面色凝重，沒有我習慣的那種奸笑，手裡拿著一大捆雨林竺樹葉（*Pariana*，禾本科）。我們之前聊過 shakapa，所以我知道這捆樹葉是很特別的工具，只用於治療時專注與森林精靈溝通。

他面前有一把小小的手工凳，他示意我坐下。我雙腿交叉，坐得抬頭挺胸，雙眼直視前方。

他拉起我的雙手，放在我的大腿上，掌心向上。接著他拿起一個裝滿水的碗，把他剛在植物園裡摘下的薄荷葉搗碎在碗裡，然後將薄荷水抹在我的手臂跟臉上。他伸出雙手，像握住籃球一樣握著我的頭，稍微用力施壓後鬆開，然後將剩下的薄荷水淋在我頭上。薄荷水很涼、很香，沿著我的脖子往下流，有點癢。我不知道接下來的步驟，心中充滿期待。

他站在我身後，一手放在我肩上，一手放在我頭上。他開始對植物精靈說話，請求祂們幫助我。他呼喚女性的靈魂與森林裡所有的善靈為我的將來提供協助——賦予我智慧，在人生道路上守護我成為好醫生。我閉上雙眼。

他輕輕吹著口哨，一隻手上下揮動，形成一種流暢的節奏。我不是用眼睛看到這種節奏，而是藉由樹葉的沙沙聲聽見的。我的脊椎傳來一陣刺痛。他吹口哨的聲音愈來愈大聲。他一邊以我為圓心繞圈，一邊揮動樹葉。我讓他和節奏將我圍繞。

漸漸地，這些聲音在我周遭盤旋，我的思緒開始遊蕩，如夢似幻。我沒有睜開眼睛，呼吸著悶熱的午後空氣，聞到植物園裡的香草氣味籠罩著我的身體。除了樹葉的沙沙聲與安東尼奧溫柔的口哨聲，我開始聽見來自森林的另一種合鳴，那是昆蟲和青蛙正在嗡嗡合奏。鳥兒跟隨安東尼奧的節奏吱喳啁啾，我還聽見猴子跟其他哺乳動物在樹枝與藤蔓網路構成的林冠移動，就在我們頭頂上。那個瞬間，我覺得自己跟叢林融為一體。我是叢林的一部分。

安東尼奧開始唱歌。我不知道那是古老的語言，還是此刻的聲音。總之，聽起來很舒服。他停止唱歌和動作，對著我的頭大聲吸氣。一開始是右邊，很像吸管被塞住時使勁吸的感覺。接下來是正中央，最後是左邊。接著他又繼續一邊吹口哨一邊揮動樹葉，在我的天靈蓋上輕拍三下，然後又吸氣三次，象徵性地把我的靈魂不想要的元素都抽吸出去。儀式的最後，他一隻手放在我的前額，一隻手放在我的後腦勺，輕輕施壓，力道跟儀式剛開始的時候一樣。

結束後，我們走回植物園，他說精靈會在我身上發揮強大的力量，但我必須切記要禁慾六個月，這很重要。我們走在植物園裡，他摘了一些冬青樹的葉子（*Ilex guayusa*, Aquifoliaceae），深綠色的葉子正面很光滑，在陽光下閃閃發亮。他把冬青葉放在一盆水裡搗碎，搬進小屋裡。他的小屋地面是泥土地，屋頂是棕櫚葉。他在小屋門上掛一條毯子遮掩，告訴我用這些草藥泡浴就算完成儀式。我洗到一半，身上黏著冬青葉碎片，這時我突然停了下來。

我是怎麼來到這裡的——此時此刻，在這個地方？

我在佛州西南部的農村長大，基督教是生活的一部分：最初是南方浸信會，後來是衛理公會。我知道祈禱和冥想的意義，也知道心靈上的修行對一個人的影響，尤其是提升身心合一的狀態。我經歷過多次手術，非常熟悉進入全身麻醉之前那種微茫的放鬆感與術後注射嗎啡的幸福感。但此時此刻的感覺很不一樣，是我從未體驗過的感受。我不覺得興奮，也沒有那種陶陶然的感覺。那天稍早的疼痛已經消失。這是幾個月來，或甚至幾年來，我第一次感到完整。我覺得心裡很安定。我和比我自己、比我的身體、比我的靈魂更恢弘的東西合而為一。我是森林的一部分。我是世界的一部分。融合，歸整，療癒。

安東尼奧沒有使用任何藥物，只是讓我泡一泡芬芳的藥草浴，讓人類的同情、儀式與歌聲發揮力量。當時我無法確知原因，但我漸漸學會不要否定自己不理解的事情。我學會提出更深刻的問題。或許醫療不僅僅是吃藥與開刀那麼簡單。

第三章／寄生蟲

只有大事才能激發我們的想像力；但是熱愛自然哲學的人，面對小事也應給予同樣的深思。

——亞歷山大・馮・洪德堡（Alexander von Humboldt），《探訪新大陸赤道地區的個人故事》（*Personal Narrative of a Journey to the Equinoctial Regions of the New Continent*），c. 1814

這艘裝了馬達的秘魯佩佩獨木舟（**peke-peke**）在納波河上逆流駛向厄瓜多邊境，我輕靠左舷，指尖劃過水面。我的視線望向河岸，不時朝河岸淺灘裡戲水的村童揮揮手。

這次我重返亞馬遜，距離初次造訪僅相隔數月。我迷上了這裡。此時是十二月，正值雨季，這條河是亞馬遜盆地的主要幹道之一。秋天開學時我回亞特蘭大的校園上課，整學期都在忙申請醫學院的事。但其實我幾乎一回到美國，就已經打算設法重回雨林。我發揮了一點創意，順利如願以償。

我申請並獲得一筆三千美元的大學生補助，目的是以夏天收集的初步數據為基礎，調查現代西方醫學與傳統醫療對納波河上游的拉丁裔與原住民混血社區的兒童健康有何影響。如果安東尼奧為我們示範了什麼，那就是傳統醫療是豐沛的知識來源。與此同時，我知道秘魯的亞馬遜河流域突發了許多傳染病，西方醫學可以發揮作用。當時科學文獻已收錄許多植物促進健康的傳統作法的相關研究，也對傳統知識的消逝表達憂心。但是幾乎沒有人研究西方醫學與傳統醫療之間的交會，以及傳統醫療被取代之後對居民健康有何影響。我想進一步了解新舊醫學的交叉路。

亞馬遜雨林是地球上面積最大的熱帶雨林，占南美洲陸地面積的四成，將近三百萬平方英里，有無數支流、河流與小溪交織其中。亞馬遜河是雨林的主要水路幹道，源頭是西邊的安地斯山脈，往東奔流大約四百英里進入巴西，最後匯入大西洋。

我們的船在盆地的河面上行進，遠遠看見一艘拖著成排巨大樹幹的駁船迎面而來。活了好幾個世紀的古老森林瞬間被砍伐殆盡。商業伐木是一門大生意，我不知道這為當地人帶來多少幫助，或是多少傷害。大規模開採通常都與跨國企業有關，雖然可為當地人創造一些收入，但他們賴以生存的食物和藥物，森林裡都找不到了。趁著雨季，伐木工人更容易深入森林，只要讓砍倒的樹順流漂到伊基多斯就行了。

我正要去見一位當地的 sanitario（衛生員），也就是政府的醫療服務人員，負責照顧周邊的

ribereño社區。ribereño的意思是「河水居民」，他們住在主要的河流沿岸，不屬於特定部落或族裔，西化程度互異，說西班牙語，信奉天主教。這些地方也叫做混血社區，融合原住民和歐洲血統。在橡膠熱的年代，基督教傳教士湧入叢林，影響了當地的文化與宗教習俗。亞瓜族（Yagua）和邁胡納族（Maijuna）等印地安原住民通常身穿當地植物材料（例如棕櫚纖維）製作的傳統服飾，他們的村莊隱藏在小支流的深處。混血社區不一樣，不分男女老幼都穿著工廠量產的二手衣，通常是西方消費者捐贈的舊衣，進口後在市場上轉賣。混血社區的特色是有一所政府以混凝土塊興建的學校，村民則是住在以當地木材手工建造的露天高架小屋裡，屋頂是手工編織的棕櫚葉。

我在衛生所裡找到衛生員維達先生（Señor Vidal），他的衛生所是高架小屋，有一個開放的大露臺，還有一個隱蔽的小空間，用來做醫療檢查。一群病人在涼爽的棕櫚葉屋簷下候診——孩子們玩著遊戲，孕婦在棕櫚纖維製作的吊床上休息，幾個年輕男子三三兩兩地站著等待，有些只受了輕傷，有些身上有需要縫合的傷口。一隻小樹懶（可能是其中一個孩子的寵物）掛在小屋一角的柱子上，一邊觀察眼前的動靜，一邊緩慢咀嚼號角樹葉。

候診區再過去一點，放著一張書桌和兩把椅子。木頭表面看起來雖然老舊，但是桌椅非常乾淨。書桌正中央放著一本大大的筆記簿，維達先生用它來寫病歷，一行行整齊的字跡記錄下每位病人的資訊：年齡、性別、村莊、病症、治療方式。桌子的右邊有一臺顯微鏡。衛生所沒有電，所以維達先生檢查載玻片時，利用打在顯微鏡鏡子上的反射陽光來照明。顯微鏡旁邊有一個盒子，裡面有一疊塗抹了血液的載玻片，是病患刺破手指採血的檢體。這就是他診斷瘧疾的方式，這裡瘧疾很流行，長期無法根除。

我向他說明來意，他同意吃午餐時跟我聊一聊。在那之前，我跟其他人一起等他處理病患。他呼喚下一個病人，是一位帶著幼兒的年輕母親，目測年紀不超過十七歲。這個青少女不知道該拿她生病的孩子怎麼辦，我深感同情。小男孩胖嘟嘟的，伙食不錯，但是他顯然生病了，因為呼吸道感染而咳嗽、發燒。維達先生輕按他的脖子，聽了聽他的胸口，母親說明症狀時他一邊點頭，一邊在筆記本上記錄。他與她輕聲交談了一會兒，在一張紙條上寫下醫囑，再給她一小瓶退燒用的兒童阿斯匹靈。接著，他呼喚下一個病人。

一小時後人群散去。午餐和午睡後他們會再回來，那時候沒有正中午那麼炙熱。我和維達先生穿過村莊，經過混凝土塊學校與草地足球場，沿著一條被走得光禿禿的泥土路來到他家。他的妻子準備了米飯、燉雞肉和水煮綠色大蕉。我們爬上木梯，進入他的高架小屋，坐在屋簷下邊吃邊聊。

維達先生為十一個村子提供醫療服務，共二七七七人。政府的促進農村健康計畫包括建立一個提供基礎醫療用品的衛生員網絡，由像他這樣的衛生員組成。在這個現代化的系統裡，僅受過合法護士助理醫療訓練的維達先生被賦予重責大任，充當廣大人群的醫生、藥師兼牙醫師，但是他欠缺醫生的專業能力，也沒有真正有效的資源。他經常採集血液樣本檢驗瘧疾（這裡瘧疾猖獗），卻因為無法或難以取得藥物沒辦法提供任何治療。隨著精製糖的輸入，蛀牙也成了大問題，那天下午我看到維達先生幫許多病人拔除已經化膿的牙，在沒有局部麻醉的情況下，病人只能極力忍痛。

身材矮小、頭髮烏黑、戴著眼鏡的維達先生提供醫療服務盡心盡力，他顯然非常關心職責範圍內居民的身心健康。他工作勤奮，病歷寫得細緻入微，但我不禁從他身上感受到一種絕望，即使他有能力做出診斷，也會因為嚴重缺藥而無法治療病患。他告訴我，那天稍早他檢查過的那個孩子需要抗生素治療呼吸道感染，他認為孩子罹患了肺炎。但他給了母親退燒藥，因為他沒有抗生素。他叫那位母親趕緊設法前往伊基多斯買藥，雖然路途遙遠，但那是離這裡最近的城市。

「她會去嗎？」我問。他搖搖頭，視線望向遠方，不忍與我對視。「她不會去的。太遠了，而且路費太貴，藥也很貴。他們買不起。」

「那孩子怎麼辦？」我追問。

「運氣好就能活下來。但以我的經驗來說，凶多吉少。」

最初幾週我忙著了解當地村莊的情況，這些村莊距離我夏天居住過的旅舍很近。我也很高興能有機會跟安東尼奧重逢。看到我重返植物園，他用溫暖的笑容與擁抱迎接我，還用他給我取的小名叫我。「凱舒卡（Cashuka），我很想你！」我從亞特蘭大帶了一些小禮物給他和吉爾莫：一把好用的園藝剪，一袋糖果和我幫他們拍的照片。

我們馬上就回到熟悉的戰友模式，彷彿我只離開了一週，而不是好幾個月。沒有去當地村莊進行訪談的時候，我就跟安東尼奧和吉爾莫一起待在植物園，幫忙清理雜草或製作草藥。剛好碰到他們要更換小屋的屋頂，所以我還順便學習傳統建築技術。他們教我如何把大大的棕櫚葉編織成既緊密又堅固的蓆子。我編織「屋瓦」的時候，他們爬到屋頂上拆掉老舊的部分，換上新的。舊的棕櫚蓆子堆在一起成了薪柴，供生火煮飯使用。這份工作不輕鬆，可是我做得很開心。我喜歡透過實作學習如何利用森林資源過日子，這也能幫我了解鄰近村莊的生活型態。

有個村子叫拉恰帕（Llachapa），是距離旅舍最近的混血社區，乘坐獨木舟一下子就到了。我在這裡認識了十一歲的派翠莎（Patricia），一個既聰明又有生意頭腦的女孩，她經常帶著弟弟到旅舍，向遊客兜售她和母親用當地的種子與棕櫚纖維製作的項鍊與手鍊。

我偶爾會跟派翠莎一起坐在樹蔭下的長凳上閒聊當地的八卦，營地的「寵物」查理（Charlie）是一隻水豚，牠會像狗狗一樣窩在我們腳邊的泥土地上。我花了點時間才適應查理的存在。水豚是世上現存最大的嚙齒動物——基本上就是怪獸等級的老鼠——體重可達一五〇磅。水豚是當地人珍貴的肉類來源，我很確定我曾在某個村子喝過水豚湯。至於查理，牠就像一條可愛又溫柔的狗狗，喜歡陪在人類身邊。

我造訪納波河畔的村莊時，派翠莎經常跟著我一起去。不光是她一個。很多時候，我身邊會跟著一小群將來大有可為的民族植物學家，他們和我同擠一艘機動艇，尾隨我去訪談社區衛生工作者與村裡的老人。派翠莎是大家默認的領袖，她對植物的興趣點燃了其他孩子的好奇心。她的膚色是橄欖棕，一頭及肩黑髮剪成簡單的蘑菇頭，深棕色的雙眼看起來既聰明伶俐又充滿好奇，一看就跟其他孩子不一樣。她告訴我許多當地植物的應用方式，還示範如何用靛欖（*Genipa americana*, Rubiaceae）等染料植物給昌比拉星果椰（*Astrocaryum chambira*, Arecaceae）的纖維染色，可用來製作項鍊，以及如何清洗跟食用曲葉矛櫚的果實（*Mauritia flexuosa*, Arecaceae）。她還帶我去她祖母家，在那裡我很榮幸地第一次喝到「masato」，一種用木薯（*Manihot esculenta*, Euphorbiaceae）發酵的酒精飲料。

木薯是南美洲的原生植物，一萬多年前在巴西被馴化，在哥倫布發現美洲大陸之前，木薯是美洲主食。十六世紀葡萄牙殖民者將木薯引入非洲，現在非洲的木薯產量全球過半。雖然木薯來自多雨的熱帶地區，可是它不需要大量灌溉，這使它非常適合在有乾旱風險的地區生長，也是它的一大優勢。時至今日，木薯依然是熱帶地區飲食中主要的碳水化合物來源。

派翠莎告訴我，木薯煮沸之後，她祖母通常會含一口甘蔗汁一起咀嚼木薯，然後在一個大桶子裡充分攪拌。我後來才知道這個步驟在科學上意義重大，因為唾液裡的澱粉酶（一種酵素）會將澱粉分解成糖，糖成為環境中天然酵母的食物，啟動發酵，產生二氧化碳與酒精。這是木薯澱粉和唾液製成的低度酒漿。

我接過一個乾葫蘆剖半做成的碗，裡面裝著木薯酒。質地很濃稠，跟酪漿差不多。儘管我深感榮幸，但只要想到製作過程，就很難克服我對木薯酒的本能反應。

我和派翠莎一同經歷的飲食冒險，可不只有木薯酒。在一個下雨的午後，我、派翠莎和幾個村子裡的孩子坐在旅舍的臺階上，頭頂上有走道的棕櫚屋頂為我們擋雨，我們有一搭沒一搭地閒聊。為了打發時間，他們邊聊邊吃零食——但不是你想像中小孩子會吃的那種零食。他們找到一個蟻窩，這種螞蟻肚子大大的，先用手指捏起一隻螞蟻，擠出濃稠的膏狀液體放進嘴裡吸一吸，把吸乾的螞蟻丟掉之後，再捏起下一隻。

派翠莎示意我共襄盛舉，我恭敬不如從命。我對這種叢林裡的零食也很好奇。味道還不錯，微酸，帶點柑橘氣味（可能是因為含有蟻酸，這是螞蟻用來防禦的毒物）。於是我也一邊等暴雨停歇，一邊吃螞蟻打發時間。觀察孩子的歡聲笑語，是我了解他們日常生活的好機會。

但我很快就為這個品嘗當地食物的決定付出代價。安東尼奧發現我的時候，我正靠在旅舍露天吊床區的木頭欄杆上痛苦地嘔吐。這款螞蟻零食造成我胃部不適。

他叫我留在原地，他馬上回來。其實我不想留在原地也不行，因為痛苦的乾嘔使我的身體持續抽搐。他回來時手裡拿著一杯古柯葉（*Erythroxylum coca*, Erythroxylaceae）泡的熱茶，還有一大把長長的草。他把草搓揉一番，打了一個大大的結。我喝完熱茶之後，他扶我走到一張吊床旁叫我躺下，然後把草結放在我胸前。我吸入草結散發的濃郁香氣：這是他植物園裡種的香茅（*Cymbopogon citratus*, Poaceae）。從植物學的角度來說，這件事很有意思，香茅雖然源自東南亞，卻因為具備藥用價值而廣泛種植於全球熱帶地區。

他用鼓勵的語氣要我慢慢深呼吸，好好休息。離開之前，他搖搖頭像個老父親般對我訓話：「凱舒卡，你有原住民的心，小女巫的頭腦，」他先指一指我的心，再指一指我的頭。接著他把手放在我仍在抽痛的肚子上，邊笑邊說：「但你的胃是外國人的胃，別再吃螞蟻了，好嗎？」

「好的，好的。」我附和他。那天我在吊床上睡了整整一下午。

有個在波士頓出生長大的年輕人名叫理查．伊文斯．舒爾茲（Richard Evans Schultes），父親是水電師傅，這個年輕人在一九三三年進入哈佛大學就讀，夢想成為醫生。不過，他修了一門課叫做「植物與人類活動」（Plants and Human Affairs），開課的教授是傳奇植物學家兼哈佛植物博物館館長奧克斯．埃姆斯（Oakes Ames），於是他轉而對植物學產生興趣。在埃姆斯的指導之下，舒爾茲的畢業論文是研究俄克拉荷馬州基奧瓦原住民（Kiowa）如何在儀式中使用銀冠玉仙人掌（*Lophophora williamsii*, Cacctaceae），這種仙人掌富含迷幻成分三甲氧苯乙胺。

舒爾茲成為研究生之後繼續跟隨埃姆斯，博士論文的主題是調查墨西哥阿茲特克傳說中的teonanácatl（意指「諸神的肉」）是什麼植物。他鑑定出這種植物是松露科（Hymenogastraceae）底下的素傘蕈屬（*Psilocybe*），今日被稱為「迷幻蘑菇」，富含致幻化合物素傘蕈鹼（psilocybin）。他也找出另一種傳說中的儀式用物質的真實身分，當地人稱之為ololiuhqui，是一種學名叫做*Turbina corymbosa*的牽牛花，屬於旋花科。這種植物的種子有迷幻藥的特性，後來被確定是因為含有化合物麥角醯胺，一種結構上類似迷幻藥LSD的麥角生物鹼。

一九四一年，二十六歲的舒爾茲決定繼續往南，記錄亞馬遜雨林原住民對於植物在日常、醫療和儀式上的應用。踏上這趟旅程之後，他在亞馬遜河流域待了十多年，田野工作幾乎未曾間斷，採集了超過兩萬四千種植物，其中約有三百種是科學尚未分類的新物種。他與原住民密切合作，當過好幾位療癒師的學徒，足跡遍及廣大的亞馬遜河流域，包括哥倫比亞、厄瓜多、秘魯、玻利維亞、巴西。他揭露人類與植物關係背後的科學新觀，發表了許多關於製作箭毒的文章；箭毒是箭毒鹼的來源，這種物質具有麻痺性，為外科手術帶來變革。他說明了死藤水的各種用途，針對這種致幻飲料和原料（例如死藤和綠色九節木）發表了第一批學術報告。他對這個領域貢獻良多，被公認為「民族植物學之父」。我之所以來到這裡、做著現在的工作，也是多虧了舒爾茲當初的披荊斬棘。

兩次造訪亞馬遜河流域之間的空檔，我花了幾個月的時間研讀他的著作：當地人如何將野生植物變成食物、藥物、獵具、儀式元素等科學研究。他的攝影論文集《靈魂之藤》（*Vine of the Soul*）令我驚嘆不已，書中描述了許多原住民部落對多種植物的精細運用。還附上許多黑白照片，例如西奧那印地安人（Siona Indians）用吹箭獵殺猴子；亞庫納凱亞利（Yakuna Kai-ya-ree）的舞者在儀式中戴的面具，是用森林裡的植物染色製成；還有一張著名的卡姆薩（Kamsá）巫醫肖像，他脖子上戴著一圈又一圈植物製作的項鍊，手裡拿著一捆shakapa。舒爾茲的科學貢獻超乎世人想像，他透過研究結合自己對大自然和醫學的熱愛，再把這些經驗帶回哈佛大學，培育和啟發一代又一代科學家。

在舒爾茲第一次造訪亞馬遜河流域將近五十年之後，我也踏上他曾經跋涉的泥濘淺溪。但是在這半個世紀之中，世界發生了許多變化。西方勢力與商業資源開採在亞馬遜河流域急速增加、持續不斷，對這片土地造成影響，皆伐（clear-cutting）[1]將富有生物多樣性的密林砍伐殆盡，開採金礦在地表留下又大又深的空洞。受影響的不僅僅是土地，還有仰賴這片土地遮風避雨、維持生計的居民，當然還有他們與土地之間親密的文化與宗教連結。在橡膠熱的年代，征服和奴役剝奪了麥士蒂索人（Mestizo）的歷史傳統，近年來則是換成公立學校教育與資本主義經濟的全面入侵，現在他們沿著主要河岸聚居，對國際貿易與經濟發展的影響力一點也不陌生。

在舒爾茲的年代，巫醫和自然環境仍是他們仰賴的生存方式。我認為現在他們處於新舊交替的過渡期。很多人不再學習我所追求的傳統植物醫學知識，卻也無法充分享有西方醫學的好處。

看看維達先生就知道，他缺乏有效完成任務的資源。

西方醫學透過政府推廣計畫首次引入這個地區時，衛生所藥物充足，包括安全驅除寄生蟲的驅蟲藥，以及治療當地兒童維生素A缺乏的補充劑。但由於多數村莊並未參與現金經濟，他們沒有錢購買新藥。藥箱裡的藥一旦用完，鮮少重新補滿。買藥勞民傷財，還得花好幾天的時間到下游的伊基多斯出售珍貴的家畜，才能賺到錢買藥。

西方醫學和西方學校本身並不壞。它們都很好，就像就業機會與能夠承受洪水的房屋一樣。壞的是本土知識的大量流失，是思想體系與傳統醫療徹底消失於地表，永難追回。我知道兩者之間必須找到平衡點，截長補短，建立一個更健全、更靈活的身心健康作法，融合舊學與新知、自然與科學、傳統醫療與現代醫學的重要貢獻。若能找到這個平衡點，人類不是會變得強大許多嗎？

不過，當時我全副心神都放在盡量收集野生植物滿足當地基本生活需求的古法。我發現若要達成這個目的，就必須深入森林，去更上游的地方。我確實從派翠莎和村莊裡的母親身上學到很多東西，但我也想獲得更多植物與相關用途的知識。

1 譯註：皆伐是指短時間內將伐區內的成熟林木全部砍伐。

我和一位旅舍工作人員一起乘坐獨木舟，前往位於支流蘇庫薩利河下游的一個邁胡納族的村落，這是我第一次造訪原住民社區。我們的船槳在深褐色的水面上輕輕划動，形成規律的節奏。不知不覺，划船的動作與頭頂上翠綠枝葉裡的猴鳴鳥叫漸漸同步。

到了目的地，我們把獨木舟拖到深色的沙岸上。興奮的孩子們老遠就看見我們，紛紛跑過來打招呼。走進村子的時候，我覺得自己腳步虛浮。我發現原因是義肢搖搖晃晃。是螺絲鬆動了嗎？還是我不小心踩到什麼東西？我轉過頭確認身後的情況，看見一群咯咯笑的孩子急忙往回跑：原來是他們出於好奇觸摸義肢，所以我走路時義肢才會搖晃。他們肯定覺得非常奇怪：留著短平頭的外國女人，髮色被太陽曬得很淡，身穿短褲，露出包裹著塑膠假皮的義肢。

有次我坐在村子中心的長凳上，脫下義肢，邀請驚呆的孩子們過來仔細瞧瞧。我示意他們可以把義肢傳下去輪流看。他們不再害怕，急切地伸出手指摸一摸義肢，輕推彼此卡位，仔細觀察承筒內部，甚至想把自己的膝蓋伸進去試試。

向村里的長老說明來意之後，我請求他們允許我跟當地的母親聊一聊健康觀念。邁胡納人還有另一個帶有貶意的名字，出現於十九世紀與二十世紀初殖民者入侵的年代。當時殖民者叫他們 Orejón，意思是「大耳朵」，原因是邁胡納男性有在耳垂上嵌入圓盤的文化習俗。隨著男孩長大成人，圓盤愈換愈大。傳統上，他們會用靛欖果實的黑色紋身染料與胭脂樹的亮紅色素在身上繪畫。我拜訪的村中長老已不再這麼做，就像混血社區的居民一樣，他們也穿著西方服飾（褪色的

T恤、夾腳拖鞋、足球褲），不過他們仍保留用昌比拉星果椰的纖維製作袋子、吊床、繩索和漁網的傳統。

我來這裡之前，已經在靠近河邊與旅舍的幾個混血社區訪談了將近七十位母親。這次我與邁胡納村的母親交談後了解到的情況，符合我從維達先生身上得到的資訊，也符合之前的訪談結果。有個問題特別嚴重：兒童不斷受到寄生蟲感染。多數家庭都有六、七個孩子，但許多受訪的年輕母親表示若有更好的家庭計畫選擇，她們只想生兩、三個孩子。醫療難以取得。有些村民去一趟衛生所得花三到四小時，因為這裡的主要交通工具是獨木舟。衛生所的病歷證實，居處離衛生所比較近的人，看病的頻率高於住得比較遠的人。這意味著有許多孩子只有在病況危急時才尋求醫療，導致他們長期受到感染，身體愈發病弱。有些孩子，例如維達先生那天最後看診的那名小男孩，尋求醫療時早已回天乏術。

造訪完邁胡納村莊之後，我聽說有個村子位置更加偏遠。幾個曾陪我去其他地方的當地孩子知道這個村子在哪兒，他們很想帶我去看看。他們隱諱地表示，亞瓜族跟河岸邊的村民不太一樣。我們去了之後，我看見孩子、年輕人和中年人同樣穿著西方服飾，但亞瓜族的老人有不少仍穿著傳統的裙子，戴著用昌比拉星果椰纖維編織的頭帶。有些人戴著河裡的巨鯰身上的魚鱗製作的項鍊，用胭脂樹的果莢染成鮮豔的紅色；有些人用光滑的胭脂樹種子把臉塗抹成紅色。

我心裡非常興奮。不是因為我想盯著身穿傳統服飾的老人，而是因為我知道他們對我想尋找的當地植物擁有豐富的傳統知識。說明來意後，一名身材矮壯、肌肉發達的當地男子主動表示願意當翻譯，因為他會說亞瓜語和西班牙語。

我們來到一戶人家，我和正在用傳統方式製作木薯酒的婦女聊天，其他人則是坐在一起熟練地編織剛切下來的棕櫚葉，為自己的房子製作新的屋頂材料。我問她們平常在家怎麼處理常見的兒童疾病（咳嗽、肚子痛、腹瀉），此時一位婦女的丈夫剛從森林裡打獵歸來。他身高大約五英尺，穿著傳統的植物纖維裙，打赤腳，長年在森林裡赤足行走使他的腳底累積了厚皮。他其中一隻手裡拿著一根比他還高的長竿，當他走近時我才看清那是一支**pucuna**（吹箭）！他的另一隻手抓著一隻成年的蜘蛛猴——渾身黑毛的新世界大猴子，拖著一條長長的卷纏尾。此刻這隻蜘蛛猴在獵人手裡綿軟無力地輕輕晃動。

我注意到一些動靜。大猴子背上有一小簇蠕動的黑毛，這簇黑毛突然抬頭，露出一雙好奇的眼睛環顧小屋裡的情況。

獵人把寶寶從母親身上輕輕取下，交給他的孫女，孫女開心地收下這隻寵物。拜訪其他人家時，我觀察到年紀最小的女孩經常照顧小型靈長動物，每個家庭都是如此。但是我從未親眼看過獵人把寵物交到孩子手裡。這項傳統不僅是為了好玩，也是女孩學習照顧技巧的重要過程。隨著女孩漸漸長大，照顧的對象會變成她們的弟弟妹妹。寵物長大之後也會換上新角色：餐桌的菜餚。

矮壯的獵人把獵物交給妻子，妻子把獵物清洗乾淨、煮成晚餐。我忍不住盯著他看，他注意到我的視線。準確地說，我看的不是他，而是他手裡的東西。他察覺到我對吹箭有興趣，於是把吹箭遞給我。

我從小就跟著爸爸和堂兄弟在佛州南部的森林與沼澤打獵，清晨靠在樹上等鹿出現，帶著獵犬一起尋找用鼻子翻土破壞地貌的野豬。尊敬野生動物與狩獵的神聖，是我從小到大接受的家庭教育。大人告訴我，只應拿取自己所需：只獵殺要吃的獵物。以這層意義來說，雖然我和這位亞瓜族獵人在文化、語言和環境上天差地遠，卻依然有許多相似之處。

我感激地握住吹管，感受吹箭的重量，欣賞吹箭的製作工藝。此時的我肯定很像那些研究義肢的孩子。這支手工獵具長達七英尺，以當地的植物為材料，可準確命中位於林冠上方的目標：比獵人的位置高出兩百英尺！我細細把玩吹箭，發現它的結構比我想像得更加精緻：兩半細瘦的棕櫚樹莖，用黑色的植物樹脂完美黏合在一起。獵人在吹箭的頂端，也就是吹嘴的部分，綁了一塊沙漏形狀的木片，木片正中央鑽了一個洞。除了吹箭，獵人還向我展示了另外三個重要的狩獵配件。一片一英尺長的棕櫚葉捲成圓柱狀的籃子，裡面裝著幾片長一英尺的飛鏢，形狀筆直、質地堅硬，材料同樣取自棕櫚樹。

接著我仔細查看他的小袋子，跟插針用的針墊差不多大小，編織的紋路使我想起祖母的鉤針作品，部分纖維用胭脂樹染成紅色，袋內塞滿另一種棕櫚樹毛茸茸的白色纖維，顏色跟質地都與棉花相似。最後是一個堅硬的小葫蘆，放在我的掌心剛剛好，裡面裝著深黑色的樹脂。這就是威力強大的箭毒。

我簡直不敢相信裝著箭毒的容器就在我手裡！我在舒爾茲的文章裡看到許多關於這種神奇液體的描述。在亞馬遜河流域，箭毒的製作方式是將幾種特定的植物放進水中滾煮，熬製成像焦油一樣的膏狀黏液。最重要的成分是南美防己（*Chondrodendron tomentosum*, Menispermaceae），它含有筒箭毒鹼，進入血液後會造成麻痺。神經肌肉會合處是運動神經元和肌肉纖維之間傳遞神經信號的地方，筒箭毒鹼會阻斷神經肌肉會合處的一種關鍵受體，導致肌肉極度鬆弛，甚至可使橫膈膜的肌肉停止動作。

從歐洲人進入南美洲探險以來，西方人就一直對箭毒充滿興趣。華特．雷利爵士（Walter Raleigh）曾寫下他在十六世紀末與箭毒的邂逅。一八三二年，博學多聞的知名普魯士探險家亞歷山大．馮．洪德堡（Alexander von Humboldt），率先以文字記錄箭毒的製作使用了好幾種亞馬遜植物。探險家兼博物學家查爾斯．韋特頓（Charles Waterton）證實只要持續幫動物人工呼吸到毒性消退，中了箭毒的動物就能存活下來。但我們直到一九三五年才了解箭毒的實際作用。亨利．戴爾爵士（Henry Dale）的實驗室裡有個人叫哈洛德．金恩（Harold King），他用博物館的樣本做實驗，確定了筒箭毒素這種有效化合物的結構。一、二十年之後，舒爾茲在亞馬遜河流域待了好幾年，鑑定出至少七十種可以製作箭毒的植物，有些箭毒的原料甚至多達十五種。

西方人對箭毒的興趣遠遠超越了狩獵用途。金恩確定箭毒的有效成分後，沒過多久醫生就開始用它做為肌肉鬆弛劑，並且測試它在手術方面的應用潛力。後來化學家合成了一種叫做筒箭毒素的衍生物供醫院使用。現在進行外科手術麻醉時，麻醉師會在肌肉鬆弛劑與麻醉劑之間取得謹慎的平衡，前者用來阻斷神經肌肉受體、放鬆肌肉，後者讓病患在手術過程中失去意識。

站在這位獵人身旁，我心懷感恩。我無法用言語表達這一刻對我來說多麼意義重大。我在麻醉劑與肌肉鬆弛劑的作用下，接受過二十幾次手術，有些手術長達好幾個小時：截肢、髖部重建、延伸股骨、切除骨刺、矯正脊椎側彎。少了這壺神奇的植物焦油，我不可能接受這些手術。此時此刻我意識到，我的掌心握著人類歷史。真正的醫學知識如此無遠弗屆，橫跨整個世界，穿越好幾個世紀——而這片森林生長的幾株植物被謹慎地挑選和熬煮，就是這一切的源頭。我很幸運，在我出生的年代，醫學已從薩滿的儀式與工作得到益處。這些薩滿永遠不知道自己的智慧將傳播到多麼遙遠的地方，也不知道他們的工作將改善多少人的生活。

我們收拾東西，準備打道回府，想趁著天色尚未變暗搭乘機動艇返回孩子們的村莊和旅舍。這時口譯突然叫住我。我認為我們如果留下來吃晚餐，天黑之前應該趕不回去。不是為了吃飯。他告訴我，獵人要把吹箭送給我。

「不行，不行，」我出聲反對，「我不能拿走這麼漂亮又珍貴的東西。」

口譯說，獵人已經做了一支新吹箭，他想把舊的送給我。我問我能不能給他一點錢做為報酬。交換了禮物與再次連聲感謝加道別之後，我回到船上。我洋洋得意，現在我擁有一把正宗亞瓜族吹箭。

後來我在同一個星期又造訪了一所位於混血村莊的當地學校，我和老師一起坐在戶外看孩子們踢足球，在我們的歡呼聲中，有幾個孩子努力炫耀精采球技。比賽進行了幾分鐘後，有兩個年紀較大的男孩提著一桶溪水走上山坡。口渴的孩子蜂擁而上，伸手撈水來喝，喝完又繼續踢球。這顯然是一種常態。

我非常驚訝。

我訪談的許多母親都拍胸脯保證她們家只喝煮開過的水，而且她們都知道這種作法有多重要。但實際上，要村民只喝開水並不容易。政府最近推動了一項教育村民滾煮飲用水的公衛活動，可惜成效不彰。生喝河水的情況很常見。

這對想要充分提供兒童醫療的維達先生來說也是個障礙。他沒有足夠的後援，完全單打獨鬥。雖然這裡的孩子飲食均衡，吃的是維生素與營養素滿滿的野生作物與農耕作物，但是健康狀況普遍不佳。他的病歷詳細描述了各種疾病的診斷，包括貧血、瘧疾、腹瀉和呼吸道感染，罹患上述疾病就診的孩童之中，百分之五十四不滿一歲，它們也是嬰兒死亡的主因。

最普遍的兒童疾病是腸道寄生蟲感染，世界各地的發展中國家均是如此。蛔蟲、鞭蟲、蟯蟲、鉤蟲等寄生蟲在熱帶地區特別猖獗，缺乏衛生系統與乾淨水源導致問題雪上加霜。寄生蟲造成缺鐵性貧血、缺乏維生素A、腹瀉與腹痛、認知缺陷和免疫系統衰弱，對住在瘧疾疫區的兒童來說尤其危險。

寄生蟲的傳染途徑包括飲用遭到汙染的水，或是皮膚接觸遭到汙染的土壤。鉤蟲可以透過皮膚接觸進入人體，經由血液遷移到肺部再鑽進氣管；也可以藉由吞嚥進入腸道，以血液和身體組織為食，造成腸道慢性失血。寄生蟲還會引發腸道感染、腹瀉和腹部腫脹，讓孩子的肚子隆起呈弧形。與這種疾病有關的腹痛在當地叫做cólico（絞痛）。美苯噠唑（mebendazole）和匹南特（pyrantel pamoate）之類的驅蟲藥物在這裡要不是買不到就是太昂貴，住在小村子的居民大多沒錢，因此大部分病患並未接受治療。居民能做的很有限，特別是照顧幼兒的年輕母親。

身為旁觀者，我想要記錄和進一步了解人類、環境與健康之間的互動。我看見很多苦難，許多生病的孩子其實不用受苦。一定有更好的方法。

我拜訪當地村落時，有件事令我印象深刻，那就是周邊環境有豐富的藥用植物。這些藥用植物是我之前跟著安東尼奧認識的。特別是幾乎每個村子的中心位置都有一棵奧杰樹。

難道這就是答案？

安東尼奧曾為我說明奧杰樹汁的用途，這個地區用它來為兒童驅蟲顯然由來已久。我開始問受訪的母親奧杰的事，她們都知道奧杰能治療孩子的肚子絞痛，但是她們不敢讓孩子服用。她們知道一個弄不好，奧杰會讓孩子病得很厲害（安東尼奧討論植物藥效時，幾乎都會強調劑量的重要性，尤其是奧杰）。出於對潛在副作用的恐懼，這種傳統療法一直乏人問津，孩子們只好長期承受病痛。

我能體會母親對於使用奧杰樹的猶豫不決，也能理解花費好幾個小時付一大筆錢去衛生所或醫院看病是一件困難的事。但這樣的困境實在不忍卒睹。治療部分疾病的方法就在村子正中央的那棵樹上，問題是他們欠缺正確的使用知識，而方便服用的西方藥物尚未普及，儘管生物醫學早已明顯取代傳統醫學。這令人氣到抓狂：母親極度渴望讓孩子保持健康，能實現目標的資源唾手可得，卻因為西方的影響排擠掉代代相傳的知識而陷入困境。

我想起動身來到亞馬遜河流域之前，曾讀到一群醫療人類學家寫道：「疾病不是單一事件，也不是不幸的偶發事件。疾病是一種溝通方式——是器官的語言——自然、社會與文化藉由這種溝通方式同時發聲。①」

在納波河盆地，我理解到疾病是很複雜的。醫療也是。生病是什麼意思、哪些因素導致我們生病，這個概念本身與群體的社會文化習俗以及心靈信仰非但息息相關，更是由其建構。必須先釐清這些問題，才能處理在這種環境裡如何恢復健康。

傳統療法很少僅靠藥物（例如植物藥），會搭配其他非物質的療法，通常涵蓋精神領域，目的是療癒病人的身心靈。這正是生物醫學與傳統醫學之間的主要鴻溝。

我跟著安東尼奧在植物園裡工作，也跟著他拜訪病患，這段經驗幫助我理解這種疾病與療癒之間的觀念。我對整合醫學（holistic medicine）有了真正的領悟，漸漸對使用對抗療法的西方醫學教育失去了興趣。我與亞馬遜河流域的衛生官員、孩童、老人和村民之間的互動，也在我心中留下深刻的印象。我的視野變得愈來愈寬闊，開始思考自己能在其中扮演怎樣的角色。

有天傍晚，斜陽穿透樹梢灑下餘光，我站在當地村子的一棵奧杰樹下凝視著板根，板根很高，也很薄，像彎彎曲曲的牆。光滑粗壯的樹幹筆直向上，枝葉自信滿滿地向四面八方生長，與相鄰的樹木枝葉融為一體。

我沒有安東尼奧的知識，也知道自己永遠望塵莫及。但是他為我打開一扇窗，讓我窺見大學課本和高中急診志工經驗以外的醫療、人類與世界。我站在這棵高大的樹下，早在我出生的很多很多年前，它就已經是棵小樹苗；我心中既感恩又澎湃，有一種充滿無限可能的感覺。

我無法明確表達心中的感受，但這棵健壯的大樹含有對人類生存至關重要的化合物，隨著它的樹葉在微風中輕輕搖擺，它似乎在我心中凝結成一個特殊的存在，促使我思考我的人生能做出怎樣的貢獻。我出生於佛州小鎮，先天缺陷影響了我的生活與愛好。我幸運來到亞馬遜河流域，在即將完成大學學業、進入醫學院（若能順利錄取）、踏入成年人的世界之際，我知道我想要發揮一些影響力。我了解傳統醫療與西方醫學各自的力量：我親身示範了兩者的效用。站在這個人生的十字路口，我很想從這裡出發繼續努力，我察覺到各種可能性的發展潛力，如同我身旁這棵高聳參天的奧杰樹。

回國前的心情憂喜參半。我知道這趟回去，下次再來亞馬遜河流域將是很久之後的事了。我得讀完醫學院、當住院醫師、完成專科訓練。安東尼奧的兒子吉爾莫送給我的臨別禮物是靛欖彩繪紋身：一條纏繞在我左小腿上的毒蛇，蛇尾落在我的腳趾上。正午炎熱的叢林氣味漸漸從我記憶中淡去——潮濕而濃郁的香草氣味，那是我散步時腳下的泥土與身旁的植物揉合在一起的味道。紋身也消失了，就像印度的指甲花紋身（henna）一樣。我把照片做成幻燈片，用投影機播放與朋友分享，這些照片令我驚嘆：我和派翠莎坐在長凳上，幾個孩子拿著我的義肢在旁邊玩。大學的最後一個學期很忙碌，轉眼已過了一、兩個月。這天，我收到一封信。

來了。我撕開信封，拿出醫學院的錄取通知。我一直想像這一天將是歡欣鼓舞的一天。說這是我一輩子努力的目標也不為過。所有的犧牲，念生物化學和物理學的痛苦，為了準備醫學院入學考試熬夜苦讀——終於，我辦到了！

但是這一刻我驚訝地發現，我一點也不興奮。我應該在收發室裡手舞足蹈，對著天空揮舞拳頭，打電話給朋友準備晚上出去好好慶祝！

我打電話給爸媽，告訴他們這個消息。「媽媽，爸爸，我被醫學院錄取了。」他們向我道賀，這使我變得更加難以啟齒。「但是我不念醫學院了。我想研究植物和民族植物學。」

電話那頭陷入短暫沉默。我懷疑是不是收訊不良。

接著他們異口同聲說：「你想念什麼植物學？」

第四章／不速之客

在一次頓悟中，我體會到食物如何讓人與人產生千絲萬縷的連結，如何把跨越世代的家人串聯起來，如何成為身分認同與社會結構的生命力。

——尚恩．雪曼（Sean Sherman），《蘇族大廚的原住民廚房》（*The Sioux Chef's Indigenous Kitchen*）

我第一次參加科學研討會，是二〇〇〇年十月在喬治亞大學舉辦的民族生物學國際學會研討會。那年五月我從艾默利大學畢業，拿到生物學與人類學雙學位，暑假跟著導師米雪兒．蘭普博士（Michelle Lampl）為一本新的教科書做編輯與研究工作。蘭普博士接受醫學博士訓練的那個年代，幾乎沒有女性敢嘗試這樣的壯舉。她積極鼓勵自己的導生，要求學生閱讀第一手文獻，並且在我們評估一篇又一篇的研究論文時，要求我們進行批判性思考。她的兒童骨骼生長現象研究顛覆了舊觀念，深具啟發性。她是我的榜樣，讓我看見科學界的女性能夠憑藉勤奮努力、深入思考與創造力闖出一番天地。她鼓勵我進一步思考健康的意義，以及與之相關的各種面向。

在與我長期討論研究內容之後，蘭普博士對我從秘魯帶回來的數據集十分熟悉。她鼓勵我報名這場研討會發表研究結果。於是我動筆寫下第一篇科學論文摘要寄給主辦單位，題目是〈植物與藥物：西方醫學對秘魯亞馬遜河流域造成的健康影響〉。[1]

主辦單位在回覆中表示我獲得了口頭發表的機會，我一方面開心，一方面惶恐不已。我必須製作投影片，還要將投影片印製成幻燈片，以便使用幻燈片投影機在演講廳播放。此外我還得拿出專家的架式先報告十五分鐘，再花五分鐘接受數十位（或甚至上百位）貨真價實的專家提問。我還沒做好心理準備。

何況雖然我已經大學畢業，但戶頭裡只有幾百美元。我現在做的是兼職的自由接案工作，就算是與人合住會展中心的飯店也付不起。我連平常付房租都很吃力。不過油錢我倒是付得起，當時的油價是一加侖一美元。我每天早起，從亞特蘭大開著我的粉藍色吉普車去雅典，車程一個半小時。我在I-85跨州公路上疾速行駛的時候，陳舊的敞篷軟頂呼嗤呼嗤地隨風翻飛。

與會者我一個也不認識。這次我再度單獨行動。在此之前，我只在腦海中見過其他民族植物

1 "Plants and Pills: Health Consequences of Western Medicine in the Peruvian Amazon"

學家與民族生物學家，他們出現在我看過的書籍和文章裡，例如褐色皮膚、帶著眼鏡、頭髮微禿的舒爾茲。現在，有一群和我同樣對人類與自然介面（human-nature interface）有興趣的人從世界各地齊聚一堂，包括研究生、博士後研究員，以及論文曾被我多次拜讀過的教授。

每天都有精采的演講，主題從熱帶藥用植物的應用到在實驗室裡評估熱帶植物的生物活性。每一場演講我都樂在其中，認真抄筆記。除了演講與海報發表之外，也有其他主題的工作坊，例如智慧財產權、傳統知識和利益分享協議。其中最引人矚目的馬雅國際合作生物多樣性團體[2]，這項生物探勘計畫創辦於一九九八年，創辦人是布蘭特・柏林博士（Brent Berlin）與艾露易絲・柏林博士（Eloise Berlin）。

這項計畫由美國國家衛生院提供資金，是三個單位之間的協議合作，包括喬治亞大學、一個代表墨西哥嘉帕斯（Chiapas）馬雅人的非政府組織，以及一家英國威爾斯的製藥廠。計畫的目標是在馬雅人知情且同意的前提下記錄傳統知識，並且檢視馬雅人醫療傳統能否製成藥物。不過計畫開跑沒多久，就受到原住民活動人士和墨西哥科學家的嚴格審查與批評：是生物探勘，還是生物剽竊？生物探勘是在自然資源裡尋找有商業價值的材料；生物剽竊則是在原住民既未授權也未獲得補償的情況下，利用這些資源牟利。爭論的主要焦點是，馬雅人能否因為分享有製藥潛力的知識而獲得報酬。他們是否遭到剝削？

討論非常熱烈。有些人堅稱這是在適當知情且同意的前提下進行的、合乎道德的生物探勘活動。有些人一口咬定這就是剝削。看到活動人士、科學家與馬雅原住民代表坐在同一張桌子旁你來我往地交鋒，這種感覺很奇妙。剛踏入這個領域的我對相關議題只有粗淺的認識，我之前沒有機會詳讀協議，也沒有機會分析公平的利益分享如何納入協議。我靜靜聆聽圓桌討論，像海綿一樣吸收所有細節。

二〇〇一年，也就是研討會的隔年，美國國家衛生院撤回資金，這項計畫隨之終止。這個結果引發國際社會關注生物探勘所面臨的挑戰。對我來說，這件事突顯出明確的事前知情且同意，以及公平地與原住民夥伴、社區和當地科學家合作非常重要。直到二〇一〇年，《生物多樣性公約》的《名古屋議定書》才為這些複雜議題奠定了國際準則基礎，這份議定書於二〇一四年生效。①

除了盡量吸收科學知識之外，這一趟我也忙著尋找念研究所和累積研究經驗的機會。午餐是坐在大圓桌旁吃飯，有機會認識很多科學家。我每天都和不一樣的人同桌喝扁豆湯、吃烤乳酪三明治，藉此擴展人際網絡、了解大家各自的研究與教育計畫。我認識來自世界各地的學者，例如安卓亞．培洛尼博士（Andrea Pieroni），一個活潑外向的義大利人，戴著黑色粗框眼鏡，深咖啡色的頭髮似乎總是亂糟糟。安卓亞在倫敦大學做完博士後研究之後，就一直潛心研究人類如何辨

---

2 Maya International Cooperative Biodiversity Group

識、摘採和處理做為食材的野生蔬菜，以及這些特定物種對食用者有什麼健康益處。

研討會的最後一天，安卓亞與另外兩個我也認識的午餐夥伴提出搭我的便車回亞特蘭大。他們有人要搭飛機，有人要搭巴士，都是從亞特蘭大出發。我樂意之至——只要他們不介意坐這輛小吉普車很擠、車頂塑膠篷隨時可能飛走，而且行李只能放在腿上。

在市中心的灰狗巴士站與國際機場各放下一位乘客之後，車上還剩一人。

「這不是你的航站嗎？」我問安卓亞。

「是啊。應該說將會是。」

「什麼意思？」

「我也要去機場，」他用義大利口音說，「不過是三天後的飛機。我可以借住你家嗎？」

真是出乎意料。

「可以啊，」我說。畢竟他也是民族植物學家。

當時的我絕對想不到，這三個字對於隨後的發展到底多麼意義重大。我們顯然從一開始就對彼此沒有男女方面的興趣，但是我找到一個跟我同樣熱愛大自然的哥哥。

我們驅車回到我位於北德魯伊山丘路（North Druid Hills Road）的三房公寓，我有三個合租室友：我朋友漢娜（Hannah）、漢娜的男友、我的大學老友布萊恩（Brian）。客廳有一張舊沙發床，成了安卓亞這幾天的棲身之處。我打開客廳的窗戶通通風。

時值十月，萬聖節快到了，秋天的空氣冷冽清爽。為了招待我的義大利訪客，我煮了一大盤義大利肉醬麵。我用了罐頭麵醬和過多的牛絞肉，因為成品不但黏稠還結塊，比較像中學食堂供應的邋遢喬三明治（sloppy joe sandwich），而不是精緻的義大利麵。安卓亞吃完一整盤，但我看得出這是因為他不想失禮。

第二天我帶他去我最喜歡的地方：亞特蘭大植物園。我上大學時經常長時間在這裡，在非公開的區域當志工，幫植物換盆。植物園裡我最喜歡的地方是福夸溫室（Fuqua Conservatory），大大的玻璃屋高達兩層樓，種植著許多可愛的熱帶植物，例如可樂樹（*Cola acuminata*, Malvaceae）、檳榔（*Areca catechu*, Arecaceae）、胡椒（*Piper nigrum*, Piperaceae），還有各種形狀與大小的棕櫚樹，有些葉子大到橫跨小徑、直衝樹冠。我有時候會站在溫室裡享受片刻寧靜，這裡沒有吱吱喳喳的小學生與其他訪客。我會閉上雙眼，呼吸潮濕的空氣，感受森林植物的氣味和輕柔的蛙鳴，這時我彷彿又回到了亞馬遜。我沉醉在這種奇妙的感覺裡。

安卓亞跟我一樣熱愛植物，我帶他參觀這間熱帶溫室時，他邊走邊伸手輕觸植物的葉子，感受紋路與不同的形狀。溫室裡有成排的歐洲植物，他飛快說出它們的學名，還詳細介紹了幾種植物在歐洲藥草醫學裡的用法。

離別在即，我們聊到我未來的升學和職涯發展，以及我非常渴望深入了解民族植物學的田野工作。我在亞馬遜河流域完成了不少工作，但這次參加大型研討會讓我發現一件事。我需要更多訓練——我希望能從研究所的課程與實際經驗雙管齊下。

我是在最後一刻才決定放棄醫學院，改念博士，所以我錯過了那一年申請博士的期限。我必須參加GRE考試，還得開始聯絡導師人選。這些事都需要時間，而我已經落後了。

安卓亞說他申請到研究經費，要率領研究團隊調查一個阿爾巴尼亞少數民族的野外覓食行為，他們住在義大利南部。這項研究計畫將於春天啟動。

「如果你能自己飛過去，而且飲食自理，我可以加你進去。這樣說對嗎？就像你也為我付出。再說，」他補充道，「這可是義大利呢！說不定你能學會做菜！」

我被說服了。

只有一個問題，無論是過日子還是做科學研究，都會碰到這個老問題——錢。我沒錢。我的打工收入存不了錢，但我不想向父母伸手，尤其是已有大學學歷的我找工作應該不難。他們已經幫忙我付學貸。

我很快就發現田野研究很難申請到經費，尤其當你既不是在校生，也不是已建立名聲的專業人士。我為了找經費上窮碧落下黃泉，不計較金額。我到處寄論文，計畫題目是〈義大利阿爾巴尼亞人的民族植物學研究〉。我以前的教授和安卓亞都幫我寫了推薦信。我的堅持不懈沒有白費，令我欣喜若狂的是，我申請到兩筆經費：來自姐妹會Kappa Alpha Thea基金會的一千八百美元，以及來自科學與身心障礙基金會（Foundation for Science and Disability）的一千美元。我的機票、食物和雜費都有了著落。加上安卓亞提供的住宿，我即將前往義大利三個月！

我走出羅馬菲烏米奇諾機場的行李區，看見安卓亞已在等我。他身穿牛仔褲、紅色T恤和一件輕便的黑色夾克，背上背著一個小巧的藍色背包。這是他全部的行李！和上次去亞馬遜一樣，我帶了超多東西，塞滿一個大大的行李袋。接下來我們要搭火車從羅馬中央車站出發，六小時後在里奧內羅－阿提拉－里帕坎迪達站下車（**Rionero-Atella-Ripacandida**），中間還得換車，但我們成功在天黑之前抵達目的地吉內斯特拉（**Ginestra**）。我們為旅途準備了三明治，不過安卓亞堅持要我試試水牛莫札瑞拉乳酪，是這裡的特產，我以前沒吃過。

聊完生活近況與計畫目標之後，我們漸漸不再說話，氣氛良好地保持安靜，欣賞窗外綿延的鄉村風光。一望無際的麥田，間或點綴著一叢叢橄欖樹，還有一排又一排的葡萄樹。橄欖樹的葉子在三月明媚的陽光下，閃耀著綠色和銀色的光。在早春的暖意中，野花這裡一簇，那裡一簇，綻放各種色彩——黃的、紅的、紫的。

遠處是連綿起伏的山脈，有的山邊緣銳利、有稜有角，山頂的小村子能否安然站穩令人擔心；有的山鬱鬱蔥蔥，覆滿幾個世紀前種下的大片栗樹林。我對即將到來的冒險充滿期待，興奮感戰勝了疲憊。伴隨著窗外的美景與火車規律的晃動，我最終還是進入了夢鄉。

我對吉內斯特拉的初次觀察，是透過髒兮兮的計程車車窗。我們行駛在一條蜿蜒曲折的鄉間小路上，薊草和蘆荻滿山遍野，懸崖邊有亮黃色的花朵綻放。鷹爪豆（*Spartium junceum*, Fabaceae）灌木叢也生長在懸崖邊，吉內斯特拉村與這種植物（ginestra）同名。吉內斯特拉是山坡上的小村莊，人口不到七百，房屋全都是隔牆相連在一起。窗臺和陽臺上掛著方形花盆，為乳白色的灰泥牆面增添繽紛色彩，所有的屋頂都鋪設赤土瓦片，一眼就能看出。地勢最低的地方有一座老教堂和墓地，當地人稱之為聖母堂（La Madonna），廣場是這個小村子的中心，酒吧兼咖啡館還有香菸報紙店都在這兒。香菸店可以撥接上網，我們每個星期去那裡上網收發email一次，按分鐘計費。

抵達廣場後，我拖著巨大無比的行李袋穿過鵝卵石路，試著跟上安卓亞的步伐。安卓亞要去找一個叫馬席莫（Massimo）的當地人拿鑰匙，馬席莫已為我們安排好公寓。

我撥開防蟲的珠簾走進酒吧。我之前讀了義大利語詞彙本，現在派上用場。我用很慢的語速對調酒師說：「Una Coca-Cola per favore（請給我一杯可樂）」，我的南方口音使我說出來的每個字都比預期得慢很多。他倒可樂的時候，我仔細打量這家小酒吧。「Limone（檸檬）？」他將我的注意力拉回吧檯。「Si, grazie（好，謝謝）。」我說，他切下一片薄薄的亮黃色檸檬，讓檸檬片漂浮在可樂上。

酒吧裡的每一個男人（沒有女人在這裡打發時間）都盯著我看，直接展現他們對我的身分感到好奇，想知道我來他們的村子幹什麼。視線停留在我的義肢上，我穿的是七分褲，露出包裹深褐色塑膠皮膚的義肢。酒吧裡安靜了一會兒，沒多久那種熱烈的交談又回來了（我一句也聽不懂），同時有更多人從酒吧的大門探頭進來偷看。

安卓亞叫我，我喝光可樂，走過去找他和馬席莫，他們站在位於轉角的公寓旁邊。這棟建物的木門很厚，有九英尺高，沒有把手，只有一個固定的球形門把。我們必須先轉動巨大的鑰匙再使勁推門。走進建物，馬席莫帶我們走上樓梯來到居住區。陰冷潮濕，還有一股霉味。光滑的大理石仍保留著冬季末尾的寒氣與濕氣。但這裡空間很大，出乎我的意料。顯然已經有段時間無人居住，灰塵很多，還有蜘蛛網，可是在我眼裡反而充滿舊世界的魅力。

餐廳裡放了一張小床，小廚房只比更衣室稍大一些。客廳鋪著乳白色地磚，牆壁是平滑的灰泥牆，很美，只是沒有家具。馬席莫說，他會幫另外兩名團隊成員莎賓（Sabine）與哈洛（Harald）安排床位。他們下個月將與幾位訪問科學家一起加入我們，不過科學家待的時間會比較短。走廊走到底是主臥，裡面有一張古董大床，兩個美麗的橡木雕飾衣櫃，還有一個俯瞰起伏山丘的小陽臺，像一張由田野、草地、葡萄園和果園縫製而成的百衲被。遠處是鄰近的里帕坎迪達村，它坐落在一座山丘上，村界是一片深綠色的森林。

我認為這會是安卓亞的房間，畢竟住宿是用他的研究經費支付的。但是他堅持要我睡主臥，他對餐廳的小床很滿意。

隔天早上我一醒來，就聽見菜販渾厚的男中音叫賣聲——piselli、lattuga、carote、finocchio！——他們騎著三輪車越過廣場，穿過狹窄蜿蜒的街道。採購食物之前，我們先去廣場的酒吧喝一杯卡布奇諾，吃一塊有濃郁奶油餡的牛角酥（cornetto）。我們向菜販買了豌豆、萵苣、胡蘿蔔、茴香，也就是把我喚醒的那幾種蔬菜，接著去當地的肉鋪買雞肉，去麵包店買散發麥芽和焦糖香氣的杜蘭小麥麵包。麵包皮又硬又脆，方便我偷掰一塊下來品嘗。這樣的購物經驗既輕鬆又合乎邏輯，卻與我習慣的生活環境大相逕庭。這裡的蔬菜都是剛剛採收的成熟蔬菜，一看就知道當季有哪些蔬菜。雞肉是前一天宰殺的，麵包則是當天早上現做。我們後來還去找了當地的牧羊人，他送我們一袋瑞可塔乳酪歡迎我們，居然是用他幾小時前剛擠的羊奶做的！馬席莫送我們的葡萄酒和橄欖油裝在深色玻璃瓶裡，原料來自他們家的庭院和葡萄園。

一切都很新鮮、在地，而且很美味。

村子裡的老婦人對待安卓亞簡直就是溺愛，他之前為了設置田野工作站已經先來過。只要看見安卓亞出現在家門口，她們就會歡迎我們進門，滿是皺紋的臉上露出大大的笑容。我們幾乎天天都會跟老人討論當地食物的名稱和烹調方式。男士為我們展示菜園裡種植的蔬菜與野外摘採的蔬菜，女士烹煮各種傳統菜餚供我們品嘗和討論。我們品嘗放在華麗盤子上的苦味蔬菜、填滿櫻桃果醬的酥皮甜點、無花果乾餅乾、自製渣釀白蘭地（grappa）與講究的濃縮咖啡，與此同時我負責將討論過程（在他們的同意下）錄影錄音，安卓亞負責主導討論和記下重點。有種新的職業傷害出乎我意料，我也遇到過幾次：當地人都是勸酒高手，我們喝了超多自製渣釀白蘭地和葡萄酒，最後踏著蹣跚的步履醉醺醺地走回公寓，大中午就得躺下睡個午覺。有時候則是喝下太多濃縮咖啡，尤其是一天拜訪多戶人家的時候，離開時情緒亢奮、神經兮兮。不管是咖啡還是酒精，如果我們沒有喝完，對方都會很生氣。

我們感興趣的不只是記錄義大利語的食物與食材名稱，還有記錄阿爾伯雷什語（Arbëreshë）的名稱，他們是一個阿爾巴尼亞族群。安卓亞做過前導研究，他知道阿爾伯雷什人摘採和烹調食用植物的作法與眾不同。我們的研究目標是調查他們如何食用野生植物，尤其是當成「健康食物」，我們稱之為「民俗功能食物」（folk-functional food）。我們知道有些野生植物是因為有益於促進整體健康才被摘採和食用。對於研究如何預防和管理西方常見的慢性發炎病症來說（例如心血管疾病、糖尿病、癌症等），這些植物或許是個令人期待的起點。過去四十年的飲食和營養研究發現，飲食和「生活習慣」導致的疾病，與特定食物以及久坐不動的行為密切相關。這些傳統食物能否用來改善西方飲食？

阿爾伯雷什人是阿爾巴尼亞人的後裔，為了躲避入侵巴爾幹半島的鄂圖曼帝國，他們從十四到十八世紀分成幾波遷徙到義大利南部。這可追溯到一四五三年東羅馬帝國的前首都君士坦丁堡落入鄂圖曼人手裡之後的年代，鄂圖曼人在這座城市統治帝國，直到二十世紀初。整整六個世紀，鄂圖曼帝國扮演東方與西方交會的樞紐。

時至今日，這些阿爾巴尼亞人的後裔散居在義大利南部的村莊，尤其是阿普里亞（Apulia）、卡拉布里亞（Calabria）、坎佩尼亞（Campania）、莫利塞（Molise）、西西里（Sicily）和巴西里卡塔（Basilicata）等地區，我們做研究的村子就在巴西里卡塔。義大利國會已正式承認阿爾伯雷什人是歷史悠久的少數民族，他們的語言也被聯合國教科文組織的《瀕危語言紅皮書》列為「瀕危語言」。阿爾伯雷什人的語言是阿爾巴尼亞語的一種托斯克方言（Tosk），現在的阿爾巴尼亞已沒有人說這種方言了。吉內斯特拉在阿爾伯雷什語裡叫做「朱拉」（Zhura），是休火山武圖雷山（Monte Vulture）附近三個相鄰村落的其中之一。另外兩個阿爾伯雷什村莊分別是巴利列（Barilli）和馬斯基托（Mashqiti），也在我們研究的範圍內。

一開始安卓亞會把對話從義大利語翻譯成英語給我聽，但是這阻撓了討論的順暢與速度，因為他也是主要訪談者。一週後，他決定不幫我翻譯。這是他敦促我學習義大利語的方式。就像把我直接丟進水裡，不想淹死就趕緊學會游泳。我拚命踩水。

雖然我們專注記錄阿爾伯雷什人的食物與藥用植物，但我們想回答的問題是在遷徙之後，這些知識如何在少數民族內部代代相傳。知識的轉移、保存甚至轉變，是民族生物學的一個核心主題。它形塑了人類使用自然資源的經驗。舉例來說，一個人站在一片充滿各種生物的土地上，他眼中看見的是各式各樣的有用資源，例如食物、藥物與藝術材料；而另一個人面對相同的土地時只看見一大片綠色植物，不會直接拿來利用，也和生活無關。兩種觀點有著天壤之別。人類與自然的關係，決定了我們與環境互動的方式。若察覺到環境的價值，往往會更加渴望永續管理這些資源，也願意將知識分享出去。

我在亞馬遜看見西方醫療導致傳統健康策略衰亡，同樣地，我在義大利看見工業化對健康和飲食習慣產生令人不安的影響。過去相當普及的野生食物和藥用植物基本知識正在流失②，不再以耕種討生活的年輕人跑去汽車工廠和鄰近城市的商店工作，鮮少烹煮這些珍貴的傳統菜餚。僅存的烹飪傳統像手掌裡的細沙從指間灑落，隨著瀕危的阿爾伯雷什語一起慢慢消失。藉由記錄詳盡的細節，我和安卓亞想盡量留住這些東西。保存傳統知識是這項計畫的主要目標之一。

不過，我在義大利和亞馬遜的見聞有一個關鍵差異。尤其是在阿爾伯雷什社區，村民似乎對食用植物在生活中發揮的重要作用有更加細緻的了解，包括短期作用與長期作用。面對充滿可食用資源的義大利自然環境，阿爾伯雷什人對野生綠葉蔬菜有強烈的偏好，義大利人則沒有。③阿爾伯雷什人認為野菜（他們稱之為 liakra）介於食物和藥物之間，有時是食物，有時是藥物，有時甚至兩種作用兼而有之，取決於情境和使用方式。

我們從琳娜阿姨（Lina）與丈夫法路奇奧叔叔（Faluccio）身上學到很多民俗功能食物的知識。兩人都已年近九十，許多年輕家庭裡不復存在的阿爾伯雷什傳統仍是他們的日常。他們在家裡仍說阿爾伯雷什語，而且經常吃野菜。跟他們聊天，很像透過一扇窗戶觀察歷史。

我和安卓亞坐在他們家的小餐桌旁，桌上鋪著檸檬黃與天空藍相間的格子桌巾。琳娜阿姨腳步匆匆、來回走動，端上一盤又一盤她特地為我們準備的各式蔬菜料理。她個子不高，髮辮纏成一個髮髻，鬆鬆地靠在後頸上。她穿著紅色襯衫、黑色長裙，腰際圍著一條亮藍色圍裙。當她迫不及待地展示一道道佳餚時，臉上大大的笑容極具感染力。她用一個燒木柴的爐子煮飯。架上整齊擺放她摘採的野生香草，包括一種香氣十足的野生牛至（*Origanum heracleoticum*, Lamiaceae），它被稱為希臘牛至，生長在鄉間的岩石上。這是我嘗過味道最強烈的牛至！相較之下，我家不入流的食物櫃裡擺放的牛至根本是無味雜草。

法路奇奧叔叔從地窖裡拿出一個箱子，裡面擺滿各式各樣的自製罐頭，各種植物邊角料塞進回收使用的玻璃罐，浸泡在橄欖油或醋裡；還有用野果製作的酸甜果醬。他每天清晨都在他們的小葡萄園裡忙碌，除了檢查葡萄樹和橄欖樹，還要照顧菜園。

他將瓶瓶罐罐小心放在桌上，我看得目瞪口呆。你在超市裡買不到這些食材。每一個罐頭都代表一種別處沒有的獨特風味。有些是強烈的苦味，有些酸酸甜甜。琳娜阿姨遞給我一盤野生蘆筍（*Asparagus acutifolius*, Asparagaceae），汆燙之後跟雞蛋一起煎。接下來是一盤苦苦的菜：紫星薊的嫩葉（*Centaurea calcitrapa*, Asteraceae），當地人稱之為drizë，先用水燙過，再用橄欖油、大蒜和紅辣椒翻炒。

我們吃了一盤金薊生菜沙拉（*Scolymus hispanicus*, Asteraceae），當地人叫它**kardunxheljë**，只淋上他們自己種的橄欖油調味。法路奇奧叔叔在我們盤子裡放了類似小洋蔥的東西。我拿起一顆咬下，發現它沒有蔥屬植物典型的硫磺味，而是在我舌頭上產生強烈的苦味反應。它叫做**çëpuljin**，直譯就是「小洋蔥」。這是流蘇風信子的塊莖（*Leopoldia comosa*, Asparagaceae），安卓亞後來跟他在倫敦大學學院（UCL）藥學院的合作夥伴一起做了實驗，證實這種塊莖擁有對抗老化相關疾病的健康益處，因為它有很強的抗氧化活性。對村子裡的老人來說，這些野生植物不但是常見的食物，曾幫助他們撐過飢荒與戰爭，他們也相信這些植物對健康大有好處。

影響深遠的七國研究於一九五〇年代後期展開，在那之後，地中海飲食就一直備受關注。七國研究評估美國、芬蘭、荷蘭、義大利、希臘、日本與前南斯拉夫的飲食和生活習慣差異，因為飲食與生活習慣都和心血管疾病有關。以這項研究的結果為基礎，產出了五百多篇同儕審閱的研究論文，以及十本討論飲食、生活習慣、健康與健康老化的專書。④

地中海飲食與歐洲中老年男女性的冠狀動脈死亡率降低百分之三十九，以及心血管死亡率降低百分之二十九有關。飲食是個難以研究的主題，因為每個人飲食偏好不同，不過整體而言，地中海飲食的特色是攝取大量豆類、麵包、蔬菜、水果、富含不飽和脂肪酸的脂肪（如橄欖油），適量吃魚，少吃肉類和乳製品。

美國媒體的飲食報導，以及層出不窮、曇花一現的各種流行飲食法，都把重點放在富含抗氧化物的紅酒多酚與橄欖油的健康脂肪上。可是，我們在義大利南部觀察到的情況是雖然吃蔬菜對阿爾伯雷什人的健康很重要，但蔬菜的類型與特性也非常重要！

他們認為吃野生苦菜最健康。

第一個月接近尾聲，我的義大利語突飛猛進。因此，我可以更常單獨行動，在安卓亞去鄉下採集植物的時候，自己進行以食用植物阿爾伯雷什語名稱為主的訪談。我在中央廣場架設一臺使用Hi8磁帶的攝影機，位置就在酒吧旁邊。這裡是大量村民會經過的地方，而且有很多老人下午會在這裡閒晃、跟朋友聊天，或是用酒吧門口的小桌子玩色彩繽紛的紙牌遊戲，例如Scopa（直譯為「掃帚」）。

我有機會在鏡頭前一一訪談許多村民，認真錄下安卓亞在鄉間採集到的各種野生植物用阿爾伯雷什語怎麼念。一切進行得很順利，除了某件事成為村民的爭論焦點——我和安卓亞的關係。和許多傳統的義大利小村莊一樣，男性跟女性各自扮演明確的角色，我們卻不小心打破了與性別有關的大原則。

未婚男性聚在廣場上打牌、玩鬧、喝啤酒，女性（無論已婚或單身）不會這麼做，天黑之後也看不到女性外出。未婚女性不能乘坐另一位（非近親）男性的車，除非兩人已經訂婚。未婚男女就是不能住在一起，而且無論如何女人就是要負責煮飯跟打掃。

但是我白天在廣場獨自一人和許多男性交談，晚上和安卓亞同住一間公寓，莎賓來了之後，村民更是議論紛紛。這位高䠷輕盈、留著一頭金髮的美女來自瑞士，主修民族植物學。現在安卓亞的公寓裡住著兩個女人！有人猜我是個不幸的年輕女子，被人口販子賣到這個地區當妓女。甚至有兩個當地警察每次看到我獨自在村子裡出沒時，都會用懷疑的眼神特別注意我。幸好我和安卓亞訪談過的幾個老太太成功平息了謠言，還責罵自己的丈夫跟兒子提出這種臆測。她們堅稱她們的卡珊卓才不是為了釣男人才去廣場。她只是想要學習植物的知識！

我很高興幾位阿姨幫我化解了村民的懷疑，因為第二個月安卓亞和莎賓要離開兩週，去一場科學研討會發表論文。我再次落單，不過因為這個村子很小，所以我很少獨處。沒有外出採集植物、進行正式訪談或抄錄數據的時候，村子裡的阿姨都對我照顧有加，邀請我走進她們的廚房！日復一日、餐復一餐，我漸漸學會正確的烹飪方式，先從在菜園或野外摘採的簡單食材入門，少量的肉類，自製義大利麵，再用香草調味，就能做出許多經典南義料理。例如**pasta con pepperoni crici-crici**（用脆脆的甜椒、黑橄欖、辣腸、蒜頭與橄欖油製作的義大利麵），或是**zuppa di papnule fazul**（用虞美人〔*Papaver rhoeas*, Papaveraceae〕和蠶豆〔*Vicia faba*, Fabaceae〕煮的湯）。會做這些菜，對我的廚藝來說是不得了的進步。以前我只會弄微波爐晚餐，還會用罐頭紅醬做菜，非常恐怖。安卓亞在亞特蘭大住我家的時候，我就是用紅醬罐頭做義大利麵給他吃。

我學到的不只是廚藝，還有各位阿姨處理食物的完整過程，比我想像的要全面得多。茱莉亞阿姨（Giulia）教我怎麼摘採野生德國洋甘菊（*Matricaria chamomilla*, Asteraceae）和歐錦葵（*Malva sylvestris*, Malvaceae），把兩種香草合體綁成一束，乾燥之後存放起來，冬天呼吸道和胃腸不舒服的時候可以泡茶來喝。喬凡妮娜阿姨（Giovannina）教我將扁桃仁（*Prunus dulcis*, Rosaceae）塞進無花果裡（*Ficus carica*, Moraceae），然後放在蘆荻（*Arundo donax*, Poaceae）削成的細枝上晾乾。她的作法是煎煮來喝，先將塞了扁桃仁的無花果放在水裡滾煮二十分鐘，冷卻後飲用可治療冬天的呼吸道症狀。琳娜阿姨教我如何將櫻桃小番茄保存在地窖裡，以及如何將美味爽口的甜椒曬乾，可以吃一整年。菲歐莉娜阿姨（Fiorina）跟我分享她對語言和音樂的熱愛，教我唱傳統的阿爾伯雷什歌曲、跳傳統舞蹈，她和丈夫會在不同的文化節慶唱這些歌、跳這些舞。

想當然耳，我在吉內斯特拉學到的東西與我從安東尼奧身上學到的東西截然不同，安東尼奧在他居住的地區是療癒知識的主要保存者。但是在這裡有很多人，而且大多是女人，都知道怎麼利用野生和種植的植物來處理日常的小毛病。隨著我對當地的飲食與健康習俗愈來愈了解，我確實發現這裡跟亞馬遜傳統醫療的一大共同點——與精神健康和療癒有關。巴索醫生（Dr. Basso）是個慈祥和藹的老醫生，笑容可掬、聲音溫和，在村子裡開了診所幫村民看病。但是阿姨們告訴我，有些病找巴索醫生沒用。我很疑惑。是怎樣的病？法蘭切絲卡阿姨（Francesca）率先開口為我解釋什麼是「malocchio」（惡魔之眼）。

惡魔之眼是一種複雜而常見的疾病，原因是人的眼睛能夠對他人或他人的物品直接造成或間接投射傷害，這是一種與嫉妒有關的心理社會疾病。只要我稱讚別人家裡的某樣東西很漂亮（我來到這裡的第一個月經常這麼做，我來自美國南方，這是美國南方人表達禮貌的方式），就會造成問題。物品（例如茶杯）的主人經常堅持要把東西送給我。無論我如何婉拒，對方都不會放棄。法蘭切絲卡阿姨說，這是因為我讓對方面臨惡魔之眼的風險。我欣賞一樣東西，表達了我的欣賞之意，但是我沒有說Dio ti benedica（上帝保佑你）來化解惡魔之眼的潛在危機。對方把東西送給我，是一種自我保護。除了導致家門不幸之外，惡魔之眼還會讓成年人劇烈頭痛，主要的區域是額頭和眼睛後方。

我為自己的無知感到無地自容。這群阿姨曾如此溫暖地歡迎我走進她們家，教導我這麼多食物、健康與人生的知識，我是否無意中給她們下了詛咒？法蘭切絲卡阿姨說明惡魔之眼的作用時，我整張臉羞愧脹紅。她要我放心，她們知道我不是故意的。我現在才知道她們為什麼硬要送我這麼多小擺飾跟茶杯！

村子裡有些人被稱為quelli che aiutano，意思是「幫忙的人」，這些人有男有女，大家都知道他們擁有療癒能力。法蘭切絲卡阿姨介紹我認識她的鄰居卡洛琳娜阿姨（Carolina），她知道怎麼治療惡魔之眼，而且願意教我。

卡洛琳娜阿姨跟我一樣也是殘疾人士，走路時跛腳得跛很明顯。她十幾歲的時候在一場巴士車禍中受傷，後來接受過多次手術。她花白的頭髮剪得很短，穿著村裡年長女性的典型服裝：黑色洋裝，悼念多年前去世的丈夫。她告訴我，想要學習治療惡魔之眼的人必須在耶誕夜上教堂，重複同一句祈禱文，算是療癒儀式中的一種口語公式。我後來又訪談了更多惡魔之眼療癒師，發現這套口語公式有多種變化，療癒師各有各的偏好。例如，其中一種是：「奉聖父、聖子、聖靈之名。三是詛咒我的雙眼、心靈與意志。三是成長的聖父、聖子與聖靈。山頂上有一頭母牛和一頭小牛，母牛吃草，小牛成長。你成長你的，我成長我的。」還有一種比較短，也更加直接了當：「傷害你、聖父、心智、臉孔的那隻眼睛——趕走那隻眼睛，惡魔之眼，將惡魔之眼趕出我的人生。」

儀式的順序與療癒師的動作都是一樣的，沒有個別差異。療癒儀式的開頭一定會吟誦三段天主教祈禱文：《天主經》、《聖三光榮經》、《聖母經》。三段各念三遍，與此同時，療癒師會用大姆指在病人的額頭上反覆畫十字。接下來療癒師會念自己喜歡的祈禱文三遍，同時繼續在病人額頭上畫十字。療癒儀式白天晚上、任何時段都能進行，通常只需要療癒一次。若症狀沒有改善，也有人會連續療癒三天、六天或九天。

惡魔之眼只是眾多療癒服務的其中之一。村民會找專業療癒師處理許多精神方面的毛病。⑤我站在全新的療癒世界大門口，我想深入了解其他種族精神病（folk illness）、治療方式以及植物

（若有使用）在儀式中扮演的角色。

愛蓮娜阿姨（Elena）住在附近的馬斯基托，像她這樣的療癒大師主要治療病患自認有精神原因的病痛。儘管已經九十多歲，愛蓮娜阿姨依然神采奕奕、活潑開朗，當地生產的杜蘭小麥麵包用藥草茶泡軟就是她的每日主食，因為她嘴裡剩下的牙齒不多。淺褐色的眼睛裡暖意融融，每次都讓我覺得她很歡迎我。她治療的種族精神病包括乳房裡長毛（乳腺炎）、神經打結、風病、彩虹病、死火病、腮腺炎、陰莖水腫（嵌頓包莖）、牙痛、囟門凹陷等。這些病名不是字面上的意思，而是描述病症的原因或療法具備的特點。例如死火病（fuoco morto）其實是一種皮膚病，療癒儀式中會使用小小的火焰。和安東尼奧一樣，愛蓮娜阿姨幾乎找不到學徒，她非常希望她的知識能繼續傳承下去。

她的某些療癒儀式會敬拜植物，我當然對這部分特別有興趣。Cigli alla testa（偏頭痛）的罪魁禍首是西洋接骨木（*Sambucus nigra*, Adoxaceae），卻要向西洋接骨木祈求幫助：「早安，cumpa' Savuche（西洋接骨木教父／親人），我頭痛，我將疼痛交給你。我向你坦誠，我向你保證，絕對不會把你放進火裡。」

他們相信燃燒西洋接骨木的木柴是導致偏頭痛的原因，所以這種樹會受到保護。有些人會在西洋接骨木上綁緞帶，或是在樹下進行療癒儀式。若當地人相信自然資源（一棵樹，甚至一池泉水）擁有強大的神奇力量，這樣的自然資源就容易得到保存。另一方面，如果他們使用這種資源、放任它遭受剝削，反而有害無益。只要看看傳統中醫對犀牛角的應用，導致犀牛角非法交易就不難理解。

對療癒師來說，最複雜且難以診斷和治療的是皮膚病。以 mal vjnt（風病）為例，症狀是皮膚上有小小的發炎圓斑，阿爾伯雷什人相信感染風病的原因，是路過曾經發生凶殺案的地方。療癒師必須先確定病人遇到的惡靈是哪一種。這個步驟很重要，因為療癒儀式必須使用和當初那場凶殺案類似的武器，通常是刀、手槍或小斧頭。用這把武器為一杯混合了火藥的紅酒祈福，再用一束驢子尾毛編成的辮子去沾紅酒，以畫十字的方式塗抹在每一個圓斑上。最後吟誦祈禱文呼籲基督帶走壞風，將它留在好風的胡桃樹下。跟西洋接骨木一樣，他們也相信胡桃樹（*Juglans regia*, Juglandaceae）擁有強大靈力。

如同風病，死火病的症狀是皮膚有發炎的紅疹，差別是紅疹裡充滿液體。感染死火病的原因是遇到因他殺被燒死的鬼魂，因此跟風疹一樣，療癒儀式裡使用的「凶器」是火焰。療癒師與火焰都不會觸碰病患，但油燈或蠟燭的火焰會在每一塊有水泡的皮膚區域旁邊劃十字，同時吟誦祈禱文。療癒儀式在晚上進行，連續六到九天，這段期間病人不能進入教堂，否則惡靈可能會受到祝福因而永遠不離開病人，導致死火病永遠好不了。

雖然這些種族精神病的病因、診斷與治療都不屬於西方生物醫學，但我慢慢發現療癒儀式在幾個方面深具意義。首先，病人與療癒師之間有長期的個人接觸，雙方都對診斷與治療計畫抱持強烈的信念。無論是安慰劑效應、心理治療還是自然痊癒（許多皮膚症狀都會自己消失），病人通常會對症狀的療癒與改善心懷感恩。不管療癒師做了什麼，總之通常有效。

有天我問愛蓮娜阿姨願不願意在我身上施展療癒能力。那天她九十五歲的表妹席薇亞阿姨（Sylvia）剛好來訪，坐在愛蓮娜阿姨家小客廳裡的一把木椅上。她散發一種神經質的能量，讓我想到充滿好奇心、不斷觀察周遭的小鳥。我之前就已見過她，那是在她家訪談安德莉亞阿姨（Andrea）的時候，當時她與我們分享了野生食用植物的知識，還端上兩大杯已經變成醋的葡萄酒。

為了不嚇到兩位阿姨，我慢慢拉起褲管，告訴她們我的腿從小就已截肢，走路的時候皮膚會摩擦紅腫。有沒有什麼方法能處理？

我脫下義肢，撕下矽膠襯墊，愛蓮娜阿姨走到我旁邊低頭查看。她在我腿邊蹲下，將雙手放在我的殘肢上。她身上有洋甘菊的味道。接著她開始吟誦祈禱文，同時手指輕輕按摩發炎的皮膚。她對我的關懷以及她想療癒我的渴望，幾乎讓空氣變得凝重起來。她呼喚聖人與聖三一給予我協助，每段天主教祈禱文都重複吟誦三次，一邊吟誦，一邊輕柔撫摸和按摩我的殘肢。有那麼一刻，我彷彿瞬移回到秘魯，安東尼奧也是在儀式中一邊吟誦，一邊呼喚他崇敬的森林精靈來進行療癒。

最後我深吸一口氣，再慢慢呼出，張開眼睛後我不斷向她道謝。愛蓮娜阿姨拍拍我的頭，笑著說無論何時只要我有需要，她都樂意幫忙。

坐在一旁的席薇亞阿姨搖搖頭，淚目含悲地對我說：「可憐的孩子，你結婚的時候，新婚之夜丈夫一定會發現的！他一定會發現！這是藏不住的！」我輕聲笑了起來，要她別擔心。我會找到一個能夠理解我、愛我真實樣貌的人。她繼續搖頭，露出為我感到絕望的表情。她不相信。老實說，我自己也不是很有把握。

青春期結束之際，隱藏我的腿（應該說，隱藏我沒有腿）成為一種執念。我不認為自己很醜，我有很多自己喜歡的特質：因為經常騎沙灘車、爬樹、騎馬，所以運動細胞發達；心胸開闊，什麼事情都願意嘗試。但因為我的右腿無力，加上雖然動過脊椎側彎的矯正手術，脊椎卻依然是S形，所以我的身體仍是歪歪的。我曾經跟女性好友開玩笑說，我需要做單邊隆臀手術才能好好穿牛仔褲。為了補償無力的右側，我左邊的大腿、小腿和臀部肌肉都過度發達。我和物理治療師發現只有一種姿勢能讓我的步態看起來比較均衡，那就是抬起右手臂放在頭頂上，右手摀著左耳。如果我想看起來像個「正常女孩」，這個選項並不可行。

有天晚上安卓亞和其他幾位科學家都不在家，我聽見一樓有人敲門。時間頗晚，已是晚上十點多，這不太尋常。我從餐廳走到陽臺上，看看是誰在敲門。是個男孩，年紀約莫十二、三歲。我問他要做什麼，他只是笑著跑走。我回去繼續工作，但是不太成功，因為在接下來的一小時裡，我一直被同樣的惡作劇打斷。

疲累的我準備上床睡覺，但我知道如果這種敲了門就跑的遊戲不結束，我肯定睡不著。我從陽臺探出去，大聲問他叫什麼名字：「Dai！Basta！Come ti chiame，ragazzo？」（真是夠了！弟弟，你叫什麼名字？）他又跑了。我直接上床睡覺。

五分鐘後，敲門聲再度響起。我失去耐性，所以我衝出大門。

大門在我身後一闔上，男孩就速速跑出我的視線。我轉過街角，走向酒吧，試著向酒吧裡的人描述男孩的模樣，問問有沒有人知道他的父母是誰。他們向我保證有人會處理這件事。「非常感謝，」我說。走回公寓，我這才發現剛才急著出門逮人，把大門鑰匙忘在桌上。

Porca miseria（可惡）！我站在大門外，努力保持冷靜。

我不知道有沒有備用鑰匙，沒辦法聯絡到安卓亞，也不知道馬席莫住在哪裡。我走回酒吧，看到一個認識的人——艾爾佛雷多（Alfredo）。他的祖母是村裡的一位療癒師，我是在訪談祖母時認識他的。艾爾佛雷多臉上總是掛著隨和的笑容，他似乎是個真正的好人。

他坐在一張小桌子旁，正在跟一個年近三十歲的男人打牌。這個人身高六英尺，肌肉健壯，有一頭幾乎及腰的棕色直髮。我不知道他叫什麼名字，但是你很難不注意到他。我在村子裡看過他幾次，騎著櫻桃紅的杜卡迪機車，或是牽著黑棕色相間的杜賓犬散步。聽說他只是為了好玩就把那輛杜卡迪九一六的零件全部拆下來，然後又重新組裝回去。我見過他的母親米拉葛蘿絲（Milagros），她是西班牙人。我剛到的時候能用西班牙語和她交談，因為我的西班牙語比義大利語流利很多。

我走向他們，說明了自己的困境。他們可以幫我嗎？

「當然可以，」艾爾佛雷多語氣肯定地說。接著他向我介紹馬可（Marco）。

他們跟著我走回厚實的橡木大門旁。艾爾佛雷多仔細查看門鎖之後，馬可抬頭看了看通往二樓陽臺的石牆。

「等我一會兒。」

馬可直接爬牆。牆面上沒什麼可以抓握的地方——石磚形成的牆面近乎光滑——但是他神奇地爬到二樓，跳過陽臺的欄杆，幾秒之後為我們打開大門。

艾爾佛雷多哈哈大笑，拍著馬克的背說：「你活像一隻猴子，兄弟！」

馬可對我露出靦腆的笑容，但我看得出他很興奮自己幫我完成了這項壯舉。我也很興奮。

幾天後馬可帶著母親米拉葛蘿絲一起過來。看到公寓裡有一群科學家，兩人非常驚訝。他們以為我將一個人度過復活節。儘管如此，他們還是邀請我第二天跟他們家人一起吃午餐。這是約會嗎？我也不確定。這裡的人不約會。像吉內斯特拉這樣的村莊，追求是在眾目睽睽之下散步很久——全村的老人都會盯著你們。

隔天我沿著一條鋪著鵝卵石的窄巷往村子裡地勢較低的地方走，前往他們家。他們的房子是兩間大公寓，雙胞胎兄弟共同擁有，兩兄弟都娶了西班牙女子。馬可的父親是雙胞胎兄弟之一，他是警察（村子裡只有兩名駐警），他的雙胞胎兄弟則是當地的雜貨店老闆。我不敢想像他對我的看法：我剛到這裡的時候有傳聞說我是妓女，他正是聽過這傳聞的警察。

米拉葛蘿絲與馬可熱情迎接我。他們請我進門之後，我才發現這不是只有三個人的簡單午餐。他的祖父母、兄弟姐妹和配偶，以及他們的孩子全都在。午餐是自製千層麵、新鮮迷迭香裝飾的烤羊肉、綜合蔬菜、沙拉和切片的麵包。非常豐盛！

尖叫的孩子們在母親身邊竄來竄去，想偷吃一口放在廚房裡的甜點。馬可的兩個姐姐把他們家自己採收、榨汁、發酵和裝瓶的艾格尼科葡萄酒（Aglianico）遞給大家。石榴色澤的葡萄酒口感飽滿，帶有厚重泥土氣息的單寧，和一絲麝香莓果風味。熱鬧的氣氛與快速的交談，偶爾穿插誇張的手勢，我坐在主位，旁邊就是馬可。我緊張到沒辦法好好用叉子把食物送進嘴裡，至少有四分之一的食物都掉在腿上的餐巾上。馬可挑眉看我，他注意到我的緊張失態。我覺得很丟臉。

飯後在他姐姐羅珊娜（Rosanna）與姐夫的陪同下，我們驅車前往里帕坎迪達村附近一片美麗的森林。一層薄雪覆蓋著森林。我還沒搞清楚這頓飯的意義。他們是因為好客才邀請我，就像那些老阿姨一樣嗎？我對馬可出於本能懷有好感，這是我們之間的開始嗎？

接下來幾週，答案愈來愈清晰。馬可每天下午都會來公寓找我，邀請我出去散步。散步時，我們說說笑笑。令我驚喜的是，我們也輕鬆分享了過往經歷和對未來的期待。他念高中時是運動員，曾創下地區三千米越野障礙賽跑紀錄，連續好幾年都沒人打破。他參加過威尼斯和羅馬的馬拉松，後來入伍服義務役時，在完成基礎軍訓後被徵召加入軍中的體育團隊。現在他在附近的梅爾菲鎮（Melfi）一家熟食店工作。我去那裡找過他一次，看他工作時的情況很有意思，大排長龍的婦女爭相吸引他的注意力，購買切成薄片的帕馬火腿、肉腸、薩拉米紅腸，還有盒裝的新鮮莫札瑞拉乳酪或非常美味的奶油餡布拉塔乳酪。

有天晚上，馬可向表哥借了銀色跑車，我們開車去附近的斯卡里拉村（Scalera），跟艾爾佛雷多、另一個朋友皮諾（Pino）還有他們各自的女友會合，參加一場當地的慶典。街道裝飾著明亮的霓虹燈，寧靜的小鎮變身成嘉年華，有遊樂設施、遊戲攤位，用紙筒盛裝的烤堅果散發濃郁的焦糖香氣。賣食物的小販用紅繩懸掛葫蘆形狀的淺黃色馬背乳酪，乳酪慢慢融化，直接滴在底下剛烤好的厚片麵包上，麵包的底下就是炭火。當地歌手在主舞臺上演唱義大利熱門歌曲，年輕的情侶手挽著手散步，父母留意著孩子在封閉的街道上玩鬼抓人，融化的甜筒把孩子的手弄得黏糊糊的。青少女成群結隊，一邊咯咯笑，一邊看著對街一群青少年用喊叫和滑稽的動作吸引她們的注意力。活動接近尾聲時，轟隆隆的煙火照亮夜空，這時馬可突然拉著我，低下頭第一次吻住我。暖流湧上我的脊椎，我緊張得心慌不已。

接下來幾週馬可騎著他的杜卡迪，載我在鄉間起伏的山丘上兜風，我的心臟嚇得快要跳出喉嚨，生怕自己會因為速度太快從後座飛出去！我們第一次騎機車兜風時，我很可能把他的腰抱到瘀青，因為我抱他抱得很緊。

有天我們躲開村民的注視在他家的葡萄園散步，我拉著他的手臂發出懇求：「告訴我更多這個地方的事吧。在這裡長大是什麼感覺？」他們家的葡萄園面積很大，除了葡萄樹之外，還有橄欖樹林、綜合果園（包括大量無花果、扁桃、桑葚、櫻桃和李子）和一個菜園。

他笑著回答我：「來吧，我帶你去幾個我最喜歡的地方。」我們迂迴曲折地走向一塊隱密的空地，小溪從三十英尺高的懸崖傾瀉而下形成一道瀑布，底下是一個淺潭。「我小時候經常來這裡玩，在這附近探索大自然，尋找植物，帶著狗一起爬山。」他指了指野花、灌木和樹木，還說了它們的學名，我對他的植物學知識感到驚訝。

「我每次準備馬拉松的練習，都會跑過這些田野、跑進樹林裡，像一頭鹿衝進高高的鷹爪豆花叢一樣。」他輕笑著說，「我也曾像鹿一樣身上長了蝨子，每天晚上都得抓蝨子！」

「你怎麼認識這麼多野生植物？」我問。

「我的爺爺奶奶教了我很多。我們會摘野生菊苣回家吃。我還有一本小簿子，裡面貼了附近野花的彩色照片。每次發現新的野花，我都會帶回家查一查它叫什麼名字。」

他跟我一樣熱愛自然，喜歡研究植物，在認識自己感興趣的植物的過程中得到樂趣。在相隔五千英里和一片海洋的兩個地方，我們的童年都在森林和草地上蹦蹦跳跳、爬樹、觀察各種生物，包括動植物。

沿著泥土小路繼續往前走，我們走出山谷，穿過濃密的土耳其櫟樹林（*Quercus cerris*, Fagaceae），蔥鬱的草地上冒出義大利紅門蘭（*Orchis italica*, Orchidaceae），顏色是亮麗的紫色。小路的盡頭是一大片開闊的斜坡，視線所及只有一排又一排整齊的葡萄樹。在葡萄園的邊緣，大量的犬薔薇（*Rosa canina*, Rosaceae）和榆葉黑莓（*Rubus ulmifolius*, Rosaceae）的花叢還有高高的蘆荻莖（*Arundo donax*, Poaceae）形成了兩塊田野的邊界，它們隨著午後的微風輕輕搖曳。

「太美了，」我輕聲說。除此之外，我想不出別的形容詞。

我轉身看著他，他臉上露出得意的笑。「很高興你也喜歡。這是我的葡萄園。我從祖父母手裡買了這塊地，這些葡萄樹都是我種的，今年秋天就能採收。」

我們靜靜站在一起，他的手臂扶在我的腰上。我們沐浴在傍晚的陽光裡，我把頭靠在他肩上。

他伸出一隻大手捧著我的臉頰，凝視我的眼睛。他的指甲很短，而且手很粗糙，是在葡萄園裡耕作以及在車庫裡修理機車和牽引機的結果。

他親吻了我，他的嘴唇很軟，他的吻很輕柔，彷彿我們永遠都將站在葡萄園裡擁抱彼此。在時間的流逝與四季的節奏裡，我暫時停下腳步。很快地，春去夏至，我即將返回地球的彼端，回到我的另一個人生裡。季節更迭提醒我，等到這片美麗的葡萄園掛滿果實、準備採收的時候，我已不在他身邊。

雖然偶爾需要酒後午睡，或是咖啡因攝取過量亢奮到無法工作，但我和安卓亞的研究持續以驚人的效率高速進行。他從倫敦回來後，我們整理了工作成果，發現從現有的阿爾伯雷什野菜數據看來，雖然田調尚未結束，但我們已經可以著手寫合作研究的論文初稿。藥用植物的數據同樣持續收集中，那部分的調查也即將完成。我錄製了一百多個小時的訪談磁帶，包括整個區域的多位療癒師，我知道整理複雜的療癒儀式細節得花好幾個月。這部分的工作，我必須帶回亞特蘭大進行。白天忙完辛苦的研究訪談與植物採集之後，晚上我會向安卓亞傾訴我和馬可逐漸升溫的戀情。安卓亞不只是研究夥伴，也是我的知己，是重要的朋友。他大方與我分享他在田野研究方法上的專業知識，也在我們寫研究論文的時候給我指導。

我急切地想要發表研究成果，同時也擔心自己申請不上研究所。「能錄取你的研究所才是走了大運！」他安慰我。他建議我除了美國的學校，也可申請倫敦的研究所，他目前在那裡做博士後研究。這些討論提醒我，我馬上就要回家了，我在這裡的小小生活圈並非永遠存在，這裡只是一次田野工作。我努力把這些念頭趕出腦海，在還能擁有的時候享受當下。

快要離開義大利之前的某個週末，我暫時放下研究，跟馬可偷溜去馬拉泰亞（Maratea），這裡有第勒尼安海珍珠的稱號，位於阿瑪菲海岸南部。為了中午的野餐，他準備了簡單的食物：巧巴達麵包配義大利醃肉和乳酪、一瓶氣泡水，還從他們家酒窖裡拿了艾格尼科葡萄酒。

我們把車停在一條通往海邊的蜿蜒小路盡頭，然後在山裡的步道上健行，停下來觀察各種開花植物。穿過一片深綠色的森林之後，我們來到岩石懸崖的頂部，懸崖底下是清澈蔚藍的第勒尼安海。

「來吧，」他說，「我知道有條小路可以直通大海。」

我們脫掉外衣，只穿著泳裝。馬可伸出手臂扶著我，讓我脫下義肢留在一塊大石頭上。我們手拉著手，跳向大海。我們跳進海水的那一剎那，我興奮地尖叫。那天海面風平浪靜，我們抬頭就能看見剛才走過的小路，欣賞周遭的美景。群山從海裡拔起，高聳入雲，親吻海藍色的天空，海灣一片寧靜。我們隨著溫柔的海浪起起伏伏，此刻這裡完全屬於我們。這是我們的祕密，一個遠離世界、純天然的藏身之地。

該上岸了，我坐在海水邊緣，馬可沿著小路跑回我們放東西的大石頭，拿著我的義肢、殘肢襯墊和一條小毛巾跑回來。我擦掉殘肢上的海水，重新捲起義肢膝套，方便我在走回野餐地點之前穿上義肢。我們一邊開心野餐，一邊在陽光下曬乾身上的海水，食物攤放在光滑的灰色大石頭上。

馬可剪掉了及腰的長髮，現在長度到肩膀，整個往後梳得很乾淨，泡過鹹鹹海水的髮色變得更深。他側身躺著，凝視遠方，欣賞海浪拍岸的景色。我偷偷看他。他穿紅色的三角泳褲，橄欖色的皮膚在陽光下閃閃發亮。無論是聊天還是沉默，跟他在一起感覺很舒服。

我發現這個人經常讓我哈哈大笑和微笑，我已經很久沒有這樣的體驗了。而且這段感情火花四射，感官的情慾在我和他之間不斷流動。

雖然我怕自己的腿嚇到他，以前跟男生約會也有過糟糕的經驗，但是他讓我感到很自在。我不會因為他看見我的義肢和手術疤痕而感到羞恥。這些對他來說沒什麼大不了。在他眼中不值一提，所以他不需要適應或接受。他眼中的我是真實的我。我們互相吸引，感情濃烈。

離開的那天終於到來，我向安卓亞和曾經歡迎我走進這個村子的許多阿姨道別。安卓亞還要再待幾週做收尾的工作，然後再回倫敦。我們打算未來幾個月透過電子郵件一起完成剩下的論文。

馬可開車送我去位於福賈（Foggia）的火車站。這一次，車子裡的沉默既不單純也不輕鬆。這是音量很大的沉默——至少在我的心裡是如此。那些我覺得我應該說卻沒有說出口的話，在我的腦袋裡鏗鏘作響。但我又能說什麼呢？這三個月在村子裡的見聞、學習和體驗之中，遇見馬可是這次田野工作最出乎意料也最美好的部分。但這只是田野工作，是我接受教育、緩慢而堅定地念完研究所、將來有機會成為教授的一部分。我已經證明席薇亞阿姨是錯的：我找到一個沒有因為我的缺陷就打退堂鼓的男人。不過從另一層意義上來說，她是對的。我跟這個人注定要分開。他有自己的工作，有田地要照顧，有作物要採收。而我也有自己的工作。

馬可陪我站在月臺上，他緊緊抱著我直到最後一刻，我不得不搭上這班前往羅馬的火車。吻別的時候，直覺告訴我這將是我們的最後一面。這段回憶和許多其他回憶將慢慢變化融合成一片彩繪玻璃——或許是在第勒尼安海裡游泳，又或是他爬上我的公寓外牆——我偶爾會因為菊苣的味道或一杯紅酒的前調，想起二十幾歲那個奇妙的春天，我在吉內斯特拉待了三個月，遇到一個讓我充滿活力的男人。

火車離站時，我把臉頰貼在涼涼的車窗上看著他，直到再也看不清他的身影為止。我知道火車加速離去時，他仍站在月臺上，只是淚眼婆娑的我眼前已是一片朦朧。

輯　二

感　染

榆葉黑莓（*Rubus ulmifolius*）

第五章／鳥浴池洗衣店

你的內在永恆意識到生命的永恆，知道昨日只是今日的回憶，而明日則是今日的夢想。

——紀伯倫（Khalil Gibran），《先知》（*The Prophet*），1923

我的直覺錯了。我和馬可重逢了一次（幾個月後他來找我，在九一一事件前一天抵達），又一次（因為他的簽證到期，這次我們去了貝里斯），再一次（我回義大利，但因為我的簽證到期不得不離開）。事實證明我們離不開彼此，卻又沒辦法真的在一起：每次見面，觀光簽證都給我們的相聚打上期限，彷彿美國跟義大利是羅密歐與茱麗葉。

求婚的那天沒有滿天星光，也不是在浪漫的海邊；沒有昂貴的戒指，也沒有單膝下跪。那天我們剛好在羅馬，短暫的停留即將結束，馬可說：「我們應該結婚。」過程一點也不像童話故事，但這種相處模式從未令我們失望，我們討論了優點和缺點，分享了自己對從未與伴侶同居的恐懼，也不知道婚姻到底意味著什麼。最後我們決定：我們對彼此的愛足以讓我們一起邁出這一步。「好，結吧，」我說，「我們結婚吧。」我們擁吻時，他將我一把抱起。

二〇〇三年春季的第一天，二十四歲的我（距離我第一次造訪吉內斯特拉正好兩年）站在阿維利亞諾（Avigliano）一座十三世紀的城堡裡，手裡拿著獵人綠常春藤纏繞的迷你粉玫瑰與白玫瑰花束，對馬可念出神聖的誓詞。公證儀式由當地的市長主持，並且遵守正統的義大利南方習俗，儀式結束後就是八小時的慶祝活動、美食、音樂與舞蹈。依照傳統，婚禮賓客都給了禮金，婚禮結束的那天晚上我們收到的禮金超過兩萬歐元，付完餐廳、花店、樂手和攝影師的費用仍綽綽有餘，扣掉蜜月開銷之後我們把剩下的禮金存起來備用，無論我們決定住在哪裡。

當時我們決定暫時在阿卡迪亞落腳。

我和馬可決定搬回我在佛州的老家，住進爸爸那間牧場風格房子後面的房間。馬可的工作積蓄和結婚禮金是一筆不小的錢，足夠我們買一輛二手車，剩下的做為人生下一步的籌備金。我們對下一步何去何從還不確定。馬克是修理發動機與各種設備的好手，所以他跑去幫我爸修理重型機具，整地工作他也幫得上手。爸爸很滿意，馬可也很滿意，一切都很順利——除了我的學業、事業和未來發展。前一年我在準備申請研究所的時候，在當地學校找到一份七年級理化老師的教職。令我沮喪的是，我申請的美國研究所全數落榜，安卓亞鼓勵我申請的倫敦研究所雖然上了，但是去倫敦留學會讓我們陷入財務赤字——甚至符合法律上的破產定義。

我試過申請美國國家衛生院提供的培訓研究員補助來支付學費與生活費，但是沒人教過我怎麼寫申請計畫，我犯了幾個簡單錯誤，審查人嚴詞批評這些錯誤。雖然他們認為我在訓練初期的出版紀錄令人印象深刻，但是他們不喜歡我的研究計畫，因為我的研究屬於探索性質，而非以假設為基礎。其中一位審查人的意見是：「這項計畫或許能成功，她將有所發現。也有可能不成功。計畫裡沒有任何假設。這是敘述性的科學和瞎子摸象般的收集資訊。」倫敦留學計畫落空。

有天我收到莎賓的電子郵件，她是我在吉內斯特拉的研究夥伴，信中提到位於邁阿密的佛州國際大學（Florida International University）有一個新的民族植物學碩士課程提供全額獎學金。那裡的生物學教授布萊德利．班奈特博士（Bradley Bennett）與他的幾位同事申請到一份國家衛生院的培訓研究獎學金（T32補助），這筆錢將用來培訓五名熱帶植物學與民族植物學的博士生。這對我來說像是一個預兆……命運……天意……肯定是老天爺的指示！但是有個問題。面試與招生的時間是春初，但現在已是六月。雖然有這個時空上的小瑕疵，我還是硬著頭皮給班奈特教授打了電話，寄我的履歷給他，並且安排了見面的時間，從阿卡迪亞驅車三小時南下邁阿密。

和班奈特教授碰面時，我非常緊張。他的學術訓練一脈相承自傳奇民族植物學家舒爾茲，他跟著麥克．巴利克博士（Michael Balick）做博士後研究，而巴利克是舒爾茲的學生。我的許多夢想都寄託於這次見面——雖然他們考慮在佛州錄取我的希望很渺茫。班奈特教授身材魁梧，身高超過六英尺，穿著卡其色短褲和一件鮮豔的粉色花朵夏威夷衫，腳踩一雙陳舊的樂福皮鞋。不是典型的格子襯衫。他的一頭棕髮點綴著幾縷白髮，皮膚曬得很黑，眼尾有深深的笑紋。和我一樣，他也是佛州南部人，隨和親切。他帶我走進他的研究室，裡面有一面牆擺滿了書，還有各種葫蘆與雕刻品，像個自然史博物館。牆上掛著好幾張家人的照片，主角是三個小女孩與他的妻子。角落有一把木吉他。我選了一張椅子坐下，旁邊有一疊科學論文。

寒暄之後，他熱情洋溢地說起舒阿人（Shuar）。舒阿人也叫阿楚阿人（Achuar），是厄瓜多惡名昭彰的獵頭族。他的熱情與知識令我印象深刻。除了國家衛生院資助的培訓之外，他還告訴我有一個新的中心剛剛成立，目的是在植物學、天然產物化學與生物活性研究之間建立橋梁，名為民族植物學與天然產物中心（CENaP，Center for Ethnobiology and Natural Products），這裡將以當地亞熱帶物種進行令人期待的研究，以便尋找新藥和驗證原住民傳統療法。

我所有的夢想都寄託在這次面談上。

班奈特教授似乎很欣賞我過去的研究，但他也指出我錯過申請期限不是幾天或幾週，而是幾個月。不過他建議我把申請文件都準備好，並且語帶模糊地說或許生物學碩士班還收學生。我回到阿卡迪亞，把文件整理好，懷抱希望加上祈禱寄出去。說不定明年他們會考慮收我。

八月初的一天下午，我看見一封來自佛州國際大學的郵件躺在廚房流理臺上。我盯著它看了幾秒，深吸一口氣，然後拆開信封。我迅速閱讀內容，看完之後手裡的紙張落在地上。我錄取了博士班，而且拿的是全額獎學金，就是那筆用來培訓五名博士生的國家衛生院補助。但若要接受這份獎學金，我必須在那年秋天入學。這表示兩週半之後，我就得在邁阿密開始上課。

我把這件事告訴馬可之後，他欣喜若狂，我卻哭了起來。

「你幹嘛哭？」他問。

「因為你為了我的事這麼開心。」

「我當然為你開心。但是我們沒時間哭了，趕緊打包！」

一如往常，他說的對。

¡Bienvenido a Miami!（歡迎來到邁阿密！）

邁阿密就像我的第二故鄉，我小時候經常去邁阿密。媽媽在邁阿密斯普陵（Miami Springs）長大，她的弟弟和母親，也就是我的艾倫舅舅（Alan）和外婆，都住在椰林社區（Coconut Grove）。這個社區很時髦，旁邊就是帆船碼頭，還有一個購物影城廣場，一排排歷史悠久的住宅緊鄰著社區。舅舅年輕時是成功的化學家，但後來他決定轉行追求帆船夢，並且靠修理和包船為業。除了駕駛帆船出海，他也擁有一家投幣洗衣店叫「鳥浴池」（Bird Bath），位在社區中心。媽媽對此不以為然，她認為舅舅浪費了大好的潛力與才華。但是我從小很明白那種渴望，長大後體會更深。那種在開闊的大海上自由航行的喜悅，風吹過你的頭髮，鹹鹹的空氣鑽進鼻孔、貼緊皮膚。唯有航海能夠同時激發和滿足漫遊的欲望。開自助洗衣店能支撐他的帆船夢，或許這就是自由的代價。

邁阿密對童年的我來說是個神奇的地方。我最喜歡的童年回憶裡，有我在外婆住的公寓附近的樹上摘酪梨、芒果和椰子。跟著艾倫舅舅一起出海時，椰子成了最好的玩具。我和妹妹貝絲、表妹梅莉莎（Melissa）會在巴哈馬的碼頭上玩耍，輪流把椰子像扔籃球一樣砸在水泥地上，看誰能先把椰子砸破，然後一起喝椰子汁、吃裡面的果肉。

搬到外婆和舅舅居住的城市有個好處，那就是我跟馬克在學校附近尋找租得起的公寓時，有地方可以借宿。雖然入選補助計畫非常開心，但現實是國家衛生院提供的學生津貼勉強算是一般水準，一年總共一萬九千美元，我們的收入處於貧窮線以下。更複雜的是，馬可的身分是美國公民的配偶，拿的是等待綠卡核准的臨時簽證，依法不能工作，我們也不想冒著影響綠卡申請的風險讓他偷偷工作。

閒不下來的馬可白天會騎腳踏車到城市另一頭的椰林社區，幫著舅舅翻新帆船、打磨木料、塗上新的清漆。我們的生活能省則省，所以馬可成了我們家的大廚（義大利麵和他自製的超美味醬汁都很便宜），我當他的二廚順便繼續上烹飪課。

在佛州國際大學念研究所的頭幾週，我忙得暈頭轉向：認識實驗室同事、同學和教授，同時一頭栽進課業裡。我參加了研究討論會，主題涵蓋環境保育和傳染病威脅。隨著抗藥菌株的擴散，我的宿敵金黃色葡萄球菌（我三歲時差點因此身亡）也是大家積極研究的主題——抗甲氧苯青黴素金黃色葡萄球菌（MRSA，Methicillin-resistant *Staphylococcus aureus*）——流行病學家競相追蹤它在醫院與社區內的活動軌跡。

我修了醫學植物學、分類學、地方植物誌、天然產物化學與分析化學等課程。我很快就發現之前我心中的懷疑果然沒錯：以一個拚命想要成為民族植物學家的人來說，我對研究植物的科學——也就是植物學——了解得非常非常少！我的田野工作經驗比其他博班一年級的同學豐富許多，光是安東尼奧和艾蓮娜阿姨的故事就能讓他們聽得津津有味，但是我不知道唇形科與馬鞭草科有何差異，不了解生物鹼的分子結構，也不知道如何測量複雜混合物中的化合物質量。因此，我必須用功讀書。

學習植物分類學像是學習一個新語言。有很多我以前從未聽過的植物構造名稱：托葉、花冠、毛狀體、花柱。此外還有描述植物各部位外觀或組織結構的無數個術語。葉子的排列有複葉、對生葉、輪生葉和互生葉。形狀有三角形、針形、線形、扇形、羽狀尖裂狀、鐮刀狀、卵形。葉脈另有一套專屬術語，花瓣的形狀也一樣。各部位的質地包括無毛、有粗毛、有細軟毛、黏質。我笨拙地念著這些詞彙，彷彿嘴裡含著棉花。

我們班人數不多，大家花了好幾天在費爾查德熱帶植物園（Fairchild Tropical Botanic Garden）的教室和地面上觸摸、嗅聞和描繪弧形的葉片、黏黏的莖和氣味獨特的花。這座充滿魅力的植物園占地八十三英畝，有各式各樣的熱帶與亞熱帶植物。我很享受在這樣綠意盎然的地方認識植物，尤其是想到在氣候寒冷的北部學習植物學的學生，他們只能研究樹皮跟葉痕。我們這兒有各種又黏又臭、毛茸茸的植物部位，實在很開心。

沒有在植物園裡研究熱帶植物的時候，我們藉由課程探索佛州南部的原生植物。一開始，茂密的松樹林與鋸棕櫚樹叢、海邊的紅樹林與沼澤濕地，在我眼裡都是一大片毫無差別的綠色海洋，感覺很熟悉，卻無法區別植物之間的差異。久而久之，我學會用截然不同的方式看待眼前的風景。我跪在地上，做出我心中的瑜伽修士稱之為植物學家的姿勢：屁股朝天、屈膝、頭貼近地面、手鏡（小型放大鏡）貼在眼睛上。我再次感受到童年的那種喜悅：在一滴池水和自己的唾液裡探索神祕的微生物世界。

在教授們的指導下，我學會使用每一種感官進行這場探索，無論是一株小草、一棵粗壯灌木，還是一棵大樹。撕下一小片葉子在指尖搓揉，放在鼻子底下深吸一口氣，讓鼻腔裡充滿它的氣味——可能是淡淡的香氣，也可能又嗆又刺鼻。我在田野筆記裡記錄下樣本的顏色、形狀與質地，還有習性（整株植物的大小和形狀）與棲地（生長的地方以及附近的其他植物）。接著畫下我觀察到的關鍵特徵。我的素描技巧當然比不上達文西，但是我愈畫手愈穩，也學會相信自己愈來愈敏銳的觀察力。

我對教室裡學到的術語和教室外認識的植物都日漸熟悉。二名法最初是原住民認識和整理動植物的系統，後來由瑞典植物學家卡爾．林奈（Carl Linnaeus）推廣普及。這套制度為豐富而混沌的植物提供了結構和秩序。剛開始了解植物的分級時，我有一種安心感——了解植物彼此之間的關係，以及這樣的關係如何藉由或微妙、或明顯的各種特徵，經由我的感官向我發出信號。

經過植物園與佛州南部郊外的探索，我養成了用學名稱呼植物的習慣，很像巧遇老友的中世紀騎士，或是《魔戒》裡的咕嚕。「喔，你好啊，親愛的蓼科 *Coccoloba uvifera*！」這種蓼科植物俗名叫海葡萄，沿著海岸線生長，在吹著鹹鹹海風的海邊展示寬闊的葉子與尚未成熟的成串綠色果實。「午安，夾竹桃科的 *Asclepias incarnata*。」我用植物學家的姿勢站在陽光明媚的沼澤地，凝視著這株濕地蓮生桂子花美麗的淡紫色花朵，既吸引蝴蝶也吸引人類。

當然也有走反派路線的植物，例如桑科（無花果與桑樹都是桑科）的絞殺榕（*Ficus aurea*）。絞殺榕是一種附生植物，一邊向下扎根一邊纏繞宿主樹，通常宿主樹會漸漸死亡，留下幽靈般的空殼。或許最令當地人討厭的是入侵種，漆樹科的巴西胡椒木（*Schinus terebinthifolia*）。巴西胡椒木有賞心悅目的深綠色樹葉（揉碎後發出刺鼻的黑胡椒氣味）與亮紅色果實，最初是因為觀賞價值被引入佛州南部，自此逃脫人為控制，入侵佛羅里達大沼澤的濕地棲地。雜草不就是成功的植物嗎？我不討厭巴西胡椒木。我喜歡它，也喜歡我在探索植物世界時邂逅的每一個物種。

我忙著專業領域的訓練、認識植物的學名，以及運用我剛學到的系統分類學知識。此外，我也接受植物化學的訓練，學習分析植物的化學組成。佛州國際大學的CENaP中心旗下有多個實驗室，專門處理和檢驗植物組織的化學成分和藥理活性。

若想知道一株植物的行為，你必須先了解它是由什麼組成的。植物的化學成分極為複雜——揉碎的葉片組織或充滿花蜜的花朵散發的香氣，是由數百種甚至數千種獨特的分子，以特定的比例混合之後的結果。這是植物精心調配的香水，可用來抵禦掠食者，或是吸引傳播花粉與種子的動物。童年的我曾為原蟲與細菌的微觀世界著迷，現在這個未知的新世界同樣深深吸引著我。我想揭開它的面紗。我想學會解讀我在野外認識的那些植物，有哪些獨一無二的特質。現在正是機會。

「將植物材料的萃取液過濾之後，將少許萃取液倒入圓底燒瓶，」CENaP中心實驗室的博士後研究員提姆（Tim）指導著一小群學生。我們之中有三個是女性，都是剛畢業的研究生，態度積極地學習如何將未處理過的乾燥植物材料變成可進行化學分析的萃取物。

提姆是個瘦削的高個子，稜角分明的下巴上有一撮紅色山羊鬍。白色的實驗袍底下穿著重金屬搖滾樂團「金屬製品」（Metallica）的T恤，搭配褪色的牛仔褲。他先在芝加哥師承愛抽雪茄出了名的生藥學家兼植物化學大師諾曼・法恩斯沃教授（Norman Fransworth），然後來到邁阿密接受班奈特教授的訓練。而現在提姆也將與我們分享他的生藥學知識（從植物或其他天然資源取得藥物的科學研究）。

我小心翼翼將深綠色的液體倒進圓底燒瓶細細的瓶口，提姆提醒我：「半滿就可以了。」

「如果超過會怎麼樣？」我好奇地問。

「嗯，超過會爆。你剛才過濾的珍貴液體會因為受壓往上噴到機器，到時候你得清理一大堆綠色黏液。」

我認真記下。他接著示範怎麼把燒瓶固定在旋轉蒸發器上，把瓶頸滑進蒸發器的接頭裡，圓底燒瓶就會部分浸入裝著熱水的容器。

「有勞，」提姆對我點點頭。

我打開電源，將旋鈕轉到中速，燒瓶開始在熱水裡不停旋轉。熱水漸漸為瓶中的液體加溫，液體開始冒出泡泡，像女巫的大鍋子。在封閉系統內以真空減壓，加上機器頂部的冷卻盤管降低溫度，萃取液裡的酒精開始蒸發，然後凝結在冰冰的冷卻盤管上，清澈的液體滴入固定在機器上的另一個圓底燒瓶裡——仍在旋轉的燒瓶裡現在只剩下植物的化合物。真是太酷了！

大學的有機化學考試向來難度高得嚇人——講課的部分被視為醫學預科生的淘汰課——但我一直很喜歡在實驗室裡上有機化學實驗課。回到熟悉的實驗室舒適圈，對為了應付植物分類學作業努力擴充新詞彙的我來說，剛好可以均衡一下。

我們在佛州南部採集到大量植物樣本，磨碎之後進行處理，我注意到萃取物有多種顏色：從淺綠到深綠，有紅色也有紫色，但最常見的是偏暗的綠褐色。萃取液乾了以後，通常會剩下像焦油一樣的濃稠膏狀物。為了徹底脫水，我們被訓練如何將這膏狀物溶在水裡，送進攝氏零下八十度的冷凍櫃冷凍，然後放入凍乾器（一種冷凍乾燥機），這是最後一個步驟。幸運的話，樣本會變成蓬鬆的粉末或糖粒般的結晶。有時候它會恢復成原本像焦油一樣的膏狀，把燒瓶內部弄得烏漆抹黑。我們每天都花好幾個小時，用折彎的長柄刮勺清除燒瓶裡的殘渣。

萃取物從燒瓶中取出後，會先秤重再放進小玻璃瓶裡，然後送進冷凍櫃，需要進行化學分析或生物活性檢驗時才會取出。我學會判讀化學實驗的分析數據、解碼猶如外語般的信號——實驗機器跑出來的曲線都有獨特的模式，每條倒V形的曲線都代表混合物中的一種化學物質。如同分類學作業，學習質譜測定法（MS）與核磁共振（NMR）也得記住一套全新的符號和術語。

我大腦中負責分析的部位很喜歡解決這些難題，但是給我帶來最多成就感的課程是藥用植物學。我終於對植物的分類、名稱和相互關係有了更深入的認識。就好像欣賞了這麼多年的美麗繁星之後，終於知道了每個星座的名字。現在，我們把化學與人類生理學課上學到的東西跟植物結合在一起。掌握了各科植物的演化關係之後，對於植物化合物在特定科別內的分布情況會了解得更清楚。

隨著我們深入研究植物如何合成防禦化合物保護自己，以及這些化合物如何對人體的特定受體發揮作用、觸發藥理反應，我在艾默利大學修過的醫學預科課程顯得特別有用。

植物化合物影響人腦神經通路的方式非常有趣。以咖啡為例，咖啡的精神刺激作用來自咖啡因，一種植物用來驅蟲的化合物。尼古丁也一樣，這種鹼性化合物也能幫植物驅趕討厭的昆蟲。此外有些植物化合物是對人類的神經、肌肉、腸道、骨骼等部位發揮作用。我的好奇心使我對這些藥理作用充滿興趣，有時候，這些知識也會影響我的人生，毛地黃就是其中一例。

我跟艾倫舅舅感情很好。他協助我償還學生貸款，我跟馬可還在邁阿密找公寓時，他讓我們借住他家。雖然他才五十幾歲，但過去這一年他的健康愈來愈糟。他說：「我的心臟有問題。」

艾倫舅舅的生活方式相當活躍，但成年後罹患了第二型糖尿病，進而導致鬱血性心臟衰竭。我清楚記得第一次看見他出現症狀的那一刻——我以前在急診室當過長期志工，認得這些症狀。雖然他身材高瘦，但是四肢異常腫脹。我用手指按壓他浮腫的小腿，印子沒有消失，這是凹陷性水腫。我勸他立刻去看醫生，找出原因並尋求治療。

鬱血性心臟衰竭是一種進行性的慢性病，會導致心臟的泵血功率下降。確診病患之中，大約一半的預後平均預期壽命只有五年。但診斷時已是晚期的病患之中，九成會在一年內死亡。在歷史醫學文獻中，這種水腫症狀被稱為積水：體內軟組織因為積水過多而腫脹。現在的醫學文獻認為水腫可能有好幾個潛在原因，但最值得注意的是心臟衰竭。心臟變得無力，心室就無法將足夠的血液輸送至全身，於是體液堆積在組織裡，導致腫脹加劇。

治療水腫的方式很多，而療法取決於病因。治療鬱血性心臟衰竭的主要藥物之一是地高辛（digoxin）。地高辛是一種強心苷化合物，取自毛地黃屬植物（*Digitalis*），英文俗名叫foxgloves。古人會用毛地黃屬植物的葉子製成藥茶來治療積水（尤其是紫色的毛地黃〔*Digitalis purpurea*, Plantaginaceae〕）。發現毛地黃能治療水腫的人，是十八世紀的英格蘭植物學家兼醫生威廉・維瑟林（William Withering）。不過有一說是某位療癒師用這種藥草治療她自己的水腫病患，維瑟林只是從她手中取得配方。維瑟林提到這位療癒師的時候，曾說她是「施洛普郡（Shropshire）的一位老太太」。我敢說，如果這位老太太跟我在吉內斯特拉認識的阿姨一樣，而維瑟林跟歷史長河裡的許多男性（以及現代STEM領域[1]的某些男性）一樣，那麼他的「發現」確實很有可能來自這位姓名已被歷史遺忘的女性。我們可以確定的是，在維瑟林提出第一份詳細的病例報告中，他用加了毛地黃的藥物治療水腫，為西方醫學打開了整合治療的大門。

地高辛是毛地黃裡的一種活性化合物，一九三〇年被分離出來。地高辛能影響心臟組織裡的鉀和鈉，產生更強烈的肌肉收縮，進而使心跳更強勁、更穩定。正如毛地黃攝取過量會中毒，地高辛這種活性化合物也必須考慮毒性問題——有效劑量與毒性劑量之間的「治療指數」範圍很

---

1 譯註：STEM分別代表科學（Science）、技術（Technology）、工程（Engineering）和數學（Math）。

窄，就像亞馬遜的奧杰樹。

醫療介入沒有成功改善舅舅的心跳和減輕水腫。我在ICU陪了他好幾天，盡量使他保持舒適。儘管如此，他的肺部積水嚴重，導致呼吸困難。眼睜睜看著他受苦，我非常心碎。即使抽出積水也只能暫時緩解。他的四肢因為水腫而極度緊繃，肩膀跟手臂都很痛。他過世前一天請我幫他按摩舒緩疼痛。我想，他應該知道自己大限將至，因為我告訴他明天再來看他的時候，他堅持要我別來，叫我安心去費爾查德熱帶植物園上課。那堂課是分類學，要上一整天。

我們在一條小徑上仔細觀察活體植物樣本，這時我的一位好友跟一名警衛開著植物園的高爾夫球車朝我奔來。我當下就知道是為了什麼事。舅舅走了。幾天後舉行了葬禮。遺體火化之後，我們和舅舅的摯友跟家人搭乘他的帆船來到海灣，一邊紀念他，一邊將骨灰灑入大海。

除了這艘帆船，舅舅的主要財產還包括一間自助洗衣店。他的女兒，我的表妹梅莉莎繼承了洗衣店。她住在美國西岸，自己也有事業要忙著照顧，無法遠端管理洗衣店。外婆年紀太大也照顧不了，願意接手的人出價又偏低。他們認為如果要賤賣，不如便宜自家親戚。剛好馬可的綠卡申請剛剛通過，可以合法在美國工作。

馬可跟我考慮經營自助洗衣店的挑戰與可能性。一如往常，我們一邊吃飯一邊討論，有條有理，而且態度開誠布公、心存善意。自己做生意的想法非常誘人，也能提供我們迫切需要的財務保障。問題是，我們對於經營洗衣店知道多少呢？店名很可愛的鳥浴池自助洗衣店位在椰林社區的中心，店內有四十幾臺洗衣機，其中有幾臺是大容量洗衣機，還有占據兩個牆面的瓦斯型烘乾機。牆面和部分機器上畫了熱帶鳥類與花朵的鮮豔圖案，很適合椰林社區兼容並蓄的特色。除了洗衣機和烘乾機，店裡也有汽水和零食販賣機，提供額外收入。

我們當然沒錢支付頭期款，但是在和梅莉莎討論之後，我們找到一個皆大歡喜的解決方法。她願意直接把洗衣店賣給我們，不收頭期款，我們用洗衣店的收入按月還款就行了。如此一來我們既不需要向銀行貸款，又能把生意留在自己人手裡。

馬可接手經營，這成了他的正式工作。除了管理員工，他還要持續維修較老舊的機臺，這顯然需要豐富的機械技能，幸好難不倒他。外婆幫我們記帳，我負責管理工資、龐雜的瓦斯水電帳單，以及處理稅務。不用在實驗室裡加熱植物萃取液和不用念書的晚上，我都會跟馬可一起摺送洗的襯衫、牛仔褲與內衣褲，摺好之後用塑膠袋緊緊包好讓客人取走。

在我們的辛勤努力之下，洗衣店為我們帶來一定的財務保障。但是這條學習曲線的陡峭程度不亞於植物分類學。我們經歷過員工從收銀臺偷錢，也必須學習管理、開除和雇用新員工。我們也曾被陌生人竊盜。儘管我們每月付費給保全公司還安裝了動作感測器，門窗也都上了鎖，但是最早碰到的其中一次竊案完全沒有感測到，設備還遭到嚴重破壞。我們大受打擊、憤怒不已。雖然竊案在這座城市並不少見，但每次碰到我都覺得這是一種個人侵犯，心情一蹶不振。這使我對接手洗衣店的決定產生懷疑，而且原本利潤就很薄，蒙受損失更是雪上加霜。

監控系統顯示竊賊用破壞剪和撬棍撬開建物後方的大型通風系統，再用同一根撬棍撬開我們的大臺兌幣機。我們難以置信看完監控的黑白影片。怎麼會有人做這種事？我們的店看起來不像很賺錢的店。竊賊是不是前幾天曾假扮顧客來踩點？是不是觀察到馬可處理收銀機或檢查兌幣機？我們經營洗衣店，是不是把自己置於無謂的危險裡？

通常馬可每天晚上都會清空兌幣機裡的現金（五美元、十美元和二十美元的紙鈔），但是遭竊那天忘了做這件事。幸好竊賊沒發現機器裡的紙鈔。他們偷了幾個洗好摺好的枕頭套，用來裝滿二十五美分的硬幣，然後手裡拿著一袋硬幣偷偷溜出去，像兩個邪惡的耶誕老人。他們偷走的枕頭套剛好很貴，送洗的客人對於枕頭套被偷非常生氣，所以除了修理兌幣機和補上遭竊的硬幣之外，我們還得買一組昂貴的高織數埃及棉床組賠償客戶。

椰林社區是邁阿密充滿藝術氣息的社區，有色彩鮮豔的建築、瀰漫花香的熱帶空氣，熱情的古巴音樂從店鋪和餐廳流淌到街上，讓行人忍不住隨著音樂搖擺。我最喜歡的椰林社區景點是蔥鬱的崁蓬熱帶植物園（The Kampong），美國國家熱帶植物園旗下有五座植物園，崁蓬是其中之一，另外四座都在夏威夷。

「崁蓬」這個名字來自馬來語或爪哇語，意思是「村莊」。崁蓬植物園裡有很多大衛・費爾查德（David Fairchild）採集的植物，他是我崇拜的植物探索家，在十九世紀末、二十世紀初到世界各地大規模探險。費爾查德把二十幾萬種外來植物與作物引進美國。[1] 崁蓬植物園原本是費爾查德的莊園，可說是活體植物多樣性的基因庫，種滿各式各樣既奇特又誘人的熱帶水果。費爾查德採集了超過五十個品種的芒果（*Mangifera indica*, Anacardiaceae），此外還有世上體形最大的可食用水果波羅蜜（*Artocarpus heterophyllus*, Moraceae），每顆重量將近七十磅，相當於一個十歲男孩！

椰林社區每年都會特別向芒果致敬，慶祝豐收——費爾查德農場種植了多達六百種芒果，呈現豐富的風味、色彩與形狀。此外還有每年一度的芒果王遊行（King Mango Strut Parade），這是一個參與者嘲諷時事的歡樂活動，當地人穿上道具服裝，精心妝點花車，在木樁上釘標語牌，一邊昂首闊步沿著遊行路線穿過社區，一邊高舉標語。熱鬧的音樂搭配狂野的舞蹈，沿途笑聲不斷，各種年度新聞話題被眾人搞笑模仿，無論是政治、健康、名人醜聞還是流行文化。

有一年馬可跟我跑去看遊行，看到一輛用綠色棕櫚葉覆蓋的皮卡車上掛著「拯救地球」的標語，車子後面的遊行者很特別，他們的訴求竟然是細菌。遊行隊伍裡有一輛莓紅色福斯金龜車，車身上貼滿白色海報，用粗體字寫著「DON'T STAPH ON ME」（葡萄球菌退散）和「STAPH MEETING」（葡萄球菌會議）[2]。車頂用竿子撐起一張大大的橫幅，以黑色與紅色粗體字寫著：「SUBERBUG MRSA MILITIA!!」（超級細菌MRSA義勇軍）。遊行者穿著全套白色防護服，臉上戴著醫療口罩，搖晃裝著硬幣的空牛奶盒叮噹作響，牛奶盒上用粗體字寫著代表處方箋的「Rx」。還有一些人把白色垃圾袋套在T恤外面，手裡舉著標語高喊：「我們要感染！」還會跑到圍觀的群眾面前喊道：「下一個就是你！」

我從沒見過這樣的遊行。葡萄球菌感染怎麼會變成這場社區遊行嘲諷的主題？過去除了微生物學家鮮少有人認識的縮寫詞MRSA[3]，現在已漸漸進入日常詞彙。那一刻，我知道我們已走到臨界點。我看過MRSA的文章，MRSA也曾是課堂上討論的主題，所以我知道MRSA是一個重要的醫療問題，它出現在遊行裡耐人尋味。其實我不該如此驚訝。美國CDC的一份報告指出，根據疾病監測結果，二〇〇六年美國有十萬八千三百四十五個MRSA感染病例②，一萬九千四百七十九個死亡病例。相較之下，同年度死於愛滋病的人數是一萬四千六百二十七。③雖然CDC估計目前美國的愛滋病患約有一百二十萬人，但是治療和公衛措施的進展已將每年死亡人數降低至一萬三千至一萬五千。自二〇〇五年以來，美國死於MRSA的人數年年超越愛滋病。最令人擔憂的是，侵襲性MRSA感染並非只感染病弱或因為其他疾病住院的人，也會感染年輕人與健康的人，也就是與社區相關的MRSA，簡稱CA-MRSA。

有報告顯示，處於健康高峰期的學生運動員也正在感染MRSA：美式足球的擒抱、摔角比賽或橄欖球的搶球經常造成皮膚接觸與輕微擦傷，使他們面臨更高的感染風險。但是連非接觸類型的運動，例如棒球和足球，也有運動員受到感染且病情嚴重。④健身房與不乾淨的健身器材也傳出感染事件。[5]二〇〇四年，有一名健康的十八歲英國海軍陸戰隊員在英格蘭進行戶外訓練時，被一株荊豆（帶刺的野生豆顆植物）劃傷了腿，三天後離世。[6]二〇〇七年，美國維吉尼亞州一名十七歲的高中生受到MRSA感染七天後過世，該地區二十二所學校為此關閉校園進行深度清潔[7]，醫院的兒科病房爆發感染，導致嬰兒與新生兒死亡。無須住院與住在醫療機構的愛滋病患，也同樣成為CA-MRSA的攻擊目標。

症狀通常始於皮膚上的小腫塊或一小片疼痛區域，這片區域慢慢變得紅、腫、熱、痛，然後開始化膿，伴隨著發高燒。有時病患誤認腫塊是被蜘蛛咬傷，因為紅腫部位的正中央有個小洞，所以他們覺得不用看醫生。延誤就醫的病患通常必須接受積極治療，例如清創（刮除被感染的爛肉）和長時間靜脈注射抗生素對抗感染，但是抗生素感染會破壞健康的腸道微生物，導致腹痛腹瀉和陰道黴菌感染。若受傷的組織面積很大，患者需要接受植皮手術，因為柔軟、健康的皮膚和軟組織已在這種細菌的攻擊下腐爛。更糟糕的情況是皮膚感染深入體內，藉由血液循環轉移陣地，或是進駐心臟、棘肌和骨骼。

運氣不好的患者可能因為一個小擦傷受到感染演變成壞死性肺炎[8]，肺組織受到損傷進而造成壞疽，死亡率高達百分之六十一。這種侵襲性感染短短幾天就能把健康的青少年帶到鬼門關，

2 譯註：這張海報玩了一個諧音哏。Staff meeting是員工會議，staff音同staph。
3 譯註：抗甲氧苯青黴素金黃色葡萄球菌。

類似的新聞愈來愈多，引發大眾恐懼。

當時對抗金黃色葡萄球菌感染的疫苗正在研發，可是經過了十多年依然沒有成果。無數的臨床試驗證明，用金黃色葡萄球菌疫苗觸發抗體免疫尚不足以預防感染。⑨這種微生物很狡猾，知道許多躲避免疫系統的訣竅，甚至會躲進人類自己的細胞裡！

報導MRSA病例爆增與死亡人數上升的頭條新聞愈來愈多，我也愈來愈清楚地意識到我們對新療法的需求迫在眉睫——除了摧毀這些微生物敵人，還要能夠抑制它們強大的毒性與戰勝健康免疫系統的能力。

以我對療癒師的觀察來說，他們治療的許多病痛都和皮膚有關。我不禁好奇，這些皮膚的毛病裡是否有些與金黃色葡萄球菌有關？如果是，療癒師是怎麼處理的？我知道他們在許多療癒儀式中使用植物，但還有很多治療皮膚病症的方法沒有在我的紀錄之中。我在研究所上了醫學植物學課，也看過民族植物學文獻，所以我知道將植物外敷在皮膚患部不是秘魯和義大利的專利。世界各地都這麼做，他們利用後院、鄉野與森林裡的植物資源，治療擦傷、毛囊炎、燒燙傷跟紅疹。我的博士研究應該關注的問題漸漸成形，以更具體的模樣浮現在我腦海裡：藥用植物、皮膚感染與發炎的傳統療法，以及MRSA。

二〇〇五年，我二十六歲，博班二年級，結婚第二年。此刻我正在跟骨科診所通電話，但這次不是因為我的腿，而是手臂。那天早上穿著義肢的我在家中潮濕的磁磚地板上滑倒，義肢像火箭一樣飛出去。當下我立刻伸手撐住身體，左手承受了大部分的衝擊力。在那之後，左手腕一直痛到現在。

「好的，我們可以安排你今天下午來看診，」護士說。「你需要先照X光。你現在有懷孕的可能嗎？」

雖然我還在念書，但洗衣店讓我跟馬可的財務看起來還算穩定，我們有生孩子的打算。我在阿卡迪亞的好友曼蒂（Mandy）與潔咪（Jayme）的小孩都四歲了。我的身體有很多先天缺陷，加上我們想要一個大家庭，我知道我們得抓緊時間。我們沒有刻意懷孕，但我確實不能排除這個可能。我去街角藥局買了驗孕棒。我買了一盒三支裝的，剩下的之後還能用。等待結果時，我給曼蒂打了電話。「我的手臂好像摔斷了，」我向她訴苦。閒聊時我的視線瞥向驗孕棒，看見兩條淺粉紅色的線顏色愈來愈深。我深吸一口氣。「還有，我好像懷孕了！」

我立刻掛斷電話，打給馬可。

我們要生寶寶了！有好多事情要認真規畫。

懷孕之前，我們已經考慮過很多相關作法。以時機來說，這個時間懷孕跟我的研究工作配合得恰到好處。預產期是八月，所以秋冬我大部分的時間可以待在家裡照顧寶寶，同時遠端安排論文田調的後勤工作、向計畫審查委員會申請訪談的許可和批准。然後我將帶著寶寶前往義大利跟馬可的家人住在一起，以吉內斯特拉為基地，在武圖雷山地區進行傳統醫療應用野生植物治療皮膚感染的田野研究。

米拉葛蘿絲已主動表示到時候要幫忙帶孩子。我和馬可針對哪種作法對我的專業訓練最有利討論了很久，我們都認為雖然分隔兩地很難受（他得留在美國照顧生意），但是跟他的家人同住對我來說相對輕鬆，他也會比較放心。接下來這幾個月我們努力存錢。若一切順利，我結束田野研究、返回實驗室工作的時候，我們應該有錢送孩子去托嬰中心。

手臂骨折康復、拆掉石膏的幾個月之後，我的生活恢復正常——不過是一種新的正常，因為隨著肚子愈來愈大，我得換一種方式走路。走在研究大樓走廊裡的我不再是跛行，而是搖搖晃晃地跛行，像一隻笨拙的鴨子。

第二年的課程即將結束，基礎的實驗室和田調技巧訓練也接近尾聲。由於我的嗅覺敏銳度上升，辨識植物變得異常容易——懷孕的意外好處——分類學考試時桌上散放各種植物樣本，我靠嗅覺輕鬆過關。雖然單靠氣味不能分辨物種，但是仔細查看葉子與花朵結構、試圖找出它們屬於地球上四百多科開花植物的哪一科時，嗅覺確實能提供線索。考試通常只考熱帶與亞熱帶的科別，但是記憶中的可能選項數量龐大。

課程結束，緊接而來的是博士班資格考。博士研究生必須通過這種綜合考試，才能成為博士候選人。考試由我的論文口試委員會出題，口委共有六位，包括一位新生兒流行病學家、一位統計學家、一位分析化學家和一位分子化學家。口試委員會的主席是班奈特教授，他是我的指導教授，也是民族植物學家。回想起來，或許選擇來自這麼多領域的口委並不明智，因為我必須證明自己在這些領域的能力，除了花好幾天才能寫完的筆試答案之外，口試的時候還得一一接招。那一週簡直就是地獄。我非常需要咖啡振奮精神，但身為孕婦的我不能喝咖啡。

順利通過資格考以及研究計畫獲得核准，對我的研究所訓練是一個重大轉捩點。除了高等植物分類學之外，所有的課都修完了。接下來我可以集中精神準備隔年春天前往義大利南部進行田野工作。

我很喜歡邁阿密的炎熱夏季，可是大著肚子真的非常痛苦。接近臨盆的時候，米拉葛蘿絲從義大利飛過來幫我們做好迎接寶寶的準備。她用家常義大利菜撫慰我跟馬可，把我們小小的兩房公寓打掃得一塵不染，還幫我們布置嬰兒房的最後幾個小細節。萬事俱備，接下來耐心等待剖腹產那天就行了。由於我的髖骨發育不良，加上骨盆以前開過刀，我的身體不可能自然生產。若我真想嘗試自然生產，我和寶寶都可能會死。對我們兩個來說，剖腹產都是必要手段。

預產期的前幾天，電視與廣播不停放送有個颶風正朝邁阿密－羅德岱堡地區（Miami-Fort Lauderdale）直撲而來。它叫卡崔娜（Katrina）。因為發布了洪水警報，烏浴池洗衣店又離碼頭和海水非常近，所以我們匆忙想出保護設備的防洪計畫。此外我們儲備了飲料和罐頭，浴缸裡放滿了水，買了野炊爐的丙烷，把汽車油箱加滿，關閉了洗衣店。我們在公寓裡等待風暴結束。我和醫生確認了生產計畫，他說如果計畫有變，他們會主動聯絡我——否則就照原定計畫進行。

二〇〇五年八月二十五日上午，卡崔娜颶風在邁阿密－戴德郡（Miami-Dade County）登陸。狂風呼嘯，暴雨一波接一波傾瀉而下。棕櫚樹枝葉拍打窗戶，拍打聲響持續不斷，屋外的混亂彷彿急切地想要闖入我們居住的水泥公寓。風暴剛開始沒多久，我們家就停電了。儘管烏雲密布，但透過防颶風的堅固窗戶，我們看見街上有垃圾和庭院裝飾物翻滾飛舞。

卡崔娜往西向海灣移動的過程中強度稍微減弱，但世人很快就會發現，它才剛剛踏上毀滅之路而已。傍晚的時候風沒那麼強，馬可步行去洗衣店檢查損壞情況。路上散落著巨大的樹枝、倒塌的電線、垃圾，甚至還有整棵樹被強風從潮濕的地面連根拔起。在颶風侵襲過的地方行走非常危險——事實上，很多受傷事件都發生在這段時間，例如誤觸通電的電線，以及在清理的過程中脫水或受傷。馬可發現洗衣店的車庫式鐵捲門被風吹壞了，約有一、兩英寸的雨水滲進店裡。店裡停電，他沒辦法使用吸塵器，所以用拖把和他能找到的每一條乾毛巾打掃。

我隔天要接受剖腹產手術。那天晚上醫院來電證實了我的擔憂，由於他們只能使用發電機，電力有限，非緊急的手術全都必須改期。

留在公寓裡的我和米拉葛蘿絲用丙烷野炊爐做了一頓簡單的晚餐：烤櫛瓜和豆子罐頭。沒有電扇也沒有冷氣，家裡濕熱難耐。我只穿細肩帶背心加短褲，一邊不耐煩地給自己搧風，一邊試著看書轉移注意力。我們打開窗戶，希望微風能幫公寓降溫。雖然已經停電數日，但自來水沒有斷。真的熱到受不了的時候，我會在浴室裡點蠟燭沖冷水澡。我這輩子從來不曾如此渴望吹冷氣。

醫院終於安排我在八月二十九日上午開刀，也就是卡崔娜肆虐這座城市的四天之後。那天早上我在術前準備室裡看電視直播卡崔娜在路易斯安納州登陸後，摧毀了海灣沿岸的城鎮，包括爸爸的家鄉密西西比州的比洛克西市。風暴正在邁阿密海灣肆虐的時候，我從術前準備室被推進手術室。馬可走在我旁邊，但是他暫時不能進手術室，要等我打完腰椎麻醉、插好尿管之後才能進來。我告訴麻醉師我動過幾次背部手術，有幾節脊椎骨融合在一起，但我不確定位置有多低。

我坐在手術臺上，麻醉師要我身體往前傾，找到脊椎彎曲的弧度。第一針是局部麻醉，這樣待會兒把粗針穿過脊椎骨刺進脊柱時才不會痛。粗針插入後，他會把鴉片與麻醉劑的混合物（多虧有罌粟與古柯葉才有這兩種發明！）注入我的脊髓液，這兩種藥物對我的脊髓發揮作用，注射部位以下的身體將失去感覺。

問題很快浮現。麻醉師一直在我的脊椎上又推又戳，一次又一次試圖把粗針刺進我的脊柱。我很害怕，實在太痛了。我哀求他們讓馬可進來，一遍遍低聲說著「拜託」還是沒有用。待會兒要幫我手術的婦產科醫生緊緊抱住我，撫摸我的頭安撫我，我努力往前彎，麻醉師努力在我背上尋找可以刺穿的位置。那天早上起床後，我特地吹了頭髮、化了妝，因為我希望寶寶出生後拍的照片裡我可以美美的。結果被淚水融化的睫毛膏在臉上流成黑線，還把醫生的手術袍給弄髒了，因為他在麻醉師找脊柱時抱著我。

醫生決定讓我全身麻醉，我記得的最後一件事是他們在我臉上戴了一個面罩，要我深呼吸，當時我心情慌亂。

「你對餵母乳有概念嗎？」古巴口音很重的護士問我。

手術已在好幾個小時前結束，但我依然感到頭暈腦脹，視線也有點朦朧。嗎啡的作用尚未退去，我沒聽懂她的意思。我抬眼看她，一臉茫然。

「他在哪裡？我能看看他嗎？」我聲音很啞，手術時他們把呼吸管伸進我的喉嚨，我的喉嚨又痛又癢。

「你對餵母乳有概念嗎？」她又問了一次。什麼概念？你到底在說什麼？

「有，我想餵母乳，」我虛弱地說，但心中不免一陣焦急。「他還好嗎？我想看看他。」我愈想愈慌。他身體畸形嗎？我為什麼不能見他？他雙腿健全嗎？有沒有少了哪塊骨頭？可怕的畫面如同跑馬燈，麻醉藥加劇我內心的恐慌——我心中最深的恐懼不斷放大，直到我的大腦再也裝不下其他東西。

我最早在一歲的時候就做過基因檢查，預測的結果是我父母再次生出身障小孩的機率低於百分之二十五，但是我有高達一半的機率會生出有類似天生缺陷的孩子。念大學的時候，我請艾默利大學的遺傳學家幫我再次評估，他們根據我的各種骨骼缺陷研判，這樣的機率接近百分之五。孕期我們密切追蹤寶寶的發育，請專家用先進的超音波技術測量寶寶的四肢。

儘管如此，我的恐懼與懷疑冒出水面。說不定之前的檢查有所遺漏。

我望向馬可，淚水再次差點奪眶而出。我被各種管子困在床上，手臂上有靜脈注射管，還有一條長長的導管直通膀胱。他們注射到我體內的液體使我的臉非常浮腫。我的眼睛底下有一灘融化的睫毛膏，比較像剛跟人打完架眼睛中了一拳，不像剛動完手術。他們像切西瓜一樣在我肚子上劃開的傷口隱隱作痛。不斷尋找脊柱的粗針讓我的背痛不欲生。我的背部正中央有九個紅腫的孔洞。

「他很好，一切順利，」馬可說。曼蒂和媽媽也在旁邊，她們點頭附和馬可。

我怕他們向我隱瞞真相。他們不讓我見寶寶。

我再次看向媽媽。我知道無論真相有多糟，她一定不會騙我。我想用自己的眼睛確認。為什麼我不能見他？

儘管我疑神疑鬼、憂心忡忡，但其實寶寶非常健康，十根手指頭、十根腳趾頭俱在，雙腿一樣長，而且一塊骨頭也沒缺。我們給他取的名字是杜納托．李（Donato Lee），杜納托是馬可父親的名字，李是我父親的中間名。杜納托在義大利語的意思是「賜予」或「上帝給予的禮物」。他真的是一份禮物。

麻醉的昏沉感逐漸消失，我清醒到可以安全地抱著寶寶時，護士把他抱了進來。他有一頭柔軟棕髮，往中間靠攏之後在後腦勺變成一小撮尾巴。體重將近九磅，是個食欲旺盛的壯碩男嬰。有段時間我們叫他piccolo vampiro（小吸血鬼），因為他喝母奶喝得很兇，把我的乳頭吸到破皮流血。做為母乳新手，我沒發現他吸奶的方式並不正確，直到尋求母乳顧問的協助後，才終於矯正這個問題。他可以喝母乳喝個夠本，我也不再受乳頭疼痛之苦。

雖然我的研究計畫已通過口試，生產前幾週也通過了博士資格考，但是我的植物分類學課還沒修完。我的指導教授布萊德（我和班奈特教授現在的相處方式沒那麼嚴肅）正在和另一位同校的教授合作，秋天要在費爾查德植物園共同開一門辨識植物的密集課程。九月初開課，剛好是我出院回家的隔週。所以我們每週五將在費爾查德熱帶植物園碰面，上一整天的密集課。

我原本的打算是修這門密集課，但現在我成了新手媽媽，術後的身體也尚未恢復，我對於自己能否兼顧課業心存疑慮。我打給布萊德，將心中的疑慮告訴他。他要我放心：「卡珊卓，養兒育女是人這輩子最重要的工作。」他自己就是盡心盡力的父親，育有三個女兒，他經常跟我分享女兒的有趣故事。他每天最期待的事就是下班後跟小女兒一起大聲唸小說《哈利波特》。「不過這門課能幫你補足將來田野工作需要的植物辨識技巧。你不如先請假幾週，準備好的時候再來上課？可以帶寶寶一起來。」

他為我提供體制內最大程度的彈性，我心懷感恩。杜納托還在喝母奶，能帶他去上一整天的課讓我感到很安心，能掌控生活步調的感覺很好。這門課每隔幾年才開一次，而我必須在來年春天靠自己的力量執行研究計畫，在那之前我必須精進分類學技能。雖然想到要投入研究讓我心有畏怯，但是吉內斯特拉有緊密的家族支持網在等著我，應該不用擔心。一切會順利的。

開學頭幾個月杜納托吃得少、睡得多，所以帶他上課沒問題。他醒來或是不耐煩的時候，布萊德和同學會輪流幫他拍背打嗝或是幫忙抱著他。全班的課餘注意力都在他身上。如果週五不上課，我會在家用電腦為田野工作做準備，其他時間都用來陪杜納托。

當時我還不知道這只是我未來人生的一場預演。我生三個孩子都是剖腹產，三胎都沒有真正請育嬰假——包括老么，當時我才剛進入大學教書。孩子才剛出生幾週，我就已經在電腦前工作、在教室裡上課或是在實驗室裡做實驗，有時甚至連術後的止痛藥都還沒停藥。我忙著寫作（申請經費、博士論文或研究論文）同時設法抽空陪伴孩子，我會一邊打字一邊餵奶，或是輕搖放在書桌旁的嬰兒搖椅。這是我一輩子的遺憾，在應該全心全意陪伴寶寶的關鍵時期，我卻同時忙著工作。

我在家庭與學術熱忱之間尋找平衡點的過程中，這只是其中一項困難，接下來還有更多挑戰。成為科學家靠的不是單次決定，而是在碰到關鍵的人生轉捩點時做出的一連串決定。你必須一次次地問自己：「我要選擇科學嗎？要放棄還是繼續？」對我來說，至少到目前為止，答案都很肯定。儘管面臨重重阻礙，我研究科學的心依然堅定不移。

如同許多在事業與家庭之間拔河的父母，如何在追求科學事業發展的同時把家庭放在第一位，成了我走的人生鋼索。為了不要從鋼索上掉下來，我必須學會時間管理和自律技巧，大致而言，我做得還不錯。但是科學領域在這方面有很多改善空間。我們必須為育兒階段的父母提供更多支持。從訓練到初期職涯發展，如果體制不做出重大改變，身兼母職的STEM領域科學家將持續處於弱勢。

第六章／從田野到實驗室

科學家研究大自然，不是因為有任何用處。他研究大自然，是因為他樂在其中。他樂在其中，是因為大自然很美。如果大自然不美，就不值得了解，生命也會失去價值。

——亨利．龐加萊（Henri Poincaré），《科學與方法》（*Science and Method*），1908

眼前是一片開滿黃色、淺藍色與粉紅色野花的青草地，我轟隆隆地停下飛雅特熊貓老爺車（**Fiat Panda**）。越過這片粉嫩的草地，有一大片鬱鬱蔥蔥的綠色森林。時間是二〇〇六年春天，這是我們家族自己的土地，位在武圖雷山的山腳下。過去我曾與馬可和他的姐姐來這裡健行採蕈菇，所以對這座火山並不陌生。

這輛藍色老爺車是跟姐大借的，我打開後車廂，然後坐在保險桿上。我穿上一雙厚厚的登山襪，套上登山靴。每趟田野工作，我的背包裡都會有幾個大大的布料洗衣袋、手套和園藝剪，當然還有我的田野筆記和GPS。不過這次我多帶了幾樣東西：尿布、濕紙巾和一塊寶寶毯。我套上嬰兒背帶，扣上繞過T恤的扣具，然後轉身抱起唯一的夥伴。這不是一趟單人任務。

我解開汽座的安全帶抱起杜納托，小心地把他放進胸前的背帶裡，再幫他戴上一頂鬆軟的帽子。裝滿工具的背包上肩之後，我關上後車廂。杜納托打了一個大大的呵欠，他睜大雙眼，好奇地環顧四周。他才六個月大，視線對於深度的感知頂多只有幾英尺，否則這片色彩繽紛的青草大海肯定會令他著迷。我也打了個呵欠。我跟他一樣累，說不定更累。雖然剖腹產的傷口已經癒合，但我的體力尚未完全恢復，我最喜歡的一條田調長褲現在變得很緊，在腰線上方擠出一層肥肉，褲頭的釦子緊貼皮膚，隨時要繃開。

我凝望山頂。武圖雷山八十幾萬年前爆發之後，為周遭的土地帶來肥沃的火山灰土，非常適合種植葡萄，因此這個地區的葡萄很有名，尤其是法定產區的武圖雷艾格尼科葡萄酒（Aglianico del Vulture）。不過，我感興趣的是一種更加古老的作物，最早是由定居在山頂的兩座火口湖畔的巴西略修士（Basilian monks）種植。西元八世紀的聖彌格爾修道院（abbey of St. Michael the Archangel）建在火山口的岩石上，至今依然健在，由嘉布遣修士（Capuchin monks）管理。附近還有十一世紀的聖依玻里多修道院遺址（abbey of St. Hippolytus）。

我沿著一條長滿蕨類植物的小徑往前走，周圍有很多甜栗樹，是好幾個世紀前的修士種下的。歐洲栗又叫甜栗（*Castanea sativa*, Fagaceae），不但是一種可靠的食物來源（種植後幾乎不需要照顧），還是一種藥用植物。每年秋天，當空氣變得冷冽，火山灰土孕育的甜栗樹長出刺蝟般的綠色果實，剖開後裡面是一棵閃亮的棕色堅果。敲開堅果，露出裡面的乳褐色子房：含有多種維生素與營養素，包括產生熱量的澱粉。栗樹晚熟，種植後三十年才會開始結果。不過以栗樹的壽命來說三十年還算早，畢竟栗樹可以活到兩千歲。

我找了一棵枝葉低垂的年輕小樹，春天新長的淺綠色葇荑花序將隨著夏天的腳步慢慢變黃。我拿出寶寶毯，鋪在一塊柔軟的空地上。開始工作之前，我坐在毯子上一邊餵杜納托喝母奶，一邊複習筆記。當地的療癒師告訴我，他們會把栗樹的葉子做成沖洗劑治療皮膚搔癢、發炎或濕疹。此外，我還在義大利的古代文獻裡看到栗樹葉做成皮膚病的外敷膏藥。我的博士論文要研究治療皮膚病的植物，我想把栗樹葉也納入其中。

現有的科學文獻完全沒有提到栗樹葉具有抗菌活性——萃取物不曾被證明能殺死細菌或減緩細菌生長。儘管如此，當地療癒師信誓旦旦地說，栗樹葉確實有效。怎麼可能呢？這表示栗樹對抗感染的方式跟我們預想的不一樣：不是像抗生素一樣殺死細菌，而是用某種方式阻撓細菌造成傷害，讓免疫系統有餘裕一起攜手抗菌。

過去幾年出現大量科學文獻的綜合分析與評論文章，提出化合物對細菌群體感應（quorum sensing）產生干擾作用或許是對抗感染的另一種方法。簡單地說，群體感應是細菌透過釋放化合物彼此溝通協調的機制，就像是互相發出微弱的電報信號一樣，使細菌凝聚成具有高度入侵能力的軍隊（我們很少看見細菌的單數名詞bacterium，是因為細菌總是成群結隊）。有些科學家對這個想法充滿期待，但仍有許多科學家持懷疑態度，認為唯有殺死細菌才能對抗感染。

群體感應抑制劑（亦稱群體抑制劑〔quorum quencher〕）的優點是多管齊下。可以單獨發揮抑制作用，切斷觸發信號，阻止破壞人體組織的有毒致病因子產生；也可以搭配既有的抗生素，改善整體治療效果。問題是，目前還沒人提出能發揮上述作用的候選藥物。以群體感應做為介入手段僅是理論，能對金黃色葡萄球菌發揮群體感應抑制作用的化合物尚未被發現。根據當地人的說法，傳統的皮膚病藥材雖然不會殺死細菌，卻能成功控制皮膚病。直覺告訴我，我們要找的答案或許就在這裡。

本質上，我的論文主題是驗證以民族植物學的方法尋找新藥是否可行。因此除了採集傳統醫療用來治療皮膚感染與發炎的藥用植物樣本（我的研究重點），我也採集了治療胃痛、頭痛和糖尿病的植物樣本。另外我還採集沒有用於當地醫療的植物做為對照組。藥用植物的藥理活性真的高於其他植物嗎？會不會只是安慰劑效應呢？我回國之後，會立刻用金黃熱葡萄球菌檢測樣本萃取物，觀察它們抑制生長、生物膜和毒素的能力，以及群體感應抑制的能力。

我放下杜納托。雖然他已經會翻身，還會像尺蠖一樣在地上扭動，但是他還不會爬。所以我在附近採集栗樹葉的時候，他不會自己跑進森林裡遊蕩。我把他留在毯子上自言自語，起身開始工作。

田野工作雖然開心，但是單獨進行會讓人身心俱疲、備感孤獨。田野工作的時間有限，雖然研究的規模有大有小，但通常從第一天開始就得跟時間賽跑。如果田野工作是百米衝刺的話，那之前的準備工作可說是一場馬拉松——連續數月寫計畫提案，申請支持研究的計畫經費，申請各種必須的研究許可、運輸許可，申請簽證，安排現地和設備運輸的後勤工作等。但就算做了萬全準備，還是會碰到意想不到的挫折。科學研究是一條曲折的路。例如到了野外卻找不到目標植物，找不到適當的訪談人選，或是事後才發現樣本不夠乾燥、已經發霉，總之每個角落都潛伏著危機。話雖如此，這也是一種經由實戰累積智慧的全方位沉浸體驗。

我很懷念之前跟安卓亞和其他訪問學者一起在這裡做研究。我很快就感受到當時的我真是人在福中不知福，我還沒到義大利，他就已經把困難的後勤工作都安排好了！現在我一切只能靠自己。而且我還是個新手媽媽，胸前背著一個寶寶（或是毯子上躺著一個寶寶，距離我十五英尺），單打獨鬥完成田野工作前景堪憂。我也很想念馬可。這是我們婚後第一次分隔兩地。

但是田野工作對我的博士論文能否順利完成至關重要。我的提案是記錄並採集傳統醫療框架下用來治療各種皮膚與軟組織感染的植物樣本。採集樣本之後，我打算將樣本運回佛州國際大學的 **CENaP** 中心實驗室，然後萃取樣本，檢測它們對抗金黃色葡萄球菌的效果。這些歷史悠久的藥材能否殺死致命的金黃色葡萄球菌？它們能否阻止這種細菌附著於身體表面，或是削弱細菌的傷害力？這些傳統藥材裡藏著什麼祕密？

當然我直覺上知道回答這些問題需要一些運氣，但真正的挑戰還是找到這種化合物。植物裡的化合物數量龐大，而且結構無比複雜——其中有許多化合物彼此相關。如果真有一種化合物能發揮我們想要的效果，在茫茫大海中找到它是非常困難的任務。對遺傳學家來說，尋找與特定疾病有關的一小串DNA序列非常勞神費力，我的情況也差不多。這需要有系統地大量搜尋、試誤過程以及許許多多次的失誤。

我打算訪談武圖雷山周邊區域的當地長者，包括義大利裔和阿爾伯雷什裔。地中海是許多物種的藥理作用尚未被研究過的生物多樣性熱點，不過我選擇這個地區其實是出於策略性考量。我熟悉這裡的地形和居民，這表示我能夠完成我需要的訪談、採集及我需要的樣本。此外，我在這裡有強大的家族支援網絡。米拉葛蘿絲主動表示我外出工作時，她可以幫我照顧杜納托。我可以趁午休時回吉內斯特拉餵寶寶喝奶。

如果我身體健全又沒帶著寶寶的話，應該不會選擇這裡。布萊德早期在厄瓜多東部與原住民舒阿人做的民族植物學研究，肯定會令我深深著迷。舒阿人對亞馬遜雨林的療癒和致幻植物瞭若指掌。很多學生都會追隨指導教授的腳步，以既有的研究計畫為基礎繼續發展，但是我在馬可和指導教授之間評估了自己的選擇，結論是重返亞馬遜的障礙實在太多。以我的身體狀況來說，要應付崎嶇的地形與濃密的森林植被、布滿巨石的河流與濕滑的山間小徑並不容易——更不用說帶著寶寶肯定會有其他麻煩。

我很快就發現這將是我這輩子最嚴峻的一次任務，如果要達成採集一百多份樣本的研究目標，我需要發揮極高的自律與行動力。我每天早上尋找植物、處理樣本，中午回家吃飯，吃完午餐是陪伴杜納托的珍貴時光，下午進行訪談，晚上處理數據。馬可的家人幫我在地窖旁安排了工作空間，我在那裡擺了一張桌子。每天從森林或草原帶著樣本回家後，我會把樣本放在桌旁的地上，然後一袋一袋整理分類。首先，我把可能汙染樣本的土或其他植物清乾淨。接著，我把每株植物壓扁乾燥以便保存，小心地把整株草本植物與開花的枝葉用義大利的日報《每日時事報》（*Il Fatto Quotidiano*）夾住，然後放進標本夾裡乾燥。若是大型樣本，我會把有興趣的植物組織（葉子、果實、根）裁切成一英寸的小塊。在我花費大量時間裁切樣本的時候，有播放義大利流行歌曲的收音機陪伴我。切好之後，我把樣本放進我和馬可一起打造的加熱櫃。基本上就是一臺馬可用合板製作的食物乾燥機，裡面有多層金屬網、一臺加熱器和一個風扇。日落後，我走回婆家時已全身髒兮兮，手臂跟臉上都有泥土，蓬亂的金色短髮裡還有小樹枝。

一份樣本的乾燥時間大約是一至兩天，乾燥到可以用手指捏碎就差不多了，我會把樣本放進真空塑膠袋，附上一小包矽膠乾燥劑（買新鞋時打開鞋盒會看到的那種，上面寫著：請勿食用！），然後在每個袋子上註明採集編號與日期、植物名稱與部位、重量，最後跟另外二十份樣本放進同一個紙箱裡，紙箱側面貼上USDA（美國農業部）的進口許可證，以便寄回實驗室。有點像包一大堆耶誕禮物寄給遠方的家人——只不過我是唯一的收件人，而且每份禮物都是一株死植物！

我和安卓亞的團隊之前已經發現，在這個地區有紀錄的植物療法中，治療皮膚病約占三分之一。其他研究也在其他地區發現，約有三分之一的傳統療法是用來治療傷口與皮膚病。但是西方科學幾乎不曾深入這些植物的藥理作用。當地村莊的老人不用抗生素藥膏治療擦傷或皮膚感染，而是用當地植物製作的沖洗劑、敷料和軟膏，就算村子裡有藥局或醫生能提供現代醫療也一樣。比如說在田裡工作時被割傷，他們會用洋蔥皮包覆傷口，或是將蘆荻節切開之後，用裡面的白色半纖維膜塞住傷口。他們處理傷口或皮膚感染的方式，非常仰賴周遭環境的自然藥材。

最後我總共深度訪談了一百一十二人，依照年齡與性別分層，獲得他們對當地知識相當平衡的意見。我一一整理訪談內容，拼湊出三十八種植物的製藥細節，可處理一百一十六種局部皮膚問題[1]，包括傷口、切割傷、燒燙傷、紅疹、疣、瘡、牙齦膿瘡、癬、癰等。我發現除了植物之外，取自動物的藥材也很重要。傳統的動物性藥材包括豬、蛞蝓甚至人類，可製作出四十九種治療配方。（從菜園裡捉起蛞蝓，將牠們的黃色黏液塗在疣上，然後把蛞蝓掛在玫瑰的尖刺上——疣會跟著玫瑰刺上的蛞蝓一起乾枯而亡。）

他們用許多有趣的方式製作植物藥材。其中一種方法是煎煮：黑夏至草（*Ballota nigra*,

Lamiaceae）跟水一起滾煮，冷卻之後用來沖洗發炎的皮膚。另外也可以直接把植物的部位或樹脂塗抹在患部，例如無花果樹的白色乳膠可治療疣，錦葵的葉子用火烤熱之後可治療感染的瘡和癬。有些植物被浸泡在脂肪裡製成藥膏和搽劑，例如貫葉連翹（*Hypericum perforatum*, Hypericaceae）的花浸泡過的橄欖油有助於傷口癒合，榆葉黑莓的葉子浸泡過的陳年豬油可治療癤和膿瘡。葉子可治療感染，莓果可以吃。飽滿的果實可以生吃，也可以做成果醬。連植物的根也挖出來滾煮，外敷可治療男性掉髮。

此外，有好幾種礦物也被拿來入藥，使這張清單更加豐富。最後在我的研究收錄的一百六十五種療法之中，有一百一十種是從未公開發表過的義大利南部傳統藥材。我在開拓新疆界——我也確實有這種感覺。想到自己的貢獻可能深具意義，我簡直欣喜若狂（等我回到CENaP實驗室就能立刻開始研究）；我覺得自己彷彿手裡拿著電鑽，每天在建築工地工作十二小時。

在以植物為基礎的療法中，有幾種關鍵成分特別引人注意。錦葵在當地叫做malva。我第一次造訪吉內斯特拉時訪談過住在馬斯基托的愛蓮娜阿姨，她告訴我一句諺語：「La malva, da ogni mal' ti salva」，意思是「錦葵治百病」。錦葵是萬靈丹，什麼都能治。

地面上的部位（花、葉、莖）煎煮之後有滋補功效，可治療感冒與流感症狀、胃痛，還能促進產後淨化與恢復。錦葵可以泡茶，也能外用沖洗蛀牙、牙齦與皮膚膿瘡、痱子和尿布疹、瘀青、瘡和乳腺炎等。

跟錦葵一樣，歐夏至草（*Marrubium vulgare*, Lamiaceae）也被視為萬靈丹，南義方言的一句當地諺語是：「**A marugge, ogne male strugge**」，意思是「歐夏至草無病不摧」。歐夏至草是一種臭臭的薄荷，當地人稱之為**marrubio**或**marugge**，滾煮後喝下可以祛痰，還有保肝功效。當地人也會將它的花、葉、莖煎煮成藥水，用來沖洗香港腳、瘡、膿瘡、囊腫和疣，人類跟牲畜都可用。這就好比一瓶漱口水也能拿來治療經痛、皮膚撕裂傷、濕疹和齒齦炎。

錦葵與歐夏至草能治療這麼多病症確實很神奇，但共同之處是兩者都主攻皮膚和軟組織的細菌感染。牙齦感染和腳上長瘡看似八竿子打不著，疼痛的方式也不一樣，其實都是細菌惹的禍。在這個事實基礎上，我假設這兩種植物複雜的化學作用使它們擁有抗菌活性。

當然答案得等我回到邁阿密的佛州國際大學做了實驗才知道。

回國前一個月，我採集的樣本剛剛超過一百種，我接到布萊德的電話。這是他第一次在我做田野工作時打電話給我。他的指導風格屬於放牛吃草，就是「把雛鳥踢出鳥巢，讓牠自己學飛」，所以看見他的號碼打來很不尋常。我想跟他分享好消息，告訴他樣本的採集很順利，但同時我的心中隱隱感到不安。當時我剛餵完杜納托，正要抱著他走來走去、拍他打嗝。我接起電話。

「卡珊卓，有個壞消息要告訴你，」他語氣沉重地說。我緊張地摒住呼吸。他停頓了一下，我非常忐忑。無論是什麼事，肯定不是好消息。「由於學校的文書作業疏失，培訓博士生的獎學金提早到期了。」

我一屁股坐在椅子上，緊緊抱住杜納托。

「你回來之後必須擔任助教，我們也會設法幫你申請另一個培訓補助，幫你補足剩餘的津貼，」他繼續說道，「但你也必須開始寫計畫，為你的研究申請其他補助。」

我彷彿肚子被人重擊一拳——我的未來瞬間絕望。他們承諾給我五年的培訓獎學金，今年才第三年，原本就很微薄的每年一萬九千美元津貼和研究經費，瞬間消失在義大利南部乾燥的熱風裡。田野工作還剩一個月，雖然婆家免費提供食宿，但是照顧杜納托仍有一些小額開銷，例如尿布跟衣服。此外，我還必須支付九百美元運費把這幾箱植物寄去USDA的邁阿密檢疫所。

幸好馬可犧牲自己、留在邁阿密經營洗衣店，使我們家的財務狀況尚可維持穩定。他自己修理洗衣機而且經常值班，已經攢下數千美元的存款，不用太過擔心。但是這些錢不足以應付我的收入銳減。若要繼續念博士，我必須同時教大學部的微生物實驗課、在洗衣店幫忙以及照顧杜納托。

我呆呆望著桌上亂七八糟的植物樣本，雖然雜亂，在我眼中卻是亂中有序。我知道哪個樣本應該放進哪個袋子：錦葵是這袋，歐夏至草是那袋。坐在我腿上的杜納托打了嗝。我想起我在亞馬遜雨林中想法徹底轉變的那一刻，我抬頭凝視奧杰樹，感受到無窮盡的可能性，知識的枝葉籠罩在我頭頂上。現在我的資源變多、更有能力、比起以前進步了許多，但是我忙不過來。我回到美國之後只會更忙——甚至忙到什麼也做不好。光是想到即將發生的事，我就已經筋疲力竭了。

科學研究是一條曲折的路，永遠不會是直線，也永遠不會有足夠的經費。

八月的那一天，我和杜納托回到佛羅里達。當我看見馬可的懷抱、他的頭髮、他臉上的笑容時，我全身上下都感受到一股深刻而強大的撫慰。胸前綁著個寶寶的我就這樣跑向馬可。我忘了衣服上有乾掉的嘔吐物（不是杜納托吐的，是來自鄰座乘客不幸的禮物，這趟橫跨大西洋的飛行歷時七小時，他在飛機起飛兩小時後就吐在我身上）。我見到馬可超級開心！他等到我們上車之後才小心翼翼地說：「寶貝，我得告訴你一件事。Tu puzzi！你很臭。」原來他見到我這麼高興啊！我偷偷笑了。我這輩子從未如此渴望洗澡、換上乾淨的衣服、聽馬可說笑話和回家好好睡一覺。

馬可總是能夠為了保護我而暫時保持沉默。那一天他如此保護我，我心懷感激。

隔天我才知道，他為我阻擋壞消息的習慣在過去這個月裡簡直發揮到了極致。洗衣店碰到搶劫未遂事件。這一次搶匪有槍，而且馬可就站在櫃檯值班。他不想讓身在遠方的我擔心。

我們坐在二手花布沙發上，杜納托在我們腳邊的毛茸茸地毯上玩積木。馬可按下播放鍵，然後摟著我的肩膀。我傾身向前，焦急地看著監控影片。錄影的時間顯示時近午夜，是快要打烊的時間。有一位顧客還在摺衣服，馬可和兩名工作人員正在處理最後的送洗衣物。

突然有個戴著黑色滑雪面罩的男人大步走進尚未拉下的車庫式鐵捲門，手裡拿著獵槍直指櫃檯，馬可就坐在收銀臺旁結算當天的進帳。馬可看見搶匪時站了起來，直接走到體形跟他差不多的搶匪面前，伸手去搶獵槍。兩人激烈搏鬥，都緊抓著獵槍不放。接著搶匪用力一拉，搶回獵槍，然後就轉身跑走了。監控顯示整件事不到一分鐘，但我卻覺得整個過程好像慢動作，而且是在水下。

「你為什麼那麼做?!為什麼不把錢給他就好？」我從沙發上跳起來大叫，因為對可能的後果心生恐懼而發他脾氣。

「我以為是我朋友在惡作劇，」他說，「所以我走過去叫他把槍給我，以免到最後受傷的是他。」

馬可不相信那是真槍。直到整件事結束後，他回到收銀臺旁繼續準備打烊，他才慢慢意識到這是真的搶劫。他嚇到全身發抖。他打電話報警，警察來幫馬可和其他旁觀者錄口供，還拷貝了一份監控影片。馬可有隱密持武許可證，而且他持有合法武器——一把手槍——就在櫃檯裡。但是搶案過程中，他完全沒有伸手拿槍。

警方團隊在報案現場收尾時，有位警官把他拉到一旁建議他：「老兄，下次再碰到這種事，你應該對他開槍。你有權射殺他。徒手阻止他差點讓你賠上一條命。」

馬可覺得難以置信。這裡可不是吉內斯特拉。

儘管我們居住和經營洗衣店的社區犯罪事件時有所聞，但是我們不可能放棄洗衣店，這是我們現在唯一的穩定收入——只是它顯然也沒那麼穩定。

我和杜納托回國的第二天，也就是我看完監控影片的隔天早上，我著手處理讀博士最緊急的問題：為我的實驗器材和研究生津貼尋找經費。

我向美國庭園俱樂部（Garden Club of America）申請了幾千美元的經費，支付研究需要的化學與微生物學實驗器材。我也開始自己申請國家衛生院的研究培訓補助。我之前申請過兩次F31博士前培訓獎學金都沒通過，當時是為了籌措去倫敦留學的經費。我希望這次可以成功，只要能拿到這筆經費，就有機會完成研究訓練的最後一步。

如同布萊德在電話中的承諾，他為我申請到佛州國際大學的另一筆培訓經費為我彌補部分津貼，同時我也擔任大學部助教補足剩餘的部分，每天下午和晚上教大學部的微生物實驗課。在這之前，我尚未完全明白全額研究助理獎學金有多麼珍貴。這筆獎學金使我有餘裕將百分之百的精力投注在研究和學習上。現在我的生活步調比過去更加緊湊，為了研究進展，我努力擠出時間做實驗。

我的第一箱樣本順利抵達USDA的邁阿密機場稽查中心。檢疫一週，檢查確定樣本沒有攜帶病原體進入美國的風險之後，我就能領取樣本回實驗室。真的很像耶誕禮物！

雖然從採集樣本到辛苦地標示、包裝、真空封裝每個樣本袋的人是我自己，但是在處理植物的實驗室裡打開這個大紙箱依然使我心情飄飄然。「哈囉，榆葉黑莓！」我這輩子從沒如此期待看見死掉的植物！「你到了，歐夏至草，唇形科的*Marrubium vulgare*！」一疊又一疊切碎與乾燥的植物等待著進入生命之旅的下一站，從野外進入我的培養皿實驗。

補助計畫的申請寄出後，要等好幾個月才知道能否得到器材經費：溶劑、玻璃瓶、瓊脂、培養皿、培養基、試劑、抗生素、滴管尖頭等，但是之前培訓研究補助購買的器材還剩下一些，我去田野工作之前沒用完就先收起來，應該夠我進行現階段的實驗。我必須先取出袋子裡的植物樣本，磨成粉以便萃取。

下一站：植物研磨機。

研磨機又大又重，連堅硬的根莖也能磨成細粉。最初是由實驗設備製造商湯瑪斯科學公司（Thomas Scientific）設計，能研磨多種物質，從馬蹄（製膠原料）到工業用肥料都能磨碎。在對植物化學作用有興趣的科學家眼中，它像一臺加強版的咖啡磨豆機：厚重的鋼片把送進料斗裡的植物切碎，再把粉末噴進底下的集料罐裡。

在悶熱的邁阿密秋季，我每天好幾個小時身穿全套防護服、戴著護目鏡與類似黑武士的呼吸器口罩，全身汗如雨下，耐心地把植物樣本放進研磨機。我覺得自己很像《絕命毒師》（*Breaking Bad*）的懷特加上電影《冰血暴》（*Fargo*）結尾把史帝夫・布希密（Steve Buscemi）塞進碎木機的那個人。口罩與防護服都是必要裝備，嚴格說來，我採集的植物並非百分之百安全，無論是接觸到皮膚還是吸進肺裡都有風險。畢竟藥即是毒，而且我採集的對照組植物有些真的有毒。處理樣本一點也不輕鬆，卻是把植物變成藥物進行測試的第一步。

下一步需要使用溶劑。溶劑的選擇極為重要。植物能經由許多方式變成藥物。有些是浸泡冷水，例如安東尼奧的療癒儀式使用的藥草浴。有些放在水裡煎煮，然後當成藥草茶飲用或是當成藥水沖洗，這在義大利很常見。我知道秘魯的亞馬遜居民會把植物浸泡在酒精或烈酒裡，製作成酊劑。除此之外，我在南義看過黑莓葉浸泡豬油，這是一種油萃法，可將植物精華留在無氣味的熱油或冷油裡。這些方法都能萃取植物精華：化學物質以複雜而美麗的方式排列，並且各司其職，增強植物生存與繁殖的能力。

溶劑怎麼選很重要，因為這將決定哪些化合物會被萃取到溶劑裡，進而影響萃取物的化學結構與藥理活性。每一種溶劑滲入植物細胞、溶解二次代謝物（防禦性的化合物，具有潛在藥理活性）與滲出植物細胞的能力都不一樣。水是最容易取得的溶劑，所以許多傳統藥物的製作過程都使用水。水膨脹植物細胞的效果也非常好。把水與有機溶劑（例如乙醇或甲醇）混合使用，可對多種植物二次代謝物發揮更高的滲透率和萃取效率。

為了從植物樣本裡萃取出最多種化合物，我使用了兩種方法。一種是義大利老阿姨們的傳統方法，把植物放在水裡滾煮二十分鐘。一種是把植物浸泡乙醇水溶液（水加酒精）三天，這跟安東尼奧的關節炎藥方很像，他會把鉤藤（*Uncaria tomentosa*, Rubiaceae）泡在蘭姆酒裡做成酊劑。我將乾粉秤重之後，溶劑以十比一的比例與乾粉混合。

這個步驟完成之後，我謹慎地過濾樣本，將植物粉末與萃取液分開，把它們全部送去旋轉蒸發與冷凍乾燥，遵照博士後研究員提姆教我的作法。萃取物倒入小玻璃瓶，瓶身上的標籤從萃取物#001開始，慢慢裝滿一小盒。我無比自豪地看著這一小盒萃取物。我要為我的抗菌研究建立萃取物資料庫，現在才剛起步。玻璃瓶裡裝滿紅色、綠色和棕色的結晶粉末，各自代表某一種植物獨一無二的生命化學。隨著萃取物數量增加，我的信心也隨之增強，或許我真的可以解開藥用植物治療皮膚感染的奧祕。

只不過還有一個問題。

我的其他包裹到現在還沒寄達，已經遲了好幾週。大部分的樣本都在裡面，那是我在毒辣的義大利豔陽下努力好幾個月的成果。

我坐在布萊德的研究室裡，盡最大的努力忍住淚水。我從不曾在任何教授面前哭泣，我真的不希望今天破例。但是，我的情緒已達臨界點。

他一如往常穿著佛羅里達短褲和夏威夷花襯衫，一邊專注聆聽我訴說困境一邊點頭，他有嚼菸草的習慣，每隔幾分鐘會停下來往杯子裡吐一口菸草汁。布萊德使我想起大聯盟的棒球教練——總是點著頭，眼神銳利，嘴裡嚼著菸草。我訴苦的時候，心中不禁好奇：他會不會搞錯杯子，不小心喝下一大口菸草汁？幾年後我畢業時，送了他一個銅製骨董痰盂放在辦公室裡，以免他誤飲菸草汁。

「所以植物樣本不見了，」他的語氣一半是疑問句，一半是肯定句。

「對，」我發出哀號。悲傷從內心深處滿溢而出，我覺得自己快要爆炸飆淚，就像武圖雷山火山爆發一樣。

我給義大利郵局、USDA收件中心和美國郵政中心都打過電話也寫過信，發現我的幾箱貨物曾經抵達邁阿密，但最後又被錯誤地送回義大利。

「居然上了橫越大西洋的貨船！」我無奈搖頭。「現在他們找不到這批貨物的紀錄。他們不知道我的東西在哪兒！」

我想到離家工作的那段日子。我好幾個月跟老公兩地相思，全是白忙一場？他白白錯失跟剛出生的兒子相處的珍貴時光？我可能會因為這個挫折多花一年念博士，我不想在研究所混那麼久，也不想再次跟家人長時間分離。而且我還沒找到經費支持我再做一次田野工作。

布萊德專心聽我傾訴焦慮，他停頓了片刻，凝視著某處深思。這位男士，我的博士指導教授，他曾與舒阿士著住在一起，徒步走過高山，穿過茂密雨林裡潛伏毒蛇的小徑，涉水穿越致命溪流，並且戰勝了熱帶傳染病。如果有人能夠劈開荊棘、消除障礙，這個人肯定是他。至少我如此希望。我們默默相對了幾分鐘。

「卡珊卓，這使我想起朗弗安斯。」他終於開口。

「朗弗安斯？」

「對啊，朗弗安斯。」他又吐了一口菸草汁。

布萊德說的是十七世紀德國植物學家格奧爾格・艾伯赫・朗弗安斯（Georg Eberhard Rumphius），受雇於荷蘭東印度公司，以著作《安汶島植物誌》（*Het Amboinsche Kruidboek*）聞名於世，這部植物誌共有六冊，記錄安汶島（現在的印尼）的植物。這是第一部描述該地區植物相的完整著作，直到現在仍是一部學術參考書。朗弗安斯花了很多年將一千兩百多種植物分門別類，簡直難以置信，但更加難以置信的是他克服了重重阻礙才得以完成這項艱鉅任務。

布萊德傾身向前，拿起另一個杯子啜飲一口，然後繼續解釋。

「朗弗安斯先是在採集跟處理植物的時候瞎了眼，」布萊德說，「應該是青光眼。所以他需要多名助手幫忙。接著，他的妻子跟女兒在一場引發海嘯的地震中喪生。後來在他幾乎完成計畫之前，他的書房發生大火，研究成果付之一炬！」布萊德吐了一口菸草汁。「接下來二十年，他和幾位助理合力完成了這部著作！你能相信嗎？他動身回歐洲之前，先把書寄船運送回歐洲，結果運送手稿的那艘船遭受攻擊。船被擊沉，他的書再次被摧毀，這次是沉入大海。朗弗安斯和他的助理拿起一份未完成的舊草稿重新開始，他們花了六年重新完成這部書，終於成功把副本送回荷蘭。」他暫停一下，這次不吐菸草汁也不喝汽水。「費盡千辛萬苦，荷蘭東印度公司卻決定不出版，一開始是因為他們認為書裡有敏感的當地植物資訊。於是這部偉大著作又等了四十年才終於出版。當然，出版的時候朗弗安斯早已過世多年。」

這故事讓我聽得目瞪口呆。他覺得說這件事可以鼓勵我？

「卡珊卓，」布萊德吐一口菸草汁，喝一口汽水。「朗弗安斯沒有放棄。你也不該放棄。你的處境比他好多了，應該心懷感恩。」

這真是教科書級別的「嚴格的愛」（tough love）。布萊德選的這個故事主人翁真是倒楣得無以復加。話說回來，他這樣更像棒球教練了。他給我，也就是他的球員，說了一段打氣的話。你陷入低潮，趕緊自己爬出來，你一定做得到。

走出他的研究室時，我還是非常想哭，但我明白了他的指導方式為什麼能讓我看見希望。他有點像我媽媽，我小時候在她懷裡哭訴自己沒有右腿——我好多事不能做，還被其他孩子嘲笑。媽媽從來就不會讓我覺得我做不到。布萊德的方式也一樣。

我對此深深感激。

當然，如果他能幫我解決所有的問題，我會更加感激。走出他的研究室之後，怒氣未消的我確實有點希望他會不小心拿錯杯子，喝一口菸草汁。

四個月後，寄丟的箱子出現了——它們被送到位在吉內斯特拉的我公婆家，原因不明。為了防止運送再次出意外，我公公婆婆來邁阿密探訪我們時親自把樣本順便帶過來。箱子被當成大件行李運送，都貼有USDA要求的許可證。這使我想起朗弗安斯的助理，他們的貢獻不亞於朗弗安斯。

雖然部分樣本在環遊世界的那一年發霉，幸好大部分依然完好，我在幾個大學部志工的協助下追趕萃取進度。我們快速進行運送、萃取、各階段過濾以及將萃取液旋轉蒸發成濃稠植物焦油。下一站是凍乾器。承襲朗弗安斯的風格，它壞了。它無法抽真空，所以無法冷凍乾燥樣本。新的真空泵要價好幾千美元，我沒有這筆錢。我請馬可來檢查一下真空泵的損壞情況。

馬可帶著杜納托一起來實驗室。珍娜（Janna）是剛加入實驗室的研究所新生，她今天帶著女兒來學生辦公室，她女兒跟杜納多差不多大。珍娜的新實驗需要幫助，於是布萊德說我們在實驗室工作時，可以把兩個幼兒放在他研究室裡讓他照顧。他拖來一個原本包裝實驗設備的大紙箱，兩個孩子一眼就愛上！

珍娜跟我都知道碰到喜歡小孩的指導教授有多麼難得、多麼特別。她原本的指導教授跟布萊德恰恰相反。她離開之前的研究所，是因為她告訴指導教授自己懷孕時，教授把她從博士班降級到碩士班。因為這樣的事在科學界是家常便飯，所以我第一次懷孕時不敢讓布萊德知道。結果他不但衷心祝福我，還以養育三個女兒的過來人經驗給我建議，我非常驚訝。

馬可拿出工具箱開始工作，他拆開真空泵發現裡面嚴重腐蝕，原因是過去使用不當，水和溶劑被吸入管道。他把零件拆下來浸泡刷洗，重新組裝真空泵，成功恢復了真空壓力。雖然不能火力全開，但是已能滿足我的需求。在我的實驗室早期歲月裡，大部分的器材都處於這種狀態。

我帶著大學部的學生，一起徹底乾燥萃取物、記錄初始植物材料的乾重與總重，最後讓它們溶解在二甲亞碸（DMSO）裡，這是一種無色液體，能有效混合不同極性的化合物。我要調配我採集到的萃取物來做實驗，對抗致命的 MRSA，所以這個步驟至關重要。我小時候差點死於 MRSA 感染，我的童年也持續飽受皮膚感染之苦。這是一場切身的戰役。

我的博士研究的下一個階段目標，是確定萃取物對這種超級細菌的生長、生物膜形成與釋放致命毒素的能力有怎樣的影響（許多萃取物來自皮膚病傳統療法使用的植物）。目前為止，我的研究所訓練著重於植物分類學、民族植物學的田野工作方法與化學。我還沒上過微生物學課。為了獲得我需要的額外知識，我找到一位適合的指導老師，醫學博士麗莎．普蘭諾醫生（Lisa Plano），她的專長是治療新生兒的嚴重感染症。我請她擔任論文委員會的關鍵指導教授。她專門研究MRSA毒素，不但為我提供珍貴的實驗訓練，還與我分享這個研究領域在臨床相關性方面的真知灼見。我小時候的臨床微生物學經驗異常豐富，因為我常為了科展去醫院的實驗室做大腸桿菌實驗，大腸桿菌對多種藥物都有抗藥性。我很早就學會在有需要的時候尋求幫助，因此持續和國家衛生院的另一位專家通信，他教我如何分析並修正實驗方法，以便看出這些植物萃取物如何影響細菌的行為與毒性。

剛踏入科學領域的學者，最需要的是M&M's：指導老師（mentor）和錢（money）。我有很好的指導老師，卻無法擺脫缺錢的窘境。實驗室提供了研究所需的空間和基礎設備，但當時我們沒有大筆研究經費購買我急切需要的器材。失去培訓獎學金是一大打擊，因為除了失去生活津貼，原本可用來買實驗器材的幾千美元也沒了。我和我現在訓練的學生形成強烈對比，他們從來無須擔心實驗室架子上的器材要花多少錢（那些是我用計畫經費買的），當年還是博士生的我必須負責購買每一種器材、每一罐介質、每一個培養皿，花的都是我自己申請的計畫經費。我很早就被扔進試煉場，出於需求被迫不斷寫計畫申請經費，尋求我亟需的支援。我也必須教書或擔任研究助理來賺取研究津貼。

幸運的是，我獲得美國庭園俱樂部和植物學行動計畫（Botany in Action）的補助，但這些錢很快就被田野工作與實驗室器材花光了。沒有錢意味著沒有研究進展。我申請的國家衛生院獨立培訓補助沒有通過；我記住審查人的批評，請求更多外部指導老師幫忙寫推薦信提高成功機率，並提供我改善計畫申請書的意見。

我第四次申請國家衛生院的獨立博士前培訓獎學金——兩次是打算去倫敦留學，兩次是在佛州國際大學就讀期間，因為當時失去團體獎學金——終於通過了。這次審查評語是：「這是一位優秀申請人撰寫的傑出計畫書。這份計畫書的優點包括文筆流暢、思慮縝密、優異的訓練安排與制度環境。值得注意的是指導老師與他們的研究興趣和申請人的興趣相輔相成。可能的弱點是計畫本身或許會被視為純技術性的操作，欠缺系統性的觀點。申請人顯然已完成大量的收集、分類和植物萃取，但是萃取物的結果和用途並不明確。」

我深入閱讀審查意見，他們顯然對我的研究方向心存疑慮。審查的教授不認同我對植物藥理潛力的看法，也不認同利用傳統藥物鑑別特定植物是有價值的作法。我不應該感到意外。一九九〇年代之後，愈來愈少人研究植物天然產物來發現新藥，製藥的焦點轉移到從龐大的既有化學物質裡選取人工化合物做測試。這種方法吸引數以億計的資金投注，但至今沒有發現任何新的抗生素。一個都沒有。

儘管人工化合物失敗連連，大家還是懷疑探索自然界的化學物質是否有用。我感到既沮喪又安心。我必須證明給他們看。這就是我的博士論文目標！如果得不到經費來驗證我的假設，我們永遠不知道用這種方法尋找新藥是否可行。儘管賭注很大，但我相信我們必須嘗試這條看似另類的路，才有機會閃避步步逼近的災難。

至少審查人給我的分數讓我得到經費，這筆錢入帳後，我得到完成論文需要的經濟支援。補助使我得以把全副精神都放在研究上，我可以慢慢放下教職。而且現在我有錢購買要價兩千美元的高效液相層析設備（high-performance liquid chromatography），用於毒素研究，以及對生物活性最高的萃取物進行化學特性分析。我還沒做完的微生物學研究，也有錢添購器材了。在那之後，我漸漸明白布萊德說得沒錯。我確實比朗弗安斯幸運多了。

二〇〇七年夏天，義大利植物萃取物的分析進展飛速。我每天工作的時間很長——長到連夜裡都在工作——我在成排的試管與培養皿前面走來走去。微生物實驗室裡，生物安全櫃因為風扇運轉而持續發出嗡嗡聲，在我處理致命的抗藥菌時，生物安全櫃在我的工作區域和我的座位之間豎起一道空氣屏障。我伸手去拿工作區角落裡的一根試管，孕肚壓到生物安全櫃的邊緣不太舒服。通常我們都暱稱生物安全櫃為風櫃（the hood）。我跟馬可懷上了第二個孩子，這次是女兒。

雖然懷孕的個人成本很高，以我的身體狀況來說尤其如此，但我和馬可都渴望建立一個大家庭。或許是因為我們在義大利相處的那段時光裡，週日的大型家族午餐聚會充滿歡聲笑語，餐桌併在一起占據客廳，堂表兄弟姐妹、叔叔嬸嬸、阿姨舅舅齊聚一堂，大家都很疼愛孩子。或許是我心中的根在呼喚家。阿卡迪亞距離邁阿密只有三小時車程，我們經常有機會回娘家。實驗室或洗衣店不太忙的時候，我和馬可會把杜納托的嬰兒圍欄放到車上，偷偷溜回娘家度週末。冷冽的冬夜，我們會在篝火旁取暖，在爸爸家旁邊的小小魚池畔看日落，灰色的松蘿纏繞在老櫟樹粗壯的樹枝上。與親友在鄉間共度的日子舒緩了都市生活的忙亂步調。我的身心獲得修復，每一次回家、每一個時刻都令我萬分珍惜。

我站在生物安全櫃前面，閃亮的金屬底座裡有一塊細菌培養板、培養皿、九十六孔微量滴定盤和幾瓶深綠色植物萃取物，待會兒將滴到細菌上。我手裡拿著滴管，熟練地在風櫃裡來回移動手臂，把充滿細菌的混濁液體送進一排一排小小的試管裡。試管裡的植物萃取物劑量互異，我希望它們能對這些微小的敵人造成一些影響。

懷孕期間，我做實驗會特別小心。我請其他人處理可能會導致先天缺陷的化學物質，我穿戴比平常更多的個人防護裝備。我把拋棄式實驗袍跟手套用膠帶黏在一起，處理有多重抗藥性的金黃色葡萄球菌時，我會把手套浸泡在乙醇裡。我做的每一個步驟都必須事先規畫。這個實驗不但涉及金黃色葡萄球菌的抗藥菌株，也包括已知容易形成生物膜與毒素的菌株。

普蘭諾醫生跟我分享她治療過的以及她在醫療文獻中看過的新生兒重症病例中，被金黃色葡萄球菌的高毒性菌株感染的嬰兒。有些孩子罹患皮膚燙傷症候群，這是金黃色葡萄球菌製造的脫皮毒素引發的傳染病。患者一開始皮膚發紅，接著是身體大片區域出現疼痛水泡，然後皮膚一片片脫落。皮膚是免疫系統保護身體的第一道屏障，少了這道屏障，嬰兒對其他可怕的潛在感染源毫無招架之力。而且缺少這麼多皮膚還會導致體液流失，造成類似嚴重燒燙傷的缺水與休克。

皮膚燙傷症候群之所以如此嚴重，是因為發動攻擊的菌株有製造大量特定毒素的能力。我反覆閱讀討論群體感應抑制潛力的論文。說不定有化合物能阻斷刺激毒素產生的信號途徑，如果我們能找到這樣的化合物，或許——只是或許——就能更有效地治療這種疾病。我想到當地人用歐夏至草與栗樹葉製作外用消炎藥水跟敷料。如果傳統療法用它們治療金黃色葡萄球菌造成的皮膚感染，或許它們確實含有可以對抗金黃色葡萄球菌其他感染症狀的化學物質，比如皮膚燙傷症候群。就這樣，我看見我的研究有機會提高金黃色葡萄球菌感染的生存與康復機會，這是讓我堅持找尋的一大動力。

這段期間我承受許多情感和身體上的壓力（孕期疲勞，應付「可怕兩歲幼兒」的各種照顧需求，繼續為洗衣店記帳），我出於被迫變得非常自律，也因為如此我的研究取得進展。我必須在生產前完成所有實驗，這意味著測試數百種植物萃取物的活性能否阻斷毒素形成。我調整了量化毒素的方法來配合萃取物的篩選——這將是第一次用這種方法尋找毒素抑制劑。我快生了，生產完騰不出時間做實驗。何況家裡有脆弱的嬰兒時，回到充滿超級細菌的實驗室太過危險，尤其我的研究使用的菌株來自被這些菌株感染致死的可憐寶寶。

三歲的外甥崔佛（Trevor）在這時候來我們家暫住六個月，我和馬可都很疼他，就像疼愛杜納托一樣。貝絲正在同時對抗精神疾病和毒癮，她沒有能力照顧孩了。崔佛剛到我們家時身體瘦弱，體重過輕而且非常膽小。任何聲音只要稍微大一點，他就會躲到沙發後面。這令我們心碎。我們不知道他之前的生活情況，因為貝絲住在新罕布夏州，距離很遠。他的衣服過度寬大，散發香菸和大麻的味道。我們用色彩繽紛的貼紙訓練他使用馬桶，溫柔地督促他每天吃豐盛的義大利菜。我們鼓勵他跟其他小朋友玩以便建立自信，除了幼兒園，每天下午也會帶他和杜納托去附近的公園。他很聰明，已經開始認字，我們每天晚上一起看艾蜜莉．伊莉莎白（Emily Elizabeth）和大紅狗克利佛（Clifford）的故事。他得到迫切需要的愛與關懷，身體漸漸變壯，個性也變得開朗。貝絲從勒戒中心回來之後，他將在外婆溫柔的照顧與監督下回到母親身邊，到那時我們的寶寶也快出生了。

實驗即將收尾，我注意到一件非常有趣的事——有兩種植物大幅減少金黃色葡萄球菌製造的毒素：一種是栗樹葉，就是杜納托還不會爬也不會走路時我在義大利辛苦採集的樣本；比較令我驚訝的是另一種，居然是讓人討厭的、入侵佛州的巴西胡椒木。到了臨盆在即的時候，我覺得自己的研究充滿希望，我非常非常期待，這是很久沒有出現過的感覺。

伊莎貝拉（Isabella）在邁阿密溫暖的九月出生，比哥哥小兩歲又兩週，少了颶風的壓力和戲劇性。我帶了一疊X光片，提供麻醉團隊他們需要的資訊，確保他們能找到正確位置穿刺脊柱。這次生產我全程清醒，馬可就陪在我身邊，這對我意義重大。大家都知道馬可看到血會頭暈，我當然抓住機會就會用力嘲笑他。現在我躺在手術臺上再次剖腹生產，流血是必然，但阻擋不了馬可的愛。

手術室裡的護士在我胸口的位置搭了藍色防水布，這是標準作法，防止我們看見剖腹的畫面。但我的醫生不知道馬可討厭血淋淋的場面，他一直叫馬可站起來用我田野工作的高級數位佳能相機往防水布另一頭拍照。手術過程中，馬可多次站起來拍幾張高解析度的照片後，又趕緊在暈倒前坐下。

於是照片斷斷續續呈現出伊莎貝拉從我剖開的肚子裡誕生的過程，她全身沾滿血塊。他甚至拍到女兒第一次哭泣的畫面。我們的一位好友誇張地說：「我看到那些照片時，連續尖叫了好幾分鐘！」

這次我術後恢復得比較好，返家短短兩週後，我就打開電腦工作了。我必須分析實驗數據、動筆寫作、完成論文。我也必須開始申請博士後研究獎學金，讓我的研究訓練不致中斷。我的研究所培訓補助為我提供完整支援，讓我在家裡就能高效工作，所以不需要回實驗室，可以專心寫作。

我們規畫了時間表。馬可每天早上帶杜納托去幼兒園，然後去洗衣店上班。我留在家陪伊莎貝拉，讓她開心地坐在一張有彈力的搖椅上，她喜歡坐在那張搖椅上觀察媽媽。我可以一邊打字，一邊用U形枕抱著她餵奶。我跟馬可是合作無間的隊友。

這套系統非常有效，伊莎貝拉出生一年後，也就是二〇〇八年秋天，我又出版了兩篇科學研究論文，兩篇我都是第一作者。同樣重要的是，我得到國家衛生院的博士後培訓補助，可以去阿肯色州小岩城跟著一位金黃色葡萄球菌生物膜專家接受博士後訓練。二〇〇八年十二月，我的名字後面終於出現三個我渴望已久的字母：PhD。

第七章／寶寶與生物膜

有些原住民語言裡的「植物」，直譯的意思是「照顧我們的人」。

——蘿賓・沃爾・基默爾（Robin Wall Kimmerer），《編織茅香草》（*Braiding Sweetgrass*），2013

「該換下一袋了，」護士說。我的思緒從二戰時期的愛情故事裡抽離，回到躺在病床上的現實裡。這本書是研究所同學送我的禮物，我很喜歡，他們知道我躺在醫院裡有多悲慘，但我不認為他們能體會我對自己的身體這麼虛弱、這麼容易感染有多麼憤怒。

時間是二〇〇八年十月，伊莎貝拉剛滿一歲沒多久，我再過幾個月就要博士畢業。我的殘肢再次給我帶來麻煩：小腿和大腿下段的皮膚與組織感染發炎。情況很糟，我知道。幸好我自己看不到。但其實我不用看也知道，因為我感覺得到。我知道我的腿發生了什麼事，我能想像整個過程，宛如透過顯微鏡那般清晰，這或許跟親眼看見差不多糟，說不定更糟。

護士取下我床邊打完的空點滴袋，換上另一個印有「〇・九％氯化鈉」字樣的飽滿點滴袋。點滴會把藥物送進我的身體裡。接著，她拿出關鍵配件：一小瓶利奈唑胺。她將利奈唑胺接在點滴幫浦上，點滴幫浦的管路將把利奈唑胺送到用膠帶固定在我手上的管子裡。我們都希望利奈唑胺能治癒我的感染。

利奈唑胺是噁唑烷酮類抗生素（oxazolidinone），能有效治療MRSA和具有多重抗藥性的鏈球菌感染。這種藥才剛上市，對於像我這樣的軟組織感染非常有效。伊莎貝拉出生後，我的軟組織裡形成堅硬的結節，像超硬的氣球一樣又腫又痛。跟普通的瘡不一樣，這些結節切開也沒用。它們就這樣住在我身體裡，過去一年來隨著我的月經週期發炎又消炎。儘管我覺得這種同步發作很神奇，但它們讓我每個月腹痛如絞，甚至不良於行。

我的殘肢每個月都會嚴重腫脹，至少一週套不進義肢。起初我不得不使用枴杖，後來為了搬運東西我不得不改坐輪椅，例如搬洗衣店裡摺好的衣服，或是搬我家的兩個孩子。我家有一個學步幼兒跟一個嬰兒，所以我經常仰賴輪椅。抱孩子的同時拄著枴杖單腿走路，這種特技我的身體做不到。

有天晚上我們在廚房裡發生了意外，這件事顯然必須解決。當時我單腳站在我們的小廚房裡，臀部靠在流理臺上支撐身體，手裡拿著大木勺翻炒爐子上的洋蔥、櫛瓜與番茄。我的輪椅放在廚房門口的寶寶柵欄旁。貝拉坐在彈彈搖椅裡一下看我煮飯，一下看哥哥杜納托在旁邊玩。杜納托現在進入新階段——熱愛攀爬。我跳到冰箱旁邊去拿乳酪絲，稍微分心了一下。就在這一刻，他爬到我的輪椅上。

我把乳酪絲扔在流理臺上，急忙跳向寶寶柵欄，想把他抱到安全的地面上。我還沒跳過去，他已經失去平衡，從輪椅上跌到瓷磚地板上。我用力拉開寶寶柵欄，結果換我失去平衡重摔在地上，左臀著地。他痛得尖叫大哭，額頭上已腫起一個包。我不顧自己也摔得很痛，爬回廚房從冷凍庫取出冰塊，用廚房抹布包起來。我爬到杜納托身旁冰敷他的額頭。與此同時，貝拉也哭了起來。我解開她的安全帶，把她從搖椅上抱起來，兩手各抱一個孩子安慰他們——和我自己。

馬可從洗衣店下班回到家，看到的就是這樣的畫面：老婆跟孩子坐在廚房地板上一起大哭。他溫柔地把我們一一扶起、好好地安撫一番，然後帶兩個孩子出去散步——貝拉背在身上，杜納托騎手推三輪車，我坐在沙發上冰敷臀部。晚餐當然是毀了。至少我沒有引發火災，那樣就太像朗弗安斯了。

「別擔心。我來叫披薩。」馬可說。

不能再這樣下去了。以我對醫藥和感染的了解，我知道這個問題必須解決。只是我一直抗拒面對現實。九個月前殘肢開始紅腫的時候，我選擇無視；六個月後情況嚴重到我在國慶假期只能拄枴杖，我再次無視。我的殘肢不但頻繁發生感染，而且愈來愈嚴重。因為我覺得我的個人生活與事業都蒸蒸日上，所以我非常希望每一次發炎都是偶發事件。每一次發炎我都強行忍過去。我小時候動過多次手術，住過多次醫院，經歷過多次術後恢復，真的受夠了——老天爺不是應該放我一馬嗎？但我知道人生不是這樣運作的，所以我終於決定面對問題，也就是我的殘肢。

我找到一位整形外科醫生，他擅長精密與探索性質的外科手術，對於切除位置刁鑽的結節可能有效。如果出了問題、感染擴散，我可能會失去膝蓋以下的殘肢，說不定連膝蓋也得切除。膝下截肢的好處是保有自然膝關節的機械優勢，行走時會比膝上截肢者更加輕鬆。膝上截肢需要在膝蓋的地方加上人工機械關節轉接器。我知道義肢技術比起我小時候已有長足進步，但我依然對失去膝蓋深感恐懼。手術前，醫生再次確認我已經知道的事：我們必須先徹底解決感染，所以我需要接受強效抗生素治療。

為什麼感染這麼難消滅？很多時候，問題出在生物膜。生物膜本身並不是一種感染類型，而是微生物在各種環境裡採取的生活方式，例如溪流裡的石頭，或是身體裡的組織。大部分微生物都處於移動狀態，像強盜一樣四處掠奪，但某些環境有利於它們停留、集中、在固定地點建立群落。

發生這種情況時，它們會分泌黏性物質，幫助它們附著在表面和彼此身上，形成蘑菇狀的細胞叢，方便它們交換基因、提高生存機率、降低代謝率；這會使抗生素更難鎖定它們。抗生素和免疫系統已證實幾乎無法攻入完整成形的生物膜。普通的感染，就像是身體受到游擊隊或大型軍隊的攻擊，雙方在戰場上交鋒，不是在你的城牆內：你的免疫系統離開城堡去對抗入侵者。但生物膜感染的入侵者不但會圍攻你的城堡，甚至會占領你的城堡——然後建造巨大的蘑菇狀高塔還外加砲臺！生物膜占據你的城堡，所以你的身體需要奪回城堡，問題是資源已經耗盡，敵軍卻變得更強大、更集中。雪上加霜的是，生物膜可能會涉及多種細菌，進入你的城堡之後，共享生物膜結構的細菌會積極交換基因，增加產生抗藥性的機會。

我比多數人更了解這件事，因為我一直在研究這種細菌行為變化，這是我博士研究的一部分，我也一直在調查植物化合物如何影響MRSA的表面附著力。諷刺的是，這種感染找上了我。我在實驗室裡的細菌抗戰有所進展，但細菌卻在別的地方向我宣戰，對我最脆弱的地方展開攻勢。一開始可能是義肢跟敏感的皮膚部位摩擦，加上佛羅里達天氣濕熱，於是引發毛囊炎（毛囊感染）。後來腫起來，是因為我的身體奮力回擊這些牢牢依附在我的血肉上、堅不可摧的細菌。

強效抗生素治療可能有效，卻也伴隨著高度風險。除了藥物的直接副作用（從腎臟與肝臟損傷到喪失聽力），病患的腸道也會受到間接傷害。廣效抗生素的好處是能全方位打擊可能引發感染的多種細菌。它們會圍剿常見的慣犯，但是一網打盡的快速作戰也會殺死「好菌」，也就是共生菌。這些微生物覆蓋和充滿我們的身體，對維持健康發揮關鍵作用。共生菌鍛鍊我們的免疫系統辨識敵友，幫助分解食物，製造關鍵維生素供腸道吸收。共生菌還會控制其他壞菌，維持平衡。身體裡很多重要部位都有共生菌，當共生菌遭到破壞，像困難梭狀芽孢桿菌（*Clostridium difficile*）這樣的壞菌就有茁壯的機會，引發嚴重疾病。

這次我很幸運。我順利撐過這一輪抗生素治療，殘肢紅腫消退。我贏了這一局。但這場戰爭尚未結束。我誓言康復之後一定要回去實驗室再接再厲。手術後沒幾天，我就出院回家了。

術後恢復的那年秋天，我們準備搬去阿肯色州。我拿到一個有國家衛生院補助的博士後微生物學研究工作。我們尋找買家接手洗衣店。我們如期按月支付表妹買洗衣店的錢，若能順利頂讓出去，我們就有一筆儲蓄邁向下一個人生階段，將來可以用來買房子。

我和洗衣店所在建物的新房東講電話，那棟建物除了洗衣店，還有幾家小公司：一家貨運行、一家針灸診所和一家美髮店。洗衣店已在這裡經營了三十年。新房東的父親（原屋主）最近過世，將這棟建物留給她，不過她對我們的計畫沒有興趣。

「你說不續約是什麼意思？」我生氣地問道。

「我不打算續約。」

「但是你知道頂下洗衣店的買家已經同意你的漲租條件，」我發出抗議。

洗衣店的帳目很清楚，我們找到一位合法買家準備辦理手續。唯一的問題是，少了多年期的租約，這家店基本上一文不值。洗衣店的價值在於基礎設施（瓦斯與水管）、設備，以及最重要的地點和顧客。這些東西都是搬不走的。房東心知肚明，卻絲毫不在乎。她想把建物裡的空間分隔成更小的店鋪出租，增加獲利。她也對我們的客人（社區裡的少數族裔）說了不少難聽的評論，挑明了她不希望「我們這種店」的客人在附近晃蕩。

我們很憤怒，但我們也完蛋了。

隨著年終逼近，我盡量在租屋處幫忙收拾打包，因為手術後我一直只能坐輪椅行動。搬出舊家但尚未搬進新家之前，我們一家四口曾一度住在洗衣店的儲物室，那是擺放送洗衣物的地方。那陣子杜納托在摺衣臺底下玩車車，我推著輪椅在機器之間來回，處理一批又一批的送洗衣物，貝拉則是背在我身上。晚上我們用洗衣店的水槽幫他們洗澡，然後讓他們睡在儲物室地上的充氣床墊上。

洗衣店租約即將到期，馬可在幾個朋友的幫助下努力拆除洗衣店裡屬於我們的設備。能賣的都賣給當地的其他洗衣店。價格划算的成排的洗衣機和烘乾機、兌幣機和零食販賣機，還有即將上門的新客人，接手的買家都眉開眼笑。如果我是他們，我也會很開心。

然而對那一年的我來說，「開心」不是常見詞彙。我盯著電腦螢幕上的收支表。我們還得支付我住院兩次的醫療費用，等傷口痊癒之後還得買新義肢。有時我跟馬可晚上煩惱得睡不著，輕聲安慰對方：「會沒事的，你去睡吧。」我們眨著酸澀的眼睛，感受負債與未知牢牢抓緊我們仰躺的身軀，使我們輾轉反側，這是許多美國人的共同煩惱。

如果新房東願意續約，為我們提供我們亟需的財務保障，結局會大不相同。但我不能這樣鑽牛角尖。如果我繼續這麼想，我會憤怒絕望到發狂。前進是唯一的路。新房東寸步不讓，我們因此賠了很多錢。

現世報來得很快。由於經濟不景氣，洗衣店被迫停業後的兩年多以來，店面一直空著，找不到願意支付高昂租金的房客。

阿肯色州的冬天非常寒冷。我在溫暖的美國東南部度過大半輩子，還沒做好迎接小岩城冰雪的心理準備。我和馬可花了兩天從邁阿密開車到小岩城，我用左腳開吉普車載兩個孩子，馬可開一輛二十四英尺的U-Hual搬家卡車。

馬可很辛苦，我為此感到抱歉。我還沒脫離輪椅，抵達小岩城的時候完全無法幫忙搬東西。我只能讓孩子坐在我腿上，用輪椅推著他們在小公寓裡跑來跑去。公寓的位置很方便，就在阿肯色醫學大學（UAMS）的醫學院對面。我們在耶誕節前一週抵達，我將在二〇〇九年一月就任新工作。

普蘭諾醫生是我論文委員會的指導教授之一，她把我介紹給馬克．斯梅澤博士（Mark Smeltzer），他後來成為我在阿肯色醫大的新導師。我最初聯繫馬克詢問博士後的工作機會時，他說他目前沒有經費帶研究員，如果我能自己找到經費，他可以帶著我做研究。於是我做了我天天都在做的事：申請經費。這次的計畫書重點是研究金黃色葡萄球菌生物膜。令我又驚又喜的是，我只試了一次就成功獲得經費。

我對生物膜的興趣來自之前的研究以及對抗慢性感染的個人經驗。雖然我在念研究所的時候學到很多植物學與天然產物化學的研究技巧，但是我在微生物學方面的訓練有限。身為剛拿到學位的菜鳥博士，我已準備好接受下一個階段的訓練。我想深入研究微生物的致病機轉——也就是微生物如何引發疾病。

我的博士研究主題是義大利傳統療法使用的植物，我因此發現幾種植物萃取物有抗生物膜的效果。我相信持續研究、提煉和萃取植物，或許能找到大有可為的化合物。現在我必須接受微生物學的新兵鍛鍊。

馬克的實驗室分隔成三間，每一間的正中央都有一張長長的實驗桌。實驗室裡有很多層架，震盪培養箱使用的玻璃燒瓶整齊擺放在層架上，燒瓶裡的培養液裝著他的團隊培養的金黃色葡萄球菌。他們用這些混濁的白色細菌做實驗，調查是什麼讓這些細菌產生附著行為，無論是在塑膠微量試管裡，還是在靜脈注射導管裡（我前陣子住院就是以靜脈注射接受抗生素治療）。他們利用這些細菌開發出工具，去除某些基因，研究這對它們在不同環境裡的行為有何影響。他們還讓某些菌株在黑暗中發光，在特定基因被啟動時，信號會發出光芒。

接下來兩年我全力投入工作，利用我學到的新技術檢驗我採集的植物有沒有可能發揮抑制生物膜的作用，尤其是與皮膚和軟組織有關的感染。利用發螢光的報告菌株（reporter strains），我探索可能成為萃取物目標的各種基因。我學會使用人類血漿形成更堅固的生物膜來測試萃取物。之前我以初步研究結果為基礎，寫了評估歐夏至草萃取物的研究計畫，但我在馬克的實驗室做的新研究是以另一種效果更強的萃取物為主題——榆葉黑莓。

我在義大利進行田野工作時發現，當地人熬煮歐夏至草沖洗劑來治療各種皮膚發炎，他們也會用動物脂肪搭配黑莓葉來治療皮膚發炎：膿瘡、癤和癰。這些症狀都和生物膜有關。膿瘡出乎意料地常見。[1]二〇〇五年，美國急診室處理的膿瘡感染病患超過三百二十萬人。局部感染引發膿瘡，通常是在真皮層（表皮底下的那層組織，裡面有神經末梢、微血管、毛囊與汗腺）累積膿和液體。嚴重的膿瘡必須開刀引流，再用抗生素治療。我念高中時在醫院當志工會跟著進手術室，曾看過一個肥胖症病患的大腿上有一顆巨大膿瘡，醫生為他的膿瘡引流，切開膿瘡時，流出來的液體超過一加侖。戴著口罩的我努力忍住噁心：那是一種蛀蝕加腐爛的怪異氣味。

除了跟著馬克做研究，我還認識了另一位阿肯色醫大教授凱薩・康帕卓瑞博士（Cesar Compadre），他使我的天然產物化學訓練更加扎實。包括設計使用管柱層析法的許多實驗，這種方法使用直徑三英寸、長度兩英尺的大玻璃管，裡面填滿矽膠。將有活性的黑莓萃取物220D放在頂端，接下來幾天依序倒入不同極性的溶劑，分離出不同的層析分液，以便進一步測試它們對金黃色葡萄球菌生物膜的生物活性。我藉由這項實驗找到效果最好的抑制劑是第二層分液，所以命名為220D-F2。

這層分液防止細菌附著在塗抹人類血漿的表面上效果特別好。雖然這表示它有機會成為絕佳的預防用藥，但我還不知道它能否消滅已經形成的生物膜。也就是說，它有可能發揮療效嗎？

除了膿瘡之外，生物膜也是醫療器材感染的主要禍首。植入身體的醫療器材上有細菌生長導致的醫療相關感染病例高達一百多萬。這種感染我再熟悉不過。我十二歲的時候脊椎側彎。醫生要我每天晚上都穿著背部支架，因為他們擔心全日支架會給我造成心理傷害。我每天晚上都要把支架綁在身上，目的是把彎曲成S形的脊椎反向轉正。當時我有上顎後縮的問題，所以還帶著一頂美式足球頭盔從外側固定牙套上的彩色橡皮筋。儘管穿著又熱又難受的支架好幾個月，我的脊椎還是愈長愈彎，直到彎曲弧度危害健康、開始擠壓我的內臟。最後只剩下脊椎手術這個選擇，我們從善如流。普萊斯醫生劃開我的背部，從脖子一路劃到屁股，然後鎖上金屬條盡量拉直脊椎，達到上半部三十二度、下半部二十三度的弧度，跟之前超過五十度比起來改善許多。

金屬條植入後過了幾乎兩年，我感受到劇烈疼痛。我的身體正在排斥金屬條，只有極少數的病人會出現這種情況。身體發炎和感染排斥醫療器材，有時是因為細菌生物膜附著在植入的材料上——細菌經由血液循環抵達植入點，源頭很可能只是因為簡單的擦傷。唯一的辦法是開刀取出金屬條，然後接受抗生素治療。當時我的脊椎已融合得很好，即使現在移除金屬條也不用擔心弧度嚴重彎曲。

我希望**220D-F2**能幫助像我這樣的病患。遺憾的是多次實驗之後，我證明了生物膜一旦形成，**220D-F2**就無法發揮抑制生長作用，去除生物膜。我非常失望。但我也注意到抗生素的效果同樣不佳。就算使用正常劑量十倍的抗生素，也只能讓與生物膜相關的細胞減少一點點。這兩種方法的療效都不好。這時我突然有個想法。我決定雙管齊下。在一次又一次的測試之中，我同時使用**220D-F2**和傳統抗生素有效對抗生物膜，使附著在靜脈注射導管上的活菌細胞數量急遽下降。

這是我的第一個重大科學突破。面對細胞膜，西方醫療的神奇速效抗生素與溫和的傳統療法分開行動效果不彰，但是聯手出擊所向披靡！我的研究發現大有可為，阿肯色醫大申請專利保護這項創新研究，希望將來有機會研發成藥物上市，幫助病患對抗金黃色葡萄球菌生物膜感染。

我全心全意推動這項研究，希望有天能應用於臨床第一線。我上了當地的創業課程，學習怎麼申請國家衛生院針對小型企業的一項補助，名為小型企業創新研究補助（Small Business Innovation Research grants）。我聯絡了大學老友薩希爾・帕特（Sahil Patel），他是唸商學院的。這幾年我們感情一直不錯，連我們兩家人在內共有六對夫妻每年暑假都會聚一聚。他很愛彈吉他，我們度假時熱唱的歌單都由他提供。我和他一起成立一家小公司，用來授權我研究成果的專利用於商業化。我們將公司命名為PhytoTEK LLC，phyto指的是植物，TEK指的是技術。但TEK也是traditional ecological knowledge（傳統生態知識）的縮寫。

我終於找到一個方法成功結合現代與傳統醫療，實現當初凝視亞馬遜奧杰樹的時候許下的心願。不過，這並不是終點，而是起點。

雖然我沉浸在研究進展的快樂裡，卻苦於無法跟同事打成一片。在基礎科學領域工作對我而言是頭一遭，我很難跟實驗室裡的同事變成好友。我從第一天加入實驗室就一直是個外人。這些科學家感覺不像是我的同類。

我想使用多元領域的方式處理我研究的每一個問題，這與傳統科學環境格格不入。我可以一方面欣賞療癒儀式的神奇效果，一方面探究儀式裡的植物成分發揮了哪些化學作用。我的實驗室同事想研究的是微生物的每一個基因各自負責什麼功能。但事實上，轉化科學（translational science）建立在基礎科學之上。少了他們的研究成果以及對於機制的解釋，我的研究就做不了。差別在於，我的思維與他們不一樣。

不過我很快就發現我的方式跟尋找抗生素新藥的科學家差異甚鉅。其他科學家尋找新藥線索的方式，是透過專門的細胞試驗來篩選實驗室製造的化合物。但是對我來說，人造化合物既惱人又無趣。我對結構大同小異的人造化合物沒有興趣。我想探索大自然製造的化合物，連最勇敢無畏的科學探險家也不太討論這個領域。

只有一群人了解我。我去喬治亞州的雅典第一次參加民族植物學研討會（認識了安卓亞那次），就知道我找到我的同類。讀博士的時候，布萊德鼓勵我參加經濟植物學學會（SEB，Society of Economic Botany）的年會，我在那裡結交了許多情誼長久的朋友、同事、民族植物學家與民族生物學家，他們全心全意研究人類與大自然之間千絲萬縷的神祕連結，不只是為了生存，也是為了充實人類在藝術、音樂、醫學等方面的生活。透過這些早期經驗，我知道了民族植物學開放科學網絡（OSN，Open Science Network）的存在，這是一個由國家科學基金會（National Science Foundation）資助的計畫，目的是訓練未來的科學教育者，並且在開放的網路平臺上設計共享課程，在當時是很嶄新的作法。

OSN在經濟植物學學會的年會舉辦教師訓練工作坊，我從經驗豐富的教師以及同組的年輕學員身上學到很多。我現在的教學技巧大半要歸功於工作坊的訓練。我雖然短暫當過中學老師，念博士的時候也教過課，但當時只有最基本的教學技巧。那時候我比較擔心學生不小心炸了實驗室，而不是我的教學方法是否詳實有用。我得說明一下，我擔心實驗室爆炸絕非杞人憂天。真的有學生因為把乙醇灑在手套上又太靠近本生燈而身上著火，還有學生想直接在瓦斯管的出口點火，要不是我及時關掉瓦斯，整棟建物差點就要被炸上天。

每次與世界各地的民族植物學家在年會聚首，我都能重拾使命感與繼續前進的動力。此外，我的公司**PhytoTEK**代表我心目中的科學應用：汲取自然療法的傳統智慧，結合微生物學與化學的尖端科學技術。我跟薩希爾聯手構思商業計畫，甚至參加了幾項新創公司競賽。因為我們住在不一樣的地方（我在阿肯色州，他在馬里蘭州），所以我們常常通信或講電話，尤其是第一次參加新創公司競賽的時候。我相信我們可以自己解決問題，把對抗金黃色葡萄球菌的新療法變成上市藥品，例如取自黑莓根的**220D-F2**。誰知道呢，說不定這家公司還能維持我們的生計。

「你是哪一年畢業的？」

他指的是從哈佛畢業。我來到華盛頓特區，坐在一間有禮堂座椅的教室裡，等待評審各自就定位。薩希爾是哈佛商學院的畢業生，我跟他一起參加商學院的校友創業競賽，希望能為**PhytoTEK**爭取到一些資金。此刻一位穿西裝、留平頭的大個子正在打量競爭對手，他想挫挫我的銳氣。

「我不是校友，」我說，「我的夥伴才是。」

他邊聽邊點頭，好像老早就知道這件事，然後慷慨激昂地讚美了他自己和他的公司一番——

它即將改變遊戲規則、顛覆現況、推動創新。他不想自吹自擂，但是他已經和「非常了解」這個領域的「非常高層」的人物「開過會」了。他想傳達的訊息很明顯：在六支競爭隊伍中，他的隊伍最強。我只是小蝦米。

他邁步離開，去向另一個人讚美自己。我緊張地握緊雙手。就連傻子也能嚇著。我腦中一直複習報告內容。我和薩希爾為這七分鐘的報告練習了無數次，我們用手機錄音，確認切換投影片的時間。練習的過程既冗長又痛苦，要不是我們從大一就是朋友，我可能會恨死他。不過此時此刻，我很感激他堅持要我密集練習。至少我覺得自己準備得很充分。這不是一件可以即興發揮的事。

我環顧四周。身穿西裝的白人男性排排坐。這時我才驚覺：我是這場競賽裡唯一的女性，也是唯一沒有商管學位的人；薩希爾則是唯一的非白人。我負責說明科學的部分，薩希爾負責商業管理。

這種情況我曾遇過幾次——在上臺報告前覺得自己無法勝任、欠缺安全感，然後覺得競爭對手很厲害。而且這種事經歷再多次也不會變得簡單。第一次是六年級的時候，我初次參加佛州科學工程展。當我走過展覽廳裡一排一排的展示板時，我有一種前所未有的、大開眼界的感覺。最強勁的對手來自布拉瓦郡（Brevard County），他們是NASA科學家與工程師的小孩，或是那些學校裡受益於進階計畫的學生。他們都用電視螢幕和機器人展示作品。

我的展示板非常陽春。當年個人電腦還是新玩意兒，雖然我的展示元素是用打字列印的（目的、假設、結果、結論），但是我沒有繪圖軟體。橫幅上的標題跟柱狀圖都是我用彩色鉛筆畫的。我穿上最漂亮的週日禮拜洋裝，額頭上頂著一九八〇年代流行的蓬蓬瀏海。

「你的展示板看起來真厲害，」我誠心地對隔壁展示區的男孩說，他雙手交叉放在胸口，穿著卡其褲，襯衫筆挺還打了領帶。他點點頭，然後看向我的展示板。

「好爛！你為什麼不用電腦畫圖表？」

我不知道怎麼回答，只好轉頭看自己的展示板，努力忍住眼淚。我覺得很丟臉也很受傷，那天離開比賽會場時我沒有得獎，我內心的一部分認為他說得沒錯。我的展示板很爛。

現在我已經是大人了，環顧這間沉悶的教室我不禁心情低落，成年後的我好像再次被卡其褲男孩包圍。

終於輪到我們上場。我和薩希爾走上講臺。

我們公司的綠色標誌出現在正前方的螢幕上，底部是我們的標語：「消滅感染，拯救生命。」薩希爾先做簡短介紹。

「PhytoTEK為感染管控市場提供獨特的生物解決方案，這個每年三十億美元的全球市場正在快速成長，橫跨多種產業與應用，」薩希爾的解說有條不紊。「PhytoTEK主攻金黃色葡萄球菌感染，關鍵市場包括人類醫療、食品加工、牙醫、獸醫等。金黃色葡萄球菌感染為這些市場帶來嚴重問題。」

我接著說：「以人類醫療來說，植入醫療器材，例如人工膝蓋或髖關節，不但有可能在手術過程中受到感染，甚至植入好幾年之後仍有可能發生感染。碰到這種情況，唯一的辦法是開刀取出植入物，然後接受密集抗生素治療。病患必須再次接受侵入性骨科手術，接著清除感染的組織，植入暫時器材並且接受抗生素治療，最後再開一次刀取出暫時器材、植入永久器材。」

我停下來看看每一位評審，然後繼續解釋：「曾經發生過植入物感染的病患，再次感染的機率高達百分之四十。想像一下他們經歷的痛苦與折磨。這不只是一個統計數字，難怪有些膝蓋長期感染的病患寧願選擇截肢，也不想一次次反覆治療。我們需要更好的解決方式。我認為我們公司的方案：抗生素與生物膜抑制劑雙管齊下的綜合療法搭配醫療器材塗層，或許正是解答。」

我們之前的練習發揮了效果，報告的節奏既洗練又專業。我們說PhytoTEK的創立是為了保有我在阿肯色醫大做博士後研究期間申請的第一項專利。這項技術是標準化的黑莓根植物萃取，萃取物可有效抑制金黃色葡萄球菌在表面附著，例如醫療器材的表面。

我對我們的報告很滿意，但是競爭對手的報告品質也很好，所以我沒什麼信心。除了醫療技術創新公司，還有幾家資訊技術平臺，以及針對可以快速上市的軟體和網路應用程式的商業觀念。我們公司的技術需要多年研發與大量投資，才能收集到符合植物藥法規的必要數據。

抗菌研究和發展不是一個快速的過程。一種新型抗生素從分子到成為核准上市的產品，可能要花十到二十年的時間。②首次核准的平均成本是十三億美元。核准上市後的第一個十年內，供應鏈與藥物安全監視（追蹤藥物不良反應）的預估成本是三億五千萬美元。③抗菌藥物的利潤不高，卻是對抗疾病不可或缺的藥物。跨越這些障礙並不容易，雖然大家都認為我們需要研發對付抗藥菌的新藥，但這些障礙已讓許多大型製藥公司放棄抗生素的研發。

最後一組報告結束後，評審前往另一個房間討論。時間過得很慢，我們和其他參賽者一起在自助吧吃點心打發時間。有些參賽者圍在平頭男旁邊（我心裡的成年版卡其褲男），顯然大家都覺得他們勝券在握。我緊張到沒辦法跟別人閒聊，只好漫無目的地滑手機。

評審終於回來宣布結果。我放下手機以示尊重。我想，我終於要知道平頭卡其褲先生叫什麼名字了。他們宣布了第三名與第二名（平頭卡其褲先生）之後，宣布第一名是薩希爾．帕特與卡珊卓．奎弗，我當場目瞪口呆！真是太震驚了。這是一大成就。除了自誇的本錢和努力獲得極大的肯定之外，評審對我們的書面計畫與口頭報告也提供了有用的建議。而且我們獲得紐約哈佛商學院俱樂部（Harvard Business School Club of New York）的競賽資格，這次將有三十支隊伍角逐六個進入準決賽的機會。

我們修改書面計畫、充實口頭報告的內容，把幾個市場障礙的處理方式修改得好一點。一個月後我們來到曼哈頓，走進位於一棟二十層樓大廈的大會議室裡。這次沒有平頭卡其褲先生來攪局，不過還是挺嚇人的。這是我第二次來紐約，從高樓會議室裡的嘈雜到窗外的城市燈光與噪音

（計程車喇叭和救護車警笛），這裡的一切令我暈頭轉向。反覆練習與之前在華盛頓的成功給了我信心，我可以跟薩希爾一同站在眾人面前平穩地報告。

令我們欣喜（以及令我驚訝）的是，我們又贏了。我們進入在波士頓舉辦的全球總決賽，將與世界各地的團隊同臺競爭。在那個坐滿冠軍的會場裡，我努力壓抑心中那種「我不夠好」的心態，我們的成功簡直不可思議，但我心懷感恩。最後，我們成功傳達自己的熱情，精心的規畫也發揮了效果。贏得紐約這場比賽的好處之一，是我們將獲得一位製藥領域的重量級商業領袖指導，準備前往哈佛校園迎接下一個挑戰。

來自南非、新加坡、歐洲與美國各地的參賽者在波士頓齊聚一堂。我們一直透過電話練習，到了波士頓繼續面對面練習。獎品很豐厚——冠軍將獲得全球頂級智財公司的優質法律與會計服務，外加用於商務活動的三萬美元。

報告當天，我在飯店房間裡來回踱步，大聲朗誦報告內容，搭配平常只有說義大利語時才會使用的手勢。我們與指導老師一起修改書面計畫、改進口頭報告，也更清楚彼此的角色。

我們報告結束後，評審問我們打算如何籌措資金進行接下來驗證這項技術的動物實驗。阿肯色醫大有一所生物醫學創業育成中心，就在醫學院校園的對面，裡面有先進實驗室、會議室、辦公空間，以及化學、顯微鏡觀察與動物研究等核心研究設備。我們計畫由我從博士後研究員轉為全職負責 PhytoTEK 的科研工作，地點就在育成中心，慢慢將這家公司打造成實體公司，而不是虛擬公司。為了預防投資者股權損失，我們計畫自己進行產品研發，同時透過國家衛生院的小型企業研究補助獲得非稀釋性的資金。

最後，我們的報告沒有獲得青睞，只得了第二名。這是一大殊榮，真的。但是榮耀不是錢，我們真正需要的是錢。無論是科學還是商業，都需要錢才能向前推進。

「全部都是九分？你在開玩笑吧？」我沮喪地大聲說。我一邊在家吃早餐，一邊看申請結果。我躬身向前擦拭桌上的一灘牛奶，杜納托剛才吃穀片時灑了滿桌，然後又挖了一點水果丁到貝拉的高腳椅餐盤裡。

馬可幫我續了咖啡，在我身旁坐下看了看我的筆電螢幕。「那是什麼意思？」他問。我們正在看我代表PhytoTEK向國家衛生院申請經費的其中一個申請結果。

「一分最高……九分在任何項目都是最糟糕的分數。我不知道審查人居然會給這麼低的分數，」我憤怒地滑動螢幕上的申請結果。

我指著電腦說：「你看！這個審查人的意見竟然全用大寫字母，一副對我大吼大叫的樣子！真是王八蛋！」

雖然不是每個審查人都給了最低分（或全大寫的意見），但審查委員會確實達成共識：我資歷不夠，不足以擔此大任，而且他們真的不喜歡使用由不同化學結構構成的植物萃取物。他們認為我必須專注研究單一化合物，最好是像普通抗生素一樣能夠殺菌的化合物。他們沒看見針對生物膜的效果嗎？

馬可撫摸我的肩膀，吻了吻我的頭頂。

「情況會愈來愈好的。」他說。

真的嗎？我非常懷疑。

一開始的新創公司競賽和我出版的破壞生物膜技術論文，確實是很大的動力，但是公司的募資卻毫無進展。二〇〇九年市場崩盤以來，經濟一直不景氣，我們剛好就是在那時候搬來阿肯色州。剛開始馬可很難找到工作，後來他找到一份薪資微薄的工作，雇主提供修剪樹枝服務，馬可負責撿拾樹枝。後來他找到一份更好的工作，在公寓社區擔任維修工人。跟之前的生活比起來，這是一大轉變，個人成就感也比較低。他原本經營洗衣店自己當老闆，管理好幾個員工。儘管如此，我們都認為盡一切努力維持家計最重要，也對這份工作心存感恩。

失去洗衣店之後，他的工作和我有限的博士後收入加起來都不夠買新義肢和支付托兒費用。於是我做了第二份工作，在阿肯色大學小岩城分校（UALR，University of Arkansas at Little Rock）當兼任教授，教晚上的微生物學和實驗課。這份教職薪水不多，但是能讓我們免於陷入財務危機。原本以為補助和開公司能幫我們擺脫這種入不敷出的困境。我相信自己就要飛黃騰達。

我以為每個人都會看見我的發現多麼有價值。但是，沒有這麼輕鬆簡單。我早該知道這件事跟世界上的每件事一樣，都要付出大量努力。儘管如此，我還是很難過。我的申請一再失敗，國家衛生院的博士後研究補助期限也快到了。我即將失業。

第八章／我的實驗室

探索之路起源於此地、此時，就在這個特定的時間與地點，在田野，在森林，在戶外棲地，從太初之始就一直滋養著人類。

——賈斯汀．諾蘭（Justin M. Nolan），《中心地帶的野生收穫》（*Wild Harvest in The Heartland*），2007

我的國家衛生院研究補助即將到期，**PhytoTEK**的發展也不如我和薩希爾的期待，我有些喪志。我申請了很多投資計畫都沒有成功。審查人的意見千篇一律——我必須研究單一化合物。他們不喜歡我關於抗生物膜或抗毒性的想法。他們認為我們公司沒有足以達成目標的正確基礎。要是我能找到比我的新創公司更有力的研究環境就好了，那樣我就有機會得到一些亟需的助力。我想用民族植物學的方法尋找新藥，我對這個願景依然深信不疑，但似乎沒有跟我志同道合的人。

媽媽以前建議我要和幫助過我的人保持聯絡，把我的進步（或是覺得自己沒有進步）告訴他們。於是在二〇一一年五月，我寫了一封電子郵件給我的導師之一，艾默利大學的蘭普博士。她很快就回信了，問我能否安排時間談話。

蘭普博士告訴我，她正在艾默利大學設立一個新單位，叫人類健康研究中心（CSHH，Center for the Study of Human Health），焦點放在健康科學，力求以最全面的方式研究這個主題。這個單位的目標是把艾默利大學的健康科學專家集結起來——公共衛生、人文學科、神經科學、營養學等，集思廣益設計從多元角度探索人類健康的課程。

「你有興趣以博士後講師的身分來這裡設計課程與教學嗎？」她問。

這正是我需要的！國家衛生院的補助到期後，我在阿肯色醫大沒有工作機會。雖然晚上在阿肯色大學小岩城分校當微生物學的兼任教授，但我做這份工作完全無法分擔家計。我不斷嘗試想讓 PhytoTEK 步上軌道，可惜沒有成功。亞特蘭大像一座閃耀光明與希望的燈塔，那裡不但充滿機會，還能帶來收入。

從腦力上來說也令我充滿期待。一個使用跨學科研究法的研究中心：我可以在這裡繼續研究，身旁都是思考重要問題的同事，包括質疑自己的領域結構的專家。除此之外，我也很想念綜合型大學提供的豐富環境。我念大學時雖然專注於科學研究，但我很喜歡學校裡有機會參與各種文藝活動，例如詩歌朗誦、去博物館看展覽、聽音樂會、看戲劇表演等。我的研究所和博士後訓練都欠缺這方面的活動，能夠重返在研究與文藝活動方面都更高階的環境，這樣的機會不容錯過。我決定回艾默利大學。

財務問題再次讓搬家變得困難。除了孩子之外，外婆（當時已年近九十）也跟我們一起住在阿肯色州。我們在一次房地產拍賣會上買了一棟小房子，要是馬可現在辭職的話，我們沒能力一邊在亞特蘭大租屋，一邊繳小岩城的房貸。因此馬可將留下來繼續工作，我們將行李裝上U-Haul卡車，我單獨帶兩個孩子開車去亞特蘭大。我們把剩下的錢用來幫外婆買機票，因為長途車程對她來說太辛苦。幸好有住在喬治亞州的親朋好友伸出援手，幫忙把家具、衣服、玩具和廚房用品搬到我們位於二樓的雙臥室公寓。

安排杜納托上幼兒園、貝拉上日托中心之後，我滿懷熱情投入新工作。在第一個秋季學期，我設計了三門新課，學會教原本的課程，並且獨力照顧兩個年幼的孩子與外婆。每天晚上吃晚餐、洗碗、洗衣服、幫孩子洗澡、哄孩子睡覺之後，我繼續以阿肯色大學小岩城分校兼任教授的身分教線上微生物學課。雖然我懷念做實驗，但是教學很有成就感，我喜歡這所中心的活力，大家為了建立有吸引力的教育計畫匯集各種創意。跟馬可分隔兩地很難熬，他和妻小分開也同樣難過，幸好耶誕節前他終於來跟我們團聚，也在亞特蘭大的公寓社區找到新工作。

二〇一〇年，國家衛生院的國家整合健康研究中心（NCCIH，National Center for Complementary and Integrative Health）對植物藥的機理作用研究（基本上就是研究植物化合物如何對身體產生作用，或是如何對抗疾病）提供計畫補助。R01研究經費將近每人兩百萬美元。我的合作夥伴亞歷克斯．荷斯威爾博士（Alex Horswill）是微生物學家，也是金黃色葡萄球菌傳播途徑的專家，我們幾年前相識於在內布拉斯加州舉辦的革蘭氏陽性病原體研討會。我和他共同提出計畫申請，以PhytoTEK做為計畫主持單位。我們的研究將以我的博士論文為出發點繼續深入探究——這次不是黑莓，而是栗樹。就是我在吉內斯特拉的山區採集的栗樹葉，當時杜納托還是不會爬的小寶寶。我在實驗室裡證實了對金黃色葡萄球菌感染來說，栗樹葉是有效的群體感應抑制劑。我們的研究將聚焦栗樹，藉此擴充PhytoTEK的技術範圍，除了對抗細菌生物膜（黑莓），也要對抗毒性（栗樹）。

我在前面解釋過群體感應指的是細菌如何彼此溝通，並且根據溝通信號調整行為。這個過程是感染週期的關鍵。單顆細菌細胞（一個細菌）沒什麼危害，但是當許多細胞聚集成群、行動如同一支訓練有素的軍隊時，就能攻擊你的身體並造成嚴重危害。相對的，群體抑制指的是阻斷這套信號系統。

金黃色葡萄球菌感染很狡猾，會釋放毒素令紅血球爆裂，就像尖銳的飛鏢擲中水球一樣。毒素破壞細胞與組織，留下痛苦的壞死傷口，形成恐怖的僵屍皮膚（zombie skin）。更糟糕的是，金黃色葡萄球菌有一種獨特的能力，既能在細胞內部存活，也可以在外部存活。免疫細胞捉到細菌的時候，會像電動小精靈（Pac-Man）一樣吞噬它們，但原本應在這個過程中被殺死的金黃色葡萄球菌不但沒死，還在免疫細胞內部釋放毒素炸彈，反過來炸死免疫細胞！金黃色葡萄球菌甚至會向體內環境釋放信號，引誘免疫細胞前來，然後在進入免疫細胞內部時發動攻擊，猶如特洛伊木馬。

金黃色葡萄球菌的這套獨門武器，使它們極度擅長破壞人體組織來為擴張的群落製造食物。此外，它們也有辦法以直接攻擊的方式反抗免疫反應。這些病原體製造的一連串毒素可在體內各部位引發各種感染。破壞骨頭組織導致骨髓炎，受到感染的血液（菌血症）把細菌送至全身，造成世上最致命的疾病之一：敗血症。

我希望研究栗樹能找到有效的群體抑制劑，給人類一把對抗金黃色葡萄球菌的新武器。目前醫藥市場沒有專門針對群體感應和細菌製造毒素途徑的藥物，因此像這樣的治療方法沒有既定的藥物核准過程能參考。嘗試用栗樹化合物對付金黃色葡萄球菌，肯定會被認為是「不符常規」的感染治療法。

但我堅信「遵循常規」解決不了重要的問題。常規是限制想像力的框架，阻礙創意思考和創新。開發新藥的人在尋找或設計抗生素新藥時，總是將傳統的抗生素框架（例如青黴素）做為設計基礎。我認為這種作法已不夠用了。其實不符常規的方法也有缺陷，例如尋找新版抗生素，或是修改既有抗生素的化學結構，因為唯一的目的是殺死細菌。舊觀念使我們看不見或找不到尚未跨越人類想像鴻溝的其他潛在作法。

從古至今，無論是人類對自然科學原理的理解方式，還是醫療方面的重大進展，都離不開重要的觀念轉變。在微生物學領域有許多類似的例子。我參觀過布爾哈夫博物館（Museum Boerhaave），這是介紹科學與醫學史的博物館，收藏了雷文霍克（Antonie van Leeuwenhoek）的多部顯微鏡。雷文霍克是荷蘭人，懂得製作顯微鏡，他是第一個看見和記錄活體微生物的人。他在水滴與其他來源裡觀察到這些微小的生物，並稱之為「小動物」（animalcules）。這些早期顯微鏡擺放在玻璃櫃裡展示，外型和大小都跟現在的顯微鏡差異甚鉅。它們既簡樸又優雅，令我驚嘆。一塊薄薄的小金屬片，寬度和我的拇指差不多，用螺絲與托架固定零件。樣本放在針頭上，透過一片精心研磨的透鏡觀察。雷文霍克藉由這項發明改變了人類觀察世界的方式！他是世上第一個看見紅血球、細菌、肌肉纖維和精子的人。

我想像身為十七、十八世紀的科學家是什麼感覺：發現新的生命形態和擴展人類知識疆界的興奮感，伴隨著孤獨感，因為你描繪和談論的事情多數人難以理解，有些人甚至拒絕相信。雷文霍克一六七六年的著名論文〈論原生動物〉（Letter on the Protozoa）詳述了生活在各種環境裡的單細胞生物①，居然連一微米的微生物也觀察到了——這厚度只有紅血球的一半！但是在那之後長達好幾個世紀，其他科學家一直無法以同樣的精準度複製他的顯微鏡，進而懷疑甚至否定他的發現。他們的能力不足與理解不夠，阻礙了生物學的進步，尤其是微生物學和我們對傳染病的了解。直到十九世紀出現像路易・巴斯德（Lewis Pasteur）與羅伯・柯霍（Robert Koch）這樣的科學家，人類才漸漸明白微生物對醫學的重要性，以及微生物和特定疾病之間存在著因果關係。

我對雷文霍克以及其他用不一樣的角度接觸科學的人，都有一種志同道合的親切感。不過他們的事蹟也值得警惕：他們的想法脫離現狀，引發同儕團體的驚愕。有多少科學家曾經取得突破，卻終其一生遭到忽視、嘲笑甚至排擠？只有最幸運的人才會在幾百年後受到讚揚，例如匈牙利醫生兼科學家伊格納茲・塞麥爾維斯（Ignaz Semmelweis），十九世紀時他遭到同儕嘲笑，因為他力勸他們在為死於產褥熱（一種細菌感染）的婦女驗屍之後，一定要先洗手才能為健康的產婦接生。要是他們接受他的建議，不會有那麼多婦女枉死。此外還有提倡消毒手術的英國外科醫生約瑟夫・李斯特（Joseph Lister），他被譽為「現代外科之父」。時至今日，他們的故事不但在醫學院的教室裡傳誦，連一般大眾也耳熟能詳。

分析化學技術的進步，為詮釋植物化學信號提供了新方法。歷史將會記載科學家在本世紀，也就是二十一世紀，破解了大自然的語言。這是千載難逢的好機會！問題是，人類會善用這些新工具嗎？

如果我們面對的敵人非常微小，不能用抗生素核彈直接炸死它該怎麼辦？如果我們要找的不是傳統的抗生素，而是一種或多種以宿主免疫為目標的化合物呢？會不會有一種方法能對付抗藥性，只是我們一直沒有研究它，例如關閉細菌傷害身體的能力？又或者，會不會有一種化學成分複雜的天然萃取物搭配傳統抗生素，正是確保或延長人類生存的關鍵呢？追根究柢，醫療的目的是殺死細菌，還是治癒病人呢？

我們最大的局限在於生物檢測的種類，以及這些檢測能幫我們在實驗室裡提出哪些類型的問題。天然產物的研究具備開拓全新科學領域的潛力，引領我們從全新的角度理解健康和感染。不過，若要找到有意義的答案，就必須先問對問題。想做到這一點就必須跳脫常規，為大腦創造新的空間。將常規拋諸腦後。

「我以前工作的地方不用自己洗器材，」年輕人說。

我努力擺出稀鬆平常的表情，點點頭，壓抑心中的難以置信。這是我為我的新實驗室面試的第五個研究技術員應徵者。我以為我表達得很清楚了，實驗室裡暫時只有我和技術員兩個人。難道他認為我會不停地幫他洗錐形瓶嗎？他出去之後，我靜靜等待下一個人。

我知道第一個員工對於實驗室的成敗有多重要。前面幾個人有些實驗室經驗不足，甚至還有一個人是化學實驗器材的業務員，他覺得這是向我推銷新產品的好機會。

時間是二〇一二年七月，典型的亞特蘭大氣候，潮濕酷暑，氣溫攝氏三十幾度。我坐在開了冷氣的實驗室裡，屁股下的椅子搖搖晃晃，我只能幫實驗室找到這些還沒完全壞掉的椅子。實驗室面積不小，有將近三十坪，中間有兩張桌面黑色、長長的實驗桌，其中一端有兩臺通風櫃，能用來處理有毒化學物質。以上是這間實驗室所有的優點。桌面上有電子垃圾、老舊鍵盤和幾臺蘋果電腦，配備四十年前最先進的磁碟片插槽。實驗室裡灰塵滿布，天花板的板材有屋頂漏水的水漬，髒兮兮的牆壁上一次粉刷應該是卡特總統執政的年代，水槽散發臭味，底下的U形管裡肯定有發酵和腐爛多年的髒東西，壁櫃裡塞滿猴子糞便樣本。我沒開玩笑。我前一手使用這間實驗室的教授，在這裡放了一大堆他採集的靈長動物屎乾。在我接手之前，沒人清理這些垃圾。

我和亞歷克斯第一次申請那筆豐厚經費沒有成功，影響力分數是五十二分。我修改計畫之後，以艾默利大學（而不是PhytoTEK）的名義再次提出申請，這次通過了，得到三十分。這個神奇的數字使我們有機會角逐經費。

蘭普博士幫了大忙。她介紹我認識丹尼斯·里歐塔博士（Dennis Liotta），艾默利大學的化學教授，他與兒科教授雷蒙·施納奇博士（Raymond Schinazi）以及研究員崔禹白（Woo-Baeg Choi，音譯）共同研發出3TC與FTC分子，利用它們的活性防止或延緩HIV病毒複製並感染其他細胞，改革了愛滋病的治療方式。里歐塔博士大方地跟我分享專業知識、做我的計畫共同研究者，還承諾要是我成功申請到經費，可使用艾默利大學的實驗室以及這裡卓越的研究基礎設備。我終於通過了國家衛生院最難的審查關卡！

有了研究經費，我正式成為實驗室負責人，擺脫博士後的身分，還在艾默利大學以客座助理教授的身分展開新工作，同時一邊在艾默利和其他地方尋找終身教職。教學負擔一樣很重，但薪水稍有增加，還能得到我迫切需要的實驗室，讓我得以進行申請補助的目的：研究栗樹。我現在只缺一個勤奮又聰明的研究助理。這時，凱特（Kate）開門走了進來。

當然是她！我的植物醫學與健康課開在早上八點，每週兩次，有十四個勇敢的學生修這門課，她是其中之一。凱特表現優異。這門課是我在艾默利設計與教授的第一門課，也是具有挑戰性的大四課程，除了口頭報告，學生還得寫一篇植物專題論文並接受其他同學的審查。凱特在這門課與我教的其他課上都取得好成績。她大學剛剛畢業，正在找工作。她是完美人選。

凱特身材高䠷，留著一頭紅棕色的頭髮，開朗的笑聲能讓房間（或是裝滿猴屎的實驗室）明亮起來。她是個勤奮的人，大學四年都在餐廳打工。我可以教她各種實驗方法，而且她不會介意幫忙打掃實驗室。

我們在大掃除的時候發現各種古怪的東西——一個小鼠尺寸的斷頭臺、大量老式印表機使用的感熱紙，還有一箱又一箱的老舊電線與插頭。我整理出能用的東西——燒杯、燒瓶、可以重新利用的零件、裝樣本的玻璃瓶，還有一些能洗乾淨的玻璃器具。雖然我的研究經費補貼了不少學校的日常開銷，但是客座助理教授是一份沒有實驗室初創資金的非正職工作。

兩百萬美元聽起來很多，但其中六十五萬左右是用來補貼學校的日常開銷，剩下的將近一半要給我的合作夥伴亞歷克斯，他將在艾荷華進行機理作用與動物研究。我的角色是主持計畫，並且進行化學與藥理學的研究。剩下的經費將在五年內分批使用，支付研究團隊的薪水和購買實驗室耗材。如此一來，我沒剩多少錢能用來建構實驗室。我需要的化學實驗器材很多，最昂貴的是高效液相層析設備。有了高效液相層析設備，我就能分析和分離植物萃取物裡的化合物。可是我也需要一臺旋轉蒸發器、幾臺超低溫冷凍櫃，以及一臺凍乾器（我在佛州國際大學用過的那種冷凍乾燥機）。加起來超過十萬美元，幾乎沒剩多少錢能用來買研究植物化學作用需要的基本器材。

於是我和凱特發揮創意。

我們去即將關閉的其他實驗室搜括器材。每當有實驗室即將退役，消息就會透過學校的電郵傳開。我們像老鷹一樣密切注意這些通知。大部分的好東西——滴管、試管振盪器和其他功能良好的設備——通常早就被實驗室所屬的學術單位清走了，但我們還是能找到一些有用的東西。關鍵是動作要快，我們經常實驗做到一半就拖著實驗室的推車在校園狂奔。接下來跟超市掃貨沒兩樣！抵達後我們會分頭行動，衝向擺放玻璃器具、舊實驗袍、成箱的手套、滴管尖頭、培養皿、試管架等物品的架子與櫃子，盡快把可以清洗或修復的東西全都放到推車上。我會把用漂白水把實驗袍洗個兩三次，還會親手縫鈕子。我會帶實驗袍去商店街的刺繡店，請店家用祖母綠的線在口袋上方以草寫字體繡上「奎弗實驗室」（Quave Lab），這是我的小小樂趣。

化學系館的走廊裡有一個固定的垃圾堆，其他實驗室會把壞掉的器材拿去那裡丟棄。我和凱特每次去化學系館買化學藥劑時，都會順便去那裡撿還能用的東西——從垃圾箱裡翻出壞掉的離心機、試管振盪器、超音波振盪器、加熱水槽。我們兩個當然不會修，但我認識一個會修的人。

馬可在公寓社區擔任維修員，上班一天之後，晚上會來實驗室修理我們撿到的器材。有時候簡單更換線圈或燒壞的保險絲就搞定，有時候得一一卸下螺絲整臺拆開，將裡面的小馬達清洗後再重新組裝。總之，我們靠拾荒和自己修理省下了好幾萬美元。我小時候看過爸爸拆開重型機具、再用垃圾場裡的零件重新組裝，這個經驗十分有用。就像鄉村歌手波瑟菲斯（Becephus，又名小漢克・威廉斯〔Hank William Jr.〕）所唱的歌詞：「頑強的鄉村男孩。」（還有鄉村女孩！）

我和凱特在實驗室裡的工作漸漸步上軌道，但我還需要學校提供另一個重要的核心服務：植物標本館。我四處打聽，有人告訴我學校確實有一間植物標本館，可是沒人知道在哪兒，也沒人知道負責人是誰。我聯絡艾默利大學的生物系主任，想知道怎麼讓那些標本起死回生。

系主任是個子很高的粗獷男子，一臉灰色大鬍子令人印象深刻，他站在我旁邊摸索尋找鑰匙時，我明顯感受到我們的身高差距。標本室的門上沒有任何標示或門牌，告訴你這個房間裡有什麼特別有趣的東西。這只是生物系大學部實驗室長長的走廊上，眾多沒有標示的房門之一。搞不好門後是清潔人員的雜物櫃。

一走進去，灰塵與乾燥植物的霉味撲面而來，一種年代久遠的博物館特有的氣味。裡面亂七八糟，教學實驗室的破椅子堆疊成塔，空書櫃和書桌雜亂堆放。此處二十年無人聞問，荒廢程度堪比龐貝城，凍結在歷史的某一刻，淹沒在灰燼裡。角落有一臺破舊的冰箱咔嗒咔嗒地運作著，我很擔心它會爆炸。

「這裡是工作室，」他說。接著他回到走廊，打開標本室的門，一頁頁的植物標本存放在大大的金屬檔案櫃裡。「剩下的植物都在這裡了，」他說。我握住一扇櫃門的把手，正想打開來看看時，把手直接脫落。

我試著打開下一個櫃子，這次門開得有些用力，門的內側有布料襯墊。「這些布料可能塗了水銀，」我大聲說，在碰到布料之前趕緊收手。我檢查櫃內的東西，層架上塞滿標本檔案夾，卡得很緊——太緊——我不禁擔心會不會破壞標本。

「這裡面可能有防蟲的毒藥，」他答道。

「你對這些標本有什麼打算嗎？」我問完之後，進一步解釋我的研究需要用到能發揮正常作用的植物標本。

「去年我差點把這些標本送人，」他說。「喬治亞大學願意接收，我們這兒已經沒有植物學家，沒人用得上。」

「我可以當館長，」我說，但我完全沒指望他會答應。

「好啊，有何不可。不過沒薪水唷，錢的事你得自己解決。」

就這樣，我變成艾默利植物標本館的館長——館內收藏沒人要也沒人用得上的植物標本，也沒有營運經費。太棒了。

聽到植物標本館（herbarium）這個詞，大家會聯想到綠意盎然的熱帶溫室[1]，其實標本館比較像是圖書館，只是架上放的不是書本，而是乾燥和壓扁的植物標本，貼在無酸紙上堆疊存放。換句話說，植物標本館也是一種自然歷史博物館，每一張植物標本都代表這株植物在被發現時所處的時間和地理狀態。植物標本是一種生命紀錄，對植物學、生態學、氣候變遷研究、民族植物學和（我研究的）醫學等領域都很重要。

如同當初清理實驗室一樣，我清除垃圾，挑出不會散開或至少可以修理的椅子跟家具，檔案紀錄不多，雜亂的標本櫃也沒提供什麼資訊。除非把櫃子裡所有的標本都翻開來看，將數萬個脆弱的標本一一分類，否則我無法確定這裡到底有多少標本、涵蓋多少物種，或是標本的描述與名稱是否有明確物種範例可做為參考。有個在這裡工作多年的環境科學系兼任教授說，這些標本裡可能有喬治亞州南部的重要歷史標本，但除此之外就沒有更多資訊了。我在圖書館的檔案庫裡翻找，才知道植物標本館創辦於一九四九年，創辦人是當時的生物系主任，第一任標本管理員是他

1 譯註：「herb」開頭的單字與植物有關，會令人聯想到植物。

的妻子。我覺得這批標本蘊含豐富歷史，甚至可能有尚待發現的祕密寶藏。為了一探究竟，我需要一位對植物系統學瞭若指掌、同時熱愛植物標本的植物學博士來幫忙。

不過在那之前，我必須為這個職位的薪資籌錢。

我花了好幾天在標本櫃裡翻找，發現一套與喬治亞州的歷史關係密切的特殊植物標本。我們與艾默利大學的慈善募款團隊合作，找到一位願意捐贈二十五萬美元支持這項工作的慈善捐款人，不過這位捐款人不願公開自己的姓名。我在募款時提議將這批標本全部翻新，並且將重點放在歷史相關性上。這是個宏偉的計畫，可能得花上好幾年，但這是我能想到長期保存兩萬多個標本的唯一辦法。這意味著用新的環境控管方式管理標本——裝設室內除濕機並且降低室溫，維持標本涼爽乾燥；修理金屬檔案櫃，拆掉有毒的水銀內襯，使用較安全的驅蟲產品。昆蟲可能破壞植物標本，我們很幸運，這批標本棄置了二十年也沒有遭受蟲害和受潮。

國家科學基金會資助一項名為iDigBio的訓練計畫，致力於將包括植物在內的自然歷史標本數位化（包括照片與數據資料）。我利用iDigBio在喬治亞大學和瓦爾多斯塔州立大學（Valdosta State University）上了幾堂訓練課程。我認識了其他館長並且學習照顧植物標本的最佳作法，這對我來說受益匪淺。我不需要自己想破頭，只要學會正確的方法就行了。

我提議手工修復、標註和數位化每一個標本，這在當時看起來像不可能的任務。我用這筆慈善捐款，雇用了植物學博士塔倫嘉·薩瑪拉昆（Tharanga Samarakoon）來主持這項日常業務。她是這份工作的最佳人選，她擅長分類法，對細節觀察入微，與學生和實習生都關係融洽。

我從我教的學生裡盡量招募志工來協助整理標本，甚至也擴大招募的範圍，志工每週工作十到十五小時。他們接受了訓練，學習如何將標本小心黏在無酸紙上，在線上數據庫裡輸入地點、年份、植物名稱和採集者的姓名，然後為每一張標本拍攝高解析數位照片，再將照片上傳到美國東南部專門技術與標本網絡的網站（SERNEC，Southeast Regional Network of Expertise and Collection）。完成之後，任何一個人從世上任何一個地方都能藉由這個入口網站使用這些標本來教學。如果有人想在我們的標本裡尋找特定一種植物——比如罕見的義大利特有種，或是美國瀕臨絕種的植物——只要登錄網站、點點滑鼠就能找到！我們的高解析照片，加上採集的日期與地點等附註資訊，都使這批標本成為極有價值的研究和教學資源。艾默利植物標本館可說是數位化的植物版亞歷山卓圖書館！

二〇一三年秋天，我坐在高高的實驗桌旁，忙著用筆電在一張巨大的Excel表格裡計算數字。我們在提取物**224C**裡發現幾百種化合物，這張表格記錄著這些化合物的分子量。我們一直在研究甜栗樹葉，**224C**是甜栗樹葉的乙酸乙酯層析結果。過去這幾年，我與夥伴亞歷克斯積極研究栗樹葉萃取物干擾金黃色葡萄球菌群體感應的能力，這種干擾有效阻止細菌釋放毒素、破壞組織的能力。

每一種植物都無比複雜，栗樹也不例外。我已經證實栗樹有群體抑制的特性，接下來的任務是找出哪一種或哪幾種化合物賦予它這樣的特性，這無異於大海撈針。我正在整理每一個分子的化學質量數據，也就是它們精確的大小；每個分子都是由碳、氮、氧、氫與其他原子組成，質量的計算奠基於這些原子的數量。現代的質譜分析工具能精準算出質量，就算是非常微小的分子也沒問題，甚至連極度複雜的化學混合物也可以。我能利用質譜儀的測量結果去比對化學數據庫裡已知的化合物，找到假定匹配。這是釐清藥用植物化學結構的步驟之一。

除了國家衛生院的大筆研究經費，我也申請到幾筆較小額的補助，所以我有錢雇用博士後研究員和購買實驗室器材。於是詹姆士．萊爾斯博士（James Lyles）成為這支小小研究團隊的第一個博士後研究員，他熱愛釣魚，對戶外運動和植物天然產物充滿熱情。我計算數據的時候，詹姆士教凱特如何在化學通風櫃裡設置兩英尺高的矽膠柱（二氧化矽）。除了我、詹姆士與凱特，一年來這支研究團隊慢慢茁壯，甚至有幾個修過我的課的大學生志願來研究室實習，吸收相關領域的經驗。詹姆士把長長的玻璃柱用夾具固定好，然後在玻璃柱裡倒滿液態矽膠，直到矽膠內的白色固態粉末均勻分布。接著他倒入一種深綠色粉末，是之前與矽膠結合的栗樹萃取物。將不同的溶劑（根據極性挑選）倒在綠色粉末上，色帶會往底部擴散，每條色帶代表不同的化合物。隨著溶劑緩慢而穩定地流下，我們可以層析出化合物。

我才剛去了義大利採集樣本，寄了好幾箱裝在真空密封袋裡的乾燥葉子回實驗室（這次樣本沒有環遊世界一年）。我們把葉子磨成細粉，浸泡在酒精裡，然後將深綠色的液體先過濾再乾燥，製作成萃取物224，也就是在我日漸擴增的植物化合物資料庫裡第兩百二十四號萃取物，將這些萃取物存放在冰箱裡。我們在細胞模型中觀察到萃取物能影響MRSA的群體感應行為，隨著每一個階段的篩選與測試，我們愈來愈接近產生這種影響的化合物。

不過工作進展不如預期。而且除了栗樹之外，我對其他植物標本也有許多研究方面的想法。我真正需要的是專屬於我們的微生物研究空間，而不是完全仰賴合作夥伴。微生物研究需要的設備和環境控管，與植物化學截然不同。

我持續丟出履歷，以抗微生物抗藥性的徵才廣告為主，也就是美國各地的微生物學助理教授。令我大感沮喪的是，我沒有收到任何回覆——沒有熱情的面試邀約，無論是打電話還是親自上門都沒有。目前雇用我的人類健康研究中心不是一個科系，所以無法提供終身教職。如果我想留下來，就必須找到一個提供終身教職的科系，與中心維持共同聘任的關係。

我做錯了什麼？我的求職過程肯定有哪裡犯了大錯。畢竟我曾獲得頂級研究補助，這是一項殊榮，多數人都是在專業領域努力多年才申請通過，而且有終身教職做為後盾，例如有數十萬美元的新聘教師補助能用來購買必要的設備、有研究生在實驗室工作、減免授課負擔，還有同儕導師的協助。曾獲得國家衛生院R01補助的人大都擁有這些優勢，我完全沒有。我的成功是我頑強努力的結果。國家衛生院的補助應該是一張好用的入場券，但是我跟別人不一樣，我的研究領域很不尋常。我不符合招聘委員會的專業需求。我不是典型的人選，關於這一點我愛莫能助。或許我什麼也沒做錯，只是我剛好不是他們要找的人。

然而，一條明路在意想不到的地方現出蹤跡，這種情況過往發生過很多次。除了教學和做實驗之外，我報名了艾默利大學提供的商業與技術入門課程，這個課程的目的是幫助有興趣利用自己的科學研究創業的教師和研究人員。我希望上這門課能幫助PhytoTEK步上軌道。傑克・亞爾拜瑟博士（Jack Arbiser）也是學員之一，他是皮膚科醫師兼醫學博士，充滿創業精神，同時熱愛天然產物。我們志同道合。有天我在校園裡碰到他，他說：「我想介紹你認識一個人。」

幾週後，我走出實驗室穿過校園，來到位於克里夫頓路（Clifton Road）一棟宏偉的醫學大樓，與大學醫院的建物群在同一條街上。我大吃一驚（但面上故作鎮定），這不是單純的認識新朋友。這是正式的初步面試，面試官是羅伯・斯沃里克博士（Robert Swerlick）與陳曉菲博士（Suephy Chen，音譯），他們分別是艾默利皮膚病學系的主任和副主任。我毫無準備，身穿牛仔褲、T恤和運動鞋。他們都穿著正裝。

克服最初的緊張之後，我們展開愉快的談話。他們對我的研究感到好奇，我充滿熱情地描述我們在栗樹葉裡尋找群體感應抑制劑。我切換到薩希爾當初訓練我口頭報告的模式裡。

「我們的研究發現，在四種已知的輔助基因調節類型中，提煉過的栗樹葉萃取物224C-F2在降低信號行為上展現出因劑量而異的反應——而且是在沒有抑制生長的情況下。這意味著它可以關閉金黃色葡萄球菌製造毒力因子（virulence factor）的開關，每種菌株都行，不受抗生素抗藥性差異的影響，」我為他們說明。

我在紙上畫了信號系統的模型，說明如何藉由阻斷信號，有效「欺騙」細菌細胞相信自己單獨存在，身旁沒有其他細菌。「只要它們感應不到彼此，行為就會隨之改變。這對我們有利。可以這麼想：金黃色葡萄球菌是一條狗，**224C-F2** 把狗嘴裡的牙齒拔光。沒有牙齒，被狗咬了也無所謂。就算這些細菌跑進人體裡，也無法發動攻擊或自我防禦。免疫系統和抗生素治療會更容易殺死它們。」

「你有沒有想過這種創新療法能治療哪些疾病？」陳博士問道。

「有，金黃色葡萄球菌與許多類型的毒素感染有關。光是皮膚和軟組織感染就有一大堆例子：膿瘡、皮膚燙傷症候群、傷口感染、壞死性筋膜炎等。」

「你考慮過異位性皮膚炎嗎？」斯沃里克博士問道。「金黃色葡萄球菌會在異位性皮膚炎的傷口上大量繁殖。」

我對異位性皮膚炎（濕疹）只有非常基本的了解，也不完全清楚金黃色葡萄球菌對這種疾病的影響程度。這勾起了我的興趣。「我還沒從疾病的角度考慮過這種可能性，」我巧妙轉移話題走向。「但是我很樂意深入了解。」

面試過程中，他們問我：「你的要求是多少？」我愣住了。在那驚慌的一刻，我發現我不知道自己應該要求多少錢。他們指的是薪水嗎？是實驗室的草創經費？還是兩者都有？我僅有的商業訓練讓我知道，永遠不要當那個先丟出金額的人，所以我沒有立刻回答，只含糊地說我考慮後再回覆。

他們想拓展皮膚病學系的實驗研究部門，以臨床實驗為重心。他們喜歡我的研究具備轉化成皮膚微生物和相關疾病（例如濕疹與痤瘡）研究的潛力。我一直對外用草藥治療皮膚與軟組織感染充滿興趣——義大利阿姨教我最多的治療方法就是皮膚病了。這段時間以來，我全神貫注鎖定微生物研究，完全沒考慮過皮膚病學的工作機會。研究皮膚病學將使我有機會與臨床教授合作，並且在評估植物萃取物的治療特性時仔細觀察宿主（皮膚）。

「你有興趣回來接受正式的面試嗎？你必須向整個系做一個口頭報告，接受全系教授的面試。」陳博士問我。

我愈思考這個工作機會，就愈覺得這是個好主意，這個選擇的轉化潛力令人充滿期待。

九個月後，也就是二〇一三年十一月，我走進家門，把車鑰匙扔在廚房流理臺上，踢掉腳上的黑色包頭楔型鞋。我今天沒穿平常去實驗室穿的牛仔褲T恤，而是換上黑色窄裙與正式的襯衫去上班。馬可在廚房煮飯，他把櫛瓜薄片、紅蘿蔔絲、莫札瑞拉乳酪和番茄醬層層鋪疊，製作美味的素食千層麵。藍牙喇叭流淌出盧西奧・巴蒂斯提（Lucio Battisti）溫柔的歌聲，他唱著一九七〇年代的義大利歌曲。

「第一天上班順利嗎？」他問。

「嗯，有很多討厭鬼，」我說。他倒了一杯山吉歐維榭紅酒，等我一屁股坐在桌角的高腳椅上才把紅酒推給我。我筋疲力盡。

「我以為你很喜歡系上的老師，」他說。

「我確實很喜歡他們。他們都很棒，也很親切！而且我和凱特的微生物實驗進展順利，真的。今天早上看了投影片一張接一張，全是肛門附近各種皮膚病的照片，」我解釋道。

皮膚病學系的老師和住院醫生每個月都會參加幾場類似的會議，由醫學專家報告皮膚病學領域各種主題的案例研究和數據。雖然我做過艾默利的客座助理教授，兩年來參加過教務會議和研究座談會，但這是我第一次以醫學院教授的身分參與座談會。那天一大早我看了很多露骨的醫學照片，展示發生在生殖器皮膚皺褶裡的疾病，一邊看，一邊大啖免費貝果和水果沙拉。

我不知道自己怎麼會以皮膚病學與人類健康助理教授這個新身分走進這場座談會，我努力克服那種覺得自己不夠好的心態，開始聆聽住院醫師描述皮膚病變的各種顏色、型態、形狀和質地。他們的用字遣詞使我想起在悶熱的邁阿密上植物學課的午後，我仔細觀察各種葉子與花朵的形狀、質地和顏色。原則跟術語都一樣，只是觀察的表面不同，他們觀察皮膚，我觀察葉子。想到在皮膚病學系的新合作研究帶來的可能性，我就興奮不已。

我花了幾個月的時間在校方和醫學院之間周旋，談妥了共同聘任協議。我將在人類健康研究中心開兩門大學部的課，醫學院給我的薪水之中，有四分之三將來自我籌措的研究經費。這份工作提供新聘教師補助，能用來購買設備與器材，薪水也比較高。最重要的是，我得到我亟需的微生物與人類細胞培養實驗室空間，可用來充分檢視植物萃取物的藥理潛力。現在我在校園兩邊各有一間實驗室，其中一間暱稱為植化（植物化學實驗室，研究有生物活性的植物萃取物的化學結構，是獲得美國農業部認證的檢疫設施，可進口來自世界各地的植物樣本），另一間暱稱微生（微生物實驗室，測試這些化合物對多重抗藥性感染媒介的影響，以及基於安全性測試它們對人類皮膚細胞的影響）。當時我還沒完全意識到這種安排的難處，我和其他理科教授承擔一樣的教學責任，卻跟醫學院的理科教授一樣得靠研究經費支付大部分的薪水。換句話說，我同時得到兩邊最好與最壞的部分。但對我來說最重要的是，我的三大研究核心終於齊備了——植物化學實驗室、微生物實驗室、植物標本館——它們是我實踐使命與願景的關鍵要素，也就是成立一個頂尖研究團隊，調查傳統醫療用來治療傳染病與炎症疾病的植物的藥理潛力。

這是一條不尋常的路。我知道為了生存我必須游快一點，否則就會像運送朗弗安斯手稿的那艘船一樣沉入大海。

輯三
醫學

甜栗（*Castanea sativa*）

第九章／海甘藍

經常有人問我如何兼顧家庭生活與科學事業，尤其是女性。對，這並不容易。

——居禮夫人（*Marie Curie*），《居禮傳》（*Autobiographical Notes*），1923

二〇一七年七月，我站在一個小港口的方形混凝土碼頭上，這座碼頭剛好能容納載滿汽車的渡輪早上入港，下午出港。清澈湛藍的海水在早晨的陽光下閃耀光芒。白色和藍綠色相間的漁船隨著地中海輕柔的波浪上下擺盪，像漁船一樣用亮藍色鑲邊的白色房屋緊密相連猶如一道牆，矗立在鄉村的石頭小路旁。我戴上墨鏡，抬頭欣賞這座島上的山，村子就在山腳下。

這裡是義大利的馬雷蒂莫島（Marettimo），位在西西里島特拉帕尼市（Trapani）西邊。除了馬可和我們的三個孩子，同行的還有我在艾默利大學的藥理學研究生阿克拉姆（Akram），以及從巴勒莫（Palermo）來的兩位當地合作夥伴：真菌學家亞歷山卓・賽塔博士（Alessandro

Saitta），他是歐洲的真菌專家；還有阿方索．拉．羅薩博士（Alfonso La Rosa），他是博物學家，對西西里島的植物瞭若指掌。這座島是地中海上的珍珠，寧靜祥和，義大利人會來這裡度暑假，可在大自然裡健行或是去海邊遊憩。居民在這裡成長、成家，世代在此生活。但是對我來說，這是我率領的國際團隊田調的第三站，也是最後一站。這次田調的目的是尋找和採集野生植物，為實驗室的抗生素探索計畫增添新燃料。這座島上的山頂有我需要的東西，我決心要找到它。

地中海盆地是全球三十六個生物多樣性熱點之一。其他熱點包括馬達加斯加與印度洋島嶼、玻里尼西亞、東美拉尼西亞群島、高加索、安地斯山脈熱帶區、喜馬拉雅山脈、紐西蘭、南非之角等。生物多樣性熱點的定義是地球上生物最豐富卻面臨威脅的陸地生物區①，至少擁有一千五百種別處沒有的特有植物，而且原生植被至少已消失七成（通常是人類開發導致）。驚人的是，地球上有百分之四十四的植物生長在熱點②，僅占地球陸地面積的百分之二點三。我的同事很愛揶揄我選擇的田調地點——誰不想去美麗的地中海島嶼過暑假？事實上，我的考量是哪裡能找到種類最多的有用植物，如此才能為我們尋找新藥的計畫找到數量最多、具有潛在新穎性和用途的化學結構。透過田野工作與國際合作，我的團隊已去過三十六個熱點中的其中八個採集樣本，一步一腳印擴大我的植物萃取物資料庫。

我們正在跟時間賽跑③，希望能在氣候變遷、棲地消失與草藥貿易造成過度採收致使這些植物滅絕之前，盡快採集和研究這些可能非常珍貴的資源。截至二〇二一年一月，全球人口已達七十八億，其中約八成（六十二億）住在經濟低度開發國家。在大部分的開發中國家，多達百分之七十到九十五的人口以藥用植物做為主要醫療型態。④也就是說，至少有四十億人仰賴植物藥物，但是他們藥箱裡的主要原料卻愈來愈難覓得。

我的研究不僅僅是尋找新藥，也是為了進一步認識藥草的安全與效用，畢竟有數十億人仰賴藥草的醫療效果。除了為實驗室採集樣本，我的團隊也與當地社區及文化組織密切合作，協助他們在僅存的傳統知識消失之前保存紀錄。

《名古屋議定書》於二〇一四年生效，其目的是保障公平和公正地分享遺傳資源所產生的利益，確保各國分享因其國內遺傳資源和傳統知識的發現所帶來的經濟利益。不過利益共享早在一項發現開始獲利之前就已開始（獲利可能要花很多年的時間，也可能永遠無法獲利）。一開始以合乎道德的方式跟參與的當地居民接觸，確保提供知識的人都是在知情的前提下同意合作，並且以可取用的形式回饋這些知識。在許多情況下，療癒師不只希望他們的知識能保存下來，也想知道實驗研究的結果。他們也希望在他們的文化中代代相傳的醫療方式，能受益於現代科學研究。

我發現我們最成功的國際研究，是與在地科學家攜手合作的研究。除了保存和讚揚植物的傳統知識，還能透過交換學生與培訓機會、共同補助與出版品等方式，幫助合作的在地國建立研究能力（包括硬體建設與人力訓練）。我們在西西里島的工作也不例外。

總體而言，埃加迪群島（Egadi Islands，亦作Aegadian Islands）構成一塊面積約三十七平方公里的陸地，二〇一七年的人口普查顯示這裡的居民為四千兩百九十二人。埃加迪群島有三大主島⑤，分別是馬雷蒂莫、法維尼亞納（Favignana）與萊萬佐（Levanzo）。馬雷蒂莫島的舊名是希拉島（Hiera），是希臘語「神聖之島」的一部分，距離西西里島最遠，也最天然。馬雷蒂莫島有豐富的養蜂史⑥，走在山腰小徑上能聞到芳香撲鼻的野生百里香與迷迭香，能釀製出最美味的蜂蜜。

法維尼亞納島是群島中面積最大的島，古代石灰岩礦場裡藏著古老的祕密果園。走進礦場深處，彷彿迷失在魔幻的世界裡。從地面沿著破舊的木梯往上走，進入峽谷和洞穴構成的迷宮，過去礦工從這裡拖出沉重的石灰砂岩板。峽谷內有日照的地方，生長著多種古老的無花果，飽滿的果實甜美多汁，柑橘樹結實纍纍、等待採收。

三大島中最小的萊萬佐島也藏著祕密。除了牧場之外，島上的懸崖和岩石山坡在一六〇〇年代生長了將近十萬株葡萄樹，不過如此大規模的葡萄種植現在已不復見。最值得注意的是，牧場上有大阿魏（*Ferula communis*, Apiaceae）乾掉的枯莖。有些當地人仍使用這種高大的草藥來製作家具，因為當地欠缺木材。進入下雨的秋季，這片乾枯的草藥田周圍會湧現大量的阿魏菇（*Pleurotus eryngii* var. *ferulae*, Pleurotaceae），在群島生長的所有蕈菇中，阿魏菇是公認最美味的一種。

我們八個在馬雷蒂莫島進行本次田調最後一次的採集工作，尋找一種生長在高海拔岩石山坡上的特殊灌木：瑞香科（Thymelaeaceae）的*Daphne sericea*。瑞香屬的其他植物也跟它一樣在傳統醫療的應用上歷史悠久⑦，可用來治療淋病、外傷和瘧疾等多種病症。

在田調過程中，我和研究生阿克拉姆訪談了一群年長男性，包括艾爾伯托（Alberto）與喬凡尼（Giovanni），兩人均已退休，以前一邊捕魚，一邊耕作家族在島上的農地。我們坐在港口旁一個小廣場的蔭涼處，他們手裡忙著修補漁網，以自然的節奏來回編織縫補糾結的漁網。我們說說笑笑了一個多小時，討論過去的情況。在他們的允許之下，阿克拉姆用攝影機拍攝對話過程，這樣我回去後可以重看影片，搭配我用義大利語匆匆抄下的筆記，時不時還得停下來翻譯他們西西里腔很重的義大利語。阿克拉姆很有語言天分，已能流利地說三種語言。他很快就學會許多當地植物的名字，還學了幾句方言。不過他很期待吃晚餐時能用英文輕鬆交談。看到他使我想起多年前初次參與田野工作的自己，新資訊大量湧入，我的大腦既興奮又疲憊。

「我小時候，」八十幾歲的艾爾伯托回憶道，「這座島上到處都有最好吃的水果。」周圍的男性紛紛點頭表示贊同。他伸手指向山，高低錯落、石牆勾勒的山坡地現在長滿松樹。他說：「以前沒有那些松樹。家家戶戶都有葡萄園、橄欖園和果園。」

「種哪些水果？」我問。

「你能想到最大的油桃，還有其他水果，」他閉上眼睛，面帶微笑。「連在經過岸邊的船上都能聞到水果的香氣。現在都沒了，」他嘆道。「松葉毒害了土壤，現在什麼都種不起來了。」

這是訪談中經常出現的故事——政府的政策如何造成意料之外的長期後果，這正是其中一例。二次大戰結束後，島民紛紛移居他處，幾乎沒有人留下來耕種這塊土地，果園漸漸凋零。於是政府推出一項造林計畫，提供在當時相當豐厚的報酬，鼓勵地主栽種地中海松（*Pinus halepensis*, Pinaceae）。這項松樹造林計畫很成功，卻破壞了群島上的農業環境。植樹活動在全球各地被吹捧成對抗氣候變遷與砍伐森林的工具，可是種植單一樹種並不是好主意。單一物種導致欠缺生物多樣性⑧，對森林生態系統以及仰賴森林獲得有用資源的人類只有壞處——無論是食物、藥物、木材、燃料，還是其他有價值的資源。

對埃加迪群島的居民來說，其他收入來源都被消滅了。因此近年來他們努力經營觀光業，希望暑假幾個月的收入能維持一整年的生計。

「請說說野生植物的事，」我問大家，「你們小時候會摘野生植物來吃，或是當成藥物嗎？」

「會啊，現在不行了，」艾爾伯托說，眾人紛紛點頭。「我們以前在菜園裡工作時經常摘野生植物。現在沒有菜園了，很多野生藥草也很難找到。」

「不過村子附近還有藥草，」喬凡尼指向海邊的一座山丘。「那裡有Cavallo marino。」

Cavallo marino直譯為「海甘藍」。我想那應該是一種野生甘藍，或是十字花科植物。當地人使用的名稱有時會造成麻煩，例如相同的名字在不同的村子或地區代表不一樣的物種。確認植物的身分和學名，是民族植物學的重要工作。

「你能描述一下這種植物嗎？」我問。「它是什麼模樣？聞起來是什麼味道？」

他們說葉子是淺綠色，開黃色的花，還有黃色的「奶」，喜歡生長在海邊。我很好奇。甘藍菜（十字花科）不會製造任何「奶」，也就是乳汁，尤其不會是黃色的。大戟科和罌粟科的植物倒是會製造有顏色的乳汁。

「海甘藍有什麼用途？」我問。

「跌倒或嚴重瘀青時」——艾爾伯托邊說邊指著手臂，做出跌倒的痛苦表情——「可以把鹽跟海甘藍一起搗碎，用布包起來壓在瘀青上。」

我們聊天的時候，孩子們的歡笑與狗的吠叫從村裡的某條街上傳到廣場上。我看見杜納托和貝拉（現在分別是十一歲和九歲）與一群孩子玩在一塊兒，用義大利語跟村裡的孩子交談，大家來回踢著足球，幾隻狗試著用嘴攔截足球。這些狗不屬於任何人卻受到村民的照顧，豐富的剩菜吃得牠們肥肥壯壯。

「媽媽，你看！」杜納托用義大利語要我看他熟練地用膝蓋頂球，這是他剛學會的新招。他長得很像爸爸，深棕色頭髮，橄欖色皮膚。貝拉皮膚白皙，像我一樣。她離開那群孩子，跑過來坐在我腿上。她糾結的金色捲髮裡插著野花，我聞到野花的香味。「媽媽，可以給我錢買冰淇淋嗎？」她用義大利語撒嬌地問道，「拜託，好不好？」她「拜託」了差不多五秒鐘，搭配一個雙手合十的手勢。這兩個孩子不僅會說義大利語，還掌握了南義人的肢體動作。我實在很難拒絕。我掏出幾歐元給她。她很快抱了我一下以示感謝，然後跑回哥哥身邊跟他擊掌慶祝，兩人愉快跑進一條通往冰淇淋和糕點店的石頭小路。

對研究團隊來說，馬雷蒂莫島是理想的田調地點，充滿值得探索的有趣植物和古老知識；對孩子們來說，這裡代表最美好的夏天。可以整天跟朋友一起自由玩樂奔跑，沒有危險的馬路。在亞特蘭大的時候，我和馬可絕不會讓他們這樣跑來跑去。我們小時候各自在義大利和佛州的鄉間過得自由自在，所以很遺憾沒辦法給孩子那樣的環境。不過，他們在這裡玩耍很安全，如果我們想知道他們在村子裡的什麼地方，義大利的老阿姨情報網可隨時為我們指明方向。撫養一個孩子需要舉全村之力。

我帶著阿克拉姆外出訪談時，馬可留在公寓一邊照顧四歲的小兒子，一邊處理植物樣本：分類、切塊、乾燥、包裝，以便寄回實驗室。我們給小兒子取的名字是賈科莫（Giacomo），紀念我們最喜歡的作曲家賈科莫·普契尼（Giacomo Puccini），以及情聖賈科莫·卡薩諾瓦（Giacomo Casanova）。如果名字真能發揮暗示作用，這孩子將會熱愛音樂和美女。

這不是賈科莫第一次出國。他出生那年，我剛拿到助理教授的職位。他還不到六個月大，護照上就蓋滿了海關戳章：義大利，我回去那裡採集更多植物；阿拉伯聯合大公國，我去那裡當國家藥草和傳統醫療中心的顧問；英格蘭，他跟我一起去參加經濟植物學學會的年度會議。我在倫敦機場被邊境官員嚴格拷問，他們不懂我為什麼帶一個寶寶來參加學術研討會，也不相信這是我入境的真實目的。我對他們的反應感到惱怒。為什麼科學家帶孩子出差是一件如此難以置信的事？

兩個孩子念小學的課後安親加上一個寶寶的托兒費用很沉重，但我和馬可發現雙薪的好處無法抵銷錯過孩子珍貴成長時光的遺憾，因此我們決定在賈科莫上小學之前，馬可先暫離職場——全職在家照顧孩子和外婆，我則是全力衝刺事業。雖然財務吃緊，卻使我們擁有一段我們最需要的、充滿彈性的黃金時期，無論是在亞特蘭大，還是一年一次的夏季田調之旅，例如這一次。這樣的時光無價。

待在馬雷蒂莫島時，為了避開豔陽高照的正午酷熱，我們每天吃過午餐都會從崎嶇的岩石小徑走到海邊，在地中海裡游泳避暑。我跟馬可輪流在岸上看著賈科莫，他在黑色卵石海灘上用玩具小船玩水。其中一人下水時戴著浮潛呼吸管、面鏡、蛙鞋和水下相機，跟阿克拉姆、貝拉和杜納托一起沿著海岸線游泳，在清澈的海水裡尋找魚和海膽，特別希望能看到優雅的章魚，同時小心避開會螫人的水母。我游泳時曾被水母螫過，牠的觸手纏住我的大腿。我痛到直接彈出水面！幸好孩子們、阿克拉姆跟馬可都沒遇過。

阿方索和亞歷山卓週一到週五必須在西西里島工作，所以週末會乘坐渡輪來跟我們會合，一起在每個島上的田調地點尋找植物和蕈類。

那個星期，我和阿克拉姆跟一群訪談過的漁民攜手合作，找到了海甘藍。原來是黃花海罌粟（*Glaucium flavum*），如我所料，是罌粟科植物。博物學家阿方索週末抵達時，確認了這種植物的身分。他跟我差不多年紀，年近四十，熱衷健身，能煮出最美味的義大利麵和最墮落的甜點。他也是行走的植物學名百科全書。跟他一起田調的頭幾天，我就被他嚇到了。不管看到什麼植物，他都能直接說出植物的屬名和種小名，甚至能說出亞種和作者縮寫——這是晦澀難懂的複雜細節，連最優秀的植物學家都記不住。我回到公寓拿出幾本義大利植物書籍查閱，（毫不意外地）發現他每次都說對了！

我對當地人使用這種罌粟的方式很感興趣。用吃的會中毒，造成腦傷和死亡。在美國的某些地方，這種罌粟被列為有毒雜草。另一方面，這種植物提煉的化合物海罌粟鹼，在某些國家是止咳藥的成分，也因為有致幻效果而被濫用為娛樂藥物。至於漁夫提到的治療瘀傷和疼痛的外用療法，還沒有人研究過背後的科學原理。我特別記下這件事，思考回實驗室後如何著手研究。

「島上還有其他好藥，」阿方索告訴我們。他指著半山腰上的一群羅馬遺址。「遺址旁有很多

erva janca（白藥草）。」

「是很香的那種嗎？」我知道這個名字在當地方言指的是樹艾（*Artemisia arborescens*, Asteraceae），一種香香的樹，在埃加迪群島的其他島嶼上也有，用於新生兒的沐浴儀式。

「對，」他說。

天色不早了，我們應該收拾裝備，準備回公寓吃晚餐。「我想爬上去看看，」我告訴漁夫們，「還有幾種我需要的其他植物長在比較高的地方，差不多五百公尺，」我指著遺址後面的其中一座山峰。

「不行，不行，博士，」亞爾伯托瞥了我的義肢一眼。「太難爬了。」

「開車上得去嗎？」我問，說不定有人能載我一程。

「不行，」他們搖搖頭。「梵尼（Vanni）有一輛四輪越野車，也許他能幫你。他的辦公室在第一廣場。」

我向他們道謝。我明天早上會去找梵尼。

我十一歲那年，爸爸的整地生意特別好。那年耶誕節，他送我和貝絲四輪越野車，我們都很驚喜。那兩臺山葉疾風越野車（Yamaha Blasters）速度非常快，極速可達每小時六十五英里！我們疾馳穿越養牛和馬的牧場，還飛越爸爸用挖池塘的廢土建造的斜坡，媽媽經常碎念要我們騎慢一點。有了那臺越野車，我不需要義肢也能在戶外玩，尤其是術後恢復或是治療殘肢發炎的那幾週，越野車是重要慰藉。

騎四輪越野車是我的第二天性，希望這能解決我爬到山頂的問題。

「你好，梵尼，」我說。

梵尼對我的事已知之甚詳——這種小地方消息傳得很快——所以我直接切入主題。

「四輪越野車我從小騎到大，非常熟悉操作。你願不願意租我一天？」

「不行，對不起，剎車有問題。這太危險了。再說就算車沒壞，你騎到遺址就沒辦法前進了，那條山路太崎嶇。」

我瞬間露出失望的表情。一定有辦法！馬可和阿克拉姆都可以徒步上山，問題是他們不知道要採集哪些植物，也不知道該尋找哪些植物線索。梵尼頓了一下，然後開口說：「你應該去找尼諾（Nino），他有驢子跟騾子。也許他能幫上忙。」梵尼叫我去港口邊的那家小咖啡館兼酒吧。

這是一家露天酒吧，其中一面牆上掛著一塊牌子，上面寫著：騾子旅遊請找尼諾！底下還有他的電話號碼。那天早上尼諾在酒吧跟我碰面。他穿著牛仔褲和T恤，深棕色頭髮往後梳，橄欖色皮膚因為經常待在戶外曬得很黑。我拿出這座島的地圖，用食指點了點最可能有我想找的不同物種的山頂。

「我必須去這裡，尼諾。」

「那裡很高，」他搖頭說。「那條路很難走，而且我每天傍晚都要帶團。」

「我們可以一大早出發，」我說，「黎明前出發。五點半可以嗎？這樣我們跟騾子都不會那麼熱。」我露出大大的、鼓勵的笑容。

他考慮了一下。「你需要幾頭騾子？」他問。

我在腦袋裡快速計算。我自己全程需要一頭騾子。亞歷山卓與阿方索可以徒步，馬可和阿克拉姆也可以。我需要所有的人手，這樣才能用最快的速度採集標本、DNA與大型樣本，並且記錄所有的相關資料。上山至少需要一個半小時，下山也是，我們在山頂上的時間不多。大人都去工作，孩子沒人顧。我們不可能把他們單獨留在村子裡一整天。他們必須跟我們一起上山。杜納托和貝拉可以幫忙採集植物，也能在我們工作時幫忙顧賈科莫。

「三頭騾子吧？這樣多少錢？」我問。一個服務生經過，我點了兩杯濃縮咖啡。尼諾開價四百歐元，這肯定是遊客價，而且遠遠超過我的預算！「尼諾，別這樣，我們是科學家，不是觀光客。我們會及時還回騾子，你傍晚還能輕鬆帶團。」他又丟出一個數字，我再次殺價，最後我們達成兩百五十歐元的協議。他的議價策略值得敬佩：我的 PhytoTEK 商業夥伴薩希爾告訴我，一坐上談判桌就要把錨點定高一點。

上山那天早上，我給自己和孩子都抹上防曬乳，馬可幫我們裝滿水壺，收拾採集植物的工具——園藝剪、標本夾和袋子。太早起床，所以孩子們起床時抱怨連連，但是想到要去登山冒險也很興奮。尤其是貝拉，她哀求我讓她騎馬已經好幾個月。天色尚黑，我們走在村裡的街道上，帶著裝備來到位於卡魯波餐廳後面的入山口，這家餐廳之所以叫卡魯波（Al Carrubo），是因為門口有一株美麗的大角豆樹（*Ceratonia siliqua*, Fabaceae）。亞歷山卓、阿方索和阿克拉姆住在村子另一頭的公寓，他們很快就來跟我們會合。

尼諾已經到了，跟騾子一起等待我們。我們把貝拉和賈科莫抱到同一個騾鞍上，標本夾則是綁在鞍橋上。坐上騾鞍的賈科莫和貝拉都很興奮，賈科莫用胖胖的小手溫柔輕拍騾子的脖子。我們的背包裡塞滿採集工具：園藝剪、採集袋、筆記本、相機、GPS，背包分別放在另外兩頭騾子身上，我和杜納托各騎一頭。尼諾自己也有一頭騾子。剩下的人都是步行。小徑的第一段是平順的石頭路，這是村子為了觀光客特意鋪設的，方便健行和造訪海拔兩百五十公尺的古羅馬遺址和天然泉水。雖然是鋪好的路，但是非常陡峭，我知道其他幾個人身體再怎麼健壯，今天晚上肯定肌肉痠痛。

一行人緩步上山，我在最前面，尼諾殿後。我時不時會轉頭確認孩子的狀況，他們在騾鞍上前後擺盪，平緩的登山節奏讓他們靜了下來。他們身後是我很久都沒見過的、最美麗的日出：金橘色的明亮圓球從海平線緩緩升空，彷彿是從海裡破水而出。

我們把騾子栓在羅馬遺址的噴泉旁，這裡是西元前二世紀建造的軍事屯墾區（當地人稱之為羅馬房屋〔Case Romaine〕），還有一座十一世紀的教堂，可能是拜占庭修士所建。我趁還有機會時，動手採集香氣誘人的樹艾（*Artemisia arborescens*）——漁夫口中的「白藥草」，又叫苦艾（wormwood）。樹艾有四英尺高，一簇一簇圍繞著遺址生長，精巧的黃色花朵與皺皺的銀色葉片在清晨的微風中輕輕搖曳。我終於明白這種植物為何如此珍貴，除了加進某些宗教儀式的聖水中增添香氣，也用來幫新生兒洗澡。它的味道使我想起鼠尾草、樟腦和廚房香料那種令人舒心的氣味；我有一種想在樹艾叢裡打滾的奇特渴望！泡個充滿樹艾香氣的熱水澡肯定很讚！杜納托和貝拉利用遺址裡的古老石塊和建物玩捉迷藏，他們的手輕撫頹圮的石牆，在小徑上跑來跑去，就像兩千年前在這裡遊玩的孩子一樣。

噴泉附近有一株美麗的老地中海山楂樹（*Crataegus azarolus, Rosaceae*），又叫地中海枸杞（Mediterranean medlar）。我採集新鮮的樹枝。我在噴泉旁的古老石牆上設置了臨時工作區。除了套上騾鞍的騾子之外，還有另一個客人陪我們上山——一頭年幼的母騾。牠用身體磨蹭我，一副想抱抱的樣子，真是有夠可愛，後來我才發現其實是因為牠想吃我剛採集的、準備做成標本的山楂葉！在一旁看見的尼諾笑著說：「那是牠最喜歡的零嘴。」可愛又淘氣的寶寶！

在這裡短暫停留採集植物之後，我們把幾袋植物藏在一棵樹的岔枝上，以免被飢餓的動物吃掉，回程經過時再拿。平順、陡峭有鋪石頭的寬闊小徑，很快就變得崎嶇狹窄，小徑中央還有突出的石塊。我這才明白騎越野車為什麼上不來。

緩慢上山時，我觀察到沿途的物種變化。到了山頂，樹冠被覆滿低矮灌木的開闊空地取代，有岩薔薇（*Cistus* supp., Cistaceae）、乳香黃連木（*Pistacia lentiscus*, Anacardiaceae）和野生迷迭香（*Rosmarinus officinalis*, Lamiaceae）。我們把騾子拴住，安排孩子們在安全的地點坐下休息，遠離緊鄰小徑的懸崖峭壁。我卸下裝備、和研究團隊開會時，尼諾自告奮勇幫忙看著孩子。

在離我們停駐的地方不遠處，我們在波特拉安辛峰頂（Portella Anzine）發現很多開紫花的*Daphne sericea*，一叢一叢長在岩石山峰之間。我之前和亞歷山卓與馬可去突尼西亞外海的潘特勒里亞島（Pantelleria）田調時，曾邂逅它的近親亞麻葉瑞香（*Daphne gnidium*）[9]，對瑞香屬植物產生濃厚興趣。亞歷山卓在巴勒莫出生長大，童年經常在田野徒步尋找蕈菇。他和馬可體形相似，都喜歡跑步、騎單車。我們第一次一起田調就在潘特勒里亞島，他不但擅長訪談當地人，也很擅長發現森林裡的蕈菇。若不是他，我根本不會注意到那些蕈菇。而且他還擅長分辨蕈菇的種類，如果現場用肉眼分辨不出，就拿回他在巴勒莫大學的實驗室借助顯微鏡。

我們在潘特勒里亞島上得知亞麻葉瑞香用途廣泛，可用來給狗窩驅蟲，也可用來給人類止血。它也含有抗病毒活性的化合物。我急切地想把它的近親*Daphne sericea*帶回實驗室檢視化學結構與生物活性，看看是否同樣具有抗菌活性。

除了這種瑞香屬植物，我們也在尋找其他洋乳香灌木和西西里漆樹（*Rhus coriaria*），用它們來治療牙齦發炎與口腔感染已有很悠久的歷史。這兩種植物都是漆樹科——同屬漆樹科的還有毒漆藤、腰果和芒果，以及我們已在實驗室研究過的藥用植物巴西胡椒木。

從這裡直線向東大約七百七十英里是希臘位於愛琴海的希俄斯島（Chios），以生產「希俄斯的眼淚」聞名，也就是乾燥的洋乳香樹脂，跟我在馬雷蒂莫島採集的樣本是同一種植物。洋乳香樹脂是《聖經》裡出現過的植物之一，被當成口香糖已至少有兩千年。從古至今它一直是重要的藥用香料，可治療胃腸疾病。雖然科學家已在實驗室裡檢驗過它的抗菌活性，但對於它能有效對抗哪些細菌以及這些效果來自哪些化學物質的完整評估，仍需要大量研究才能完成。西西里漆樹同樣既是香料也是藥物，最早至少可追溯到古羅馬統治時期。和洋乳香一樣需要進一步研究。兩種植物我都採集了樣本，我把裝滿葉子和莖的兩個袋子綁在一頭騾子的騾鞍上。

馬可走進一條我去不了的狹窄崎嶇小路：他知道要在那一區尋找哪一種櫟樹（*Quercus*）。他一直熱愛植物，從小就在他家的土地上探索。他教我做飯，我教他怎麼尋找植物。我和阿克拉姆在這片陽光普照的開闊高地上，在灌木叢裡專注尋覓。每一個樣本都要詳細記錄植物的特徵、習性（草、灌木或樹）與棲地（附近的地景），以便配合標本館的標本憑證。我們動作很快，奈何時間也過得很快。我們必須把東西全部收拾好、放到騾子上，準備啟程下山。

回到村子裡還有長時間的工作在等著我們。我們必須分開各種植物組織，放進田調乾燥機裡。之前採集的樣本還沒處理完，也得磨碎和真空包裝。杜納托和貝拉去找村子裡的朋友踢足球，打發剩下的午後時光。賈科莫睡了個午覺——大家都度過既漫長又辛苦的早上。

幾天後，田野工作結束，我們與當地文化組織和歷史博物館合辦了一場工作坊，向村民報告我們的初步發現。這是我回饋當地社區的方式之一，將我們收集的植物與真菌的傳統用途資訊，以公開的方式記錄並分享。我們在其他地方也採取類似的作法。例如在義大利的武圖雷山地區，在歐盟經費的支援下，我和安卓亞與社區領導人合作成立一個植物園供當地學校使用。我寫了一本雙語書，介紹野生食物、藥用植物和療癒儀式的傳統知識，印製了一千多本免費在該地區的村莊發送。

我打算那一年秋天重返埃加迪群島，趁野生蕈菇生長的旺季來這裡採集蕈菇。透過與亞力山卓、美國民族植物學家法第曼博士（Maria Fadiman）與英國民族植物學家邁斯特斯（Susanne Masters）的合作，我們後來成功採集到夏季訪談中提到的植物，因為這些植物並非夏季植物。有時我們必須根據目標植物的生長和採收季節來安排回訪；大自然依照它自己的行程表運作。

回到亞特蘭大的校園，我驚訝地盯著擁擠的教室。我靜靜等待學生入座，晚到的人悉悉窸窸穿過早到的人，小心不讓自己在環狀演講廳的座位絆倒。我為人類健康研究中心設計的課程一開始只有十四到二十個學生，六年過去後，現在入門課〈食物、健康與社會〉固定約有一百個學生，進階課〈植物藥物與健康〉每年約有六十個學生，遠高於選修課常見的二十五人。我努力設計和充實課程內容，加入很多教室裡的實際展示，幫助學生找到更多方法去認識影響健康的植物。二〇一九年，我獲得艾默利大學的大學部傑出教學獎。那一年我也把我的教學熱情延伸到一般大眾，我藉由顧問工作認識了好萊塢製片人羅伯．柯恩（Rob Cohen）與克莉絲汀．羅斯（Christine Roth），他們鼓勵我開一個Podcast節目分享我的食物與健康課程。有了他們協助製作，我開始錄製專家訪談，並分享我在植物與食藥方面的完整知識，這個節目叫〈老饕藥理學〉（Foodie Pharmacology）。

這一天，等學生都安靜下來之後，我深吸一口氣，開始講我最喜歡的主題之一：口腔健康與衛生。

「早安，」我把麥克風夾在領子上。「我想請大家想一想幾個小時前，今天你剛起床的時候，你有沒有用舌頭舔一舔牙齒表面？」有幾個人點頭表示有。「能不能描述一下是什麼感覺？」

坐在第一排的艾美（Amy）舉起手。「粗粗的，有點顆粒感。」

「有誰知道為什麼光滑的牙齒上會出現顆粒感？」

克雷格（Craig）舉起手，我向他點點頭。「是細菌！」他說。

「沒錯。我們之前介紹傳染病時說過細菌如何附著在牙齒上，你還記得嗎？」我問他。

「記得，好像是生物膜，」他說。

「答對！大自然裡的微生物會設法附著在表面上，例如溪水裡的石頭表面會有一層黏液，我們的口腔裡也發生一樣的事。那種顆粒感是多種口腔微生物聚集在一起，在你的牙齒表面打造專屬城市的結果。事實上，你們每個人的嘴巴裡都住著大約五百種微生物！」我接著描述牙刷的機械作用，搭配牙膏裡有摩擦效果的成分（例如水合二氧化矽），能合力消除牙齒表面的細胞膜。

我打開教室前方的一個大紙箱，裡面有藍色塑膠套單獨包裝的小樹枝，包裝上印有米斯瓦克（Miswak）字樣。我的研究生阿克拉姆和路易斯（Lewis）是這堂課的助教，兩人幫忙把樹枝發給每一個學生。

「幾千年前沒有牙刷、薄荷漱口水、現代口香糖和肉桂薄荷糖，人類利用自然資源維持口腔健康與口腔衛生。這是其中一種傳統咀嚼棒。米斯瓦克的材料是刺茉莉科的芥末樹（*Salvadora persica*）。你可以把它想成是天然牙刷，要用的時候削一削，用完扔掉即可——百分之百可生物分解。」

阿克拉姆和路易斯示範怎麼削掉樹皮，露出像刷子一樣岔開的纖維就能當成牙刷使用，我則是繼續說道：「維持口腔衛生的咀嚼棒有很多種類，不是只有米斯瓦克一種。你們或許知道寧樹（neem tree）也能潔牙，也就是楝科的印度苦楝樹（*Azadirachta indica*）。這兩種植物雖然不是親戚，但是都具有抗菌特性，能控制對口腔健康有害的菌叢。」

學生試著咀嚼米斯瓦克樹枝，有些人露出嫌惡的表情，有些人似乎很喜歡。我發現塑膠牙刷如果不常更換也會累積生物膜，咀嚼棒顯然乾淨多了：每天咀嚼，嚼過的末端切掉就會露出新的刷頭，直到變得太短、無法使用為止。新的咀嚼棒從植物上剪一根就能用，這種植物可以種在家門外。這樣的潔牙方式不需要水，也不需要牙膏，我去健行和露營時都使用這種方便的旅行牙刷。

這堂課接下來討論東南亞和玻里尼西亞的原住民會刻意把牙齒塗黑，用的是一種（從鐵中提取的）乙酸亞鐵加上植物單寧調製的溶液。植物遭受病原體或害蟲攻擊時會形成癭瘤組織，跟腫瘤很像。癭瘤富含丹寧，經常用來製作這種護牙溶液。除了讓你擁有一口黑牙之外，這種作法能預防由細菌生物膜引發的蛀牙。單寧對於防止細菌形成生物膜特別有效，我的研究團隊也在黑莓樹根與白櫟樹癭瘤裡發現單寧。

以植物的藥用潛力來說，用植物維持口腔的健康與衛生是非常有趣的研究領域，可惜相關研究極度欠缺。如果我們能深入了解這些植物的功效、用途與永續生產的方法，科學家就能利用它們來做很多事情。我告訴學生：「想像一下如果大家自己種植潔牙咀嚼棒，光是捨棄牙刷、牙膏和其他用於口腔保健的石化產品，全球可以減少多少塑膠廢棄物。」

下課後，我去微生物實驗室確認團隊的情況。過去幾年來，我的實驗室持續成長。已有一百多個大學生曾在我的實驗室或標本館接受訓練，有不少人是兩邊都待過。丹妮爾（Danielle）是大學部的優等生，她正在我的實驗室裡做實驗，把裝滿用植物萃取物處理過的牙齦紫質單胞菌（*Porphyromonas gingivalis*）放入厭氧培養箱。

牙齦紫質單胞菌感染造成牙周健康不佳的情況，已被發現和許多健康問題有關，例如骨質疏鬆症、心血管疾病、糖尿病、類風濕性關節炎、肥胖症、呼吸道感染與早產。新興研究也找到這種病原體和神經系統發炎之間的關聯[10]，有些研究發現它與神經退化疾病有關，包括阿茲海默症、認知能力衰退及癡呆症。

丹妮爾跟我分享她的最新發現。她參考口腔健康與衛生的民族植物學使用報告，挑選了三十株植物深入了解，在奎弗天然產物資料庫（QNPL，Quave Natural Products Library）裡找到一〇九種萃取物來測試牙齦紫質單胞菌（這個資料庫是我建立的，收藏植物萃取物以及從植物中分離出來的化合物資料）。她發現其中十一種證實有效[11]，我在馬雷蒂莫島採集的洋乳香果實萃取物效果尤其突出。

「繼續加油，」我說。「我去看一下邁卡（Micah）昨晚做的萃取物層析結果。」

邁卡念大學時參與了榮譽研究計畫[12]，他研究的是美國內戰期間東南部使用的藥用植物。以優異成績畢業之後，邁卡回到我的實驗室當了兩年的研究專員，然後去佛羅里達大學念農學研究所。

邁卡試圖分離出有抗菌活性的化合物來測試有多重抗藥性的鮑式不動桿菌（*Acinetobacter baumannii*）。這種病原體會在血液、腦部、肺部和傷口上造成嚴重感染。在科威特與伊拉克參與伊拉克自由行動（Operation Iraqi Freedom）受傷的美國軍人，以及參與永續自由作戰（Operation Enduring Freedom）在阿富汗受傷的美國軍人，發生抗生素抗藥性感染的情況都急速增長⑬——尤其是令人身心俱疲的軟組織感染；此外，院內感染（在醫院內受到感染）也有激增趨勢。不動桿菌特別擅長在醫院的環境裡生存⑭：它可以在乾燥表面存活長達十三天。比大部分革蘭氏陰性菌多出十天！也就是說，兩週前曾住過感染鮑式不動桿菌病患的病房，如果有任何表面遭受汙染（例如病床圍欄）又沒有徹底消毒，入住同間病房的人就有機會被感染。⑮正因如此，我的微生物實驗室團隊在每個房間裡都備有多瓶漂白水或濃度百分之七十的乙醇噴霧。我們秉持宗教般的狂熱消毒工作區域。

研究佛羅里達州的巴西胡椒木與埃加迪群島的西西里漆樹萃取物（兩者都是漆樹科）之後，我們發現它們在對抗一種叫做CRAB（抗碳青黴烯鮑式不動桿菌）的高抗藥性革蘭氏陰性菌，以及一種具有多重抗藥性與高致死率的新型真菌病原體（耳念珠菌）的時候，呈現出極為相似的特性。二〇一七年CRAB導致八千五百個美國人住院治療⑯，七百人喪命；二〇一五抗藥性超強的耳念珠菌初次在美國現蹤，從此開始散播。除了治療極度困難（有些病患毫無治癒可能），這兩種病原體都會停留在物體表面和醫療器材上，令入院治療其他疾病的病患在不知情的情況下暴露於致命風險之中。我們的漆樹和胡椒木萃取物都展現了生長抑制作用，連最頑強的菌株都有效。我們與喬治亞理工學院的天然產物化學家庫班尼克博士（Julia Kubanek）以及華特里德陸軍研究所（Walter Reed Army Institute of Research）的祖洛斯基博士（Dan Zurawski）攜手合作，取得了真正的進展。

我們的第一個突破是成功分離和鑑定一種它們共有的主要活性化合物：PGG（pentagalloyl glucose）。[17]重點是，我們用低劑量PGG治療CRAB三週之後（通常足以使其他細菌藉由突變產生抗藥性），沒有觀察到PGG出現任何抗藥性！當然PGG也有缺點，它不是全身給藥的最佳選擇，但這些問題或許可由醫藥化學家和製藥學家的團隊合作解決。我們也可以探索外用感染藥物的可能性，例如藥用繃帶、沖洗劑、凝膠或藥膏。

不過在那之前，我們需要更多經費。尋找線索（在我們的感染模型中發揮效用的萃取物）、進一步研究和邁向臨床實驗，已成為研究團隊的工作節奏和流程。先篩選出初步結果，再分離與鑑定各種化合物；有時候需要使用多種化合物才能達到對抗感染的最大效果，220D-F2黑莓萃取物就是一個例子。接下來是判斷化合物如何發揮作用以及對人類細胞是否安全的機理研究。然後是特定病原體專家合作夥伴進行的動物感染模型。月復一月，團隊成員的經驗漸漸增長，成功率也隨之升高。

雖然我忙著在學術界壯大實驗室，但我從未忘懷PhytoTEK和黑莓萃取物的專利抗細胞膜技術。我們與螢火蟲創新公司（Firefly Innovations）合作，這是一家位於波士頓的生物科技公司，專門研發傷口護理病房的醫療器材。美國每年有六百五十萬名慢性傷口病患，為醫療系統造成兩百八十億美元的負擔！螢火蟲提議將我們的黑莓配方融入他們的環保全天然抗菌繃帶，可用於生物膜感染嚴重的慢性傷口。這是理想的安排。我的專長在於探索，但是藥物或醫療器材從開發到通過**FDA**的檢驗與核准，需要截然不同、非常細微的技術操作。我很高興在我們衝向達陣區的時候，我有可以傳球的夥伴。

每天傍晚，我們家的餐桌總是吱吱喳喳、熱鬧無比。不管多忙，我一定會回家吃晚餐。馬可接送杜納托和貝拉去踢足球，我回到家接手他做到一半的晚餐，賈科莫在客廳玩他的玩具車。一起吃飯是我們各自結束手邊的工作後，一家人維繫感情的珍貴機會。食物上桌，我們輪流分享今天最有趣的事。外婆已經九十出頭，她告訴我們外星人入侵和金字塔建造真相的各種理論——她在房裡狂看陰謀論電視節目得到的「知識」。貝拉和杜納托分享足球練習時射門與救球的精采故事，還有背誦乘法表或社會課的知識。賈科莫展示了他跟馬可一起上色的畫作。吃完晚餐後，賈科莫會爬到我腿上，照例懇求我給他說個故事。他不想聽我念故事書，而是要我編一個以他為主角的故事。他最喜歡有消防車和拯救樹上小貓的故事。「從前從前，有一個小男孩，他叫做……」我還沒說完，他會搶著說：「莫莫！媽媽，小男孩叫做莫莫。」莫莫是他自己想出來的綽號。他以前念自己的名字發音不準，會說自己叫傑卡莫莫，簡稱莫莫，於是就成了他的綽號。

第十章／零容忍政策

「我到底是誰？」啊，這是個大難題！

——路易斯．卡洛爾（Lewis Carroll），愛麗絲夢遊仙境（*Alice's Adventures in Wonderland*），1865

結核病是公認的全球殺手——阻撓成功治療的主要障礙在於結核菌生長緩慢，容易發展出抗藥性。我的外曾祖母就是死於結核病，那是還沒有抗生素的一九二〇年代，她留下丈夫和年幼的女兒，也就是我外婆。她在療養院裡日漸衰弱，成為結核病的眾多受害者之一。時至今日，雖然結核病在已開發國家大致上已不存在，但每年全球仍有一百四十萬人死於結核病。[1]我們需要對抗結核病的新藥。

於是我和凱特一起來到佛羅里達南部的野外，她是我才華洋溢的實驗室技術員，跟我一樣也是佛州人。同行的還有菲利斯．賈伯（Ferris Jabr），一位經驗豐富的記者，特地從奧勒岡州的波特蘭飛過來加入我們的搜尋之旅。這是他第一天跟著我們田調。

「你在溪裡涉水時，我會幫忙注意鱷魚跟水蝮蛇，」我告訴凱特。

我欣賞著歐亞萍蓬草（*Nuphar lutea*, Nymphaeceae）美麗的黃色花朵——大大的葉子漂浮在水面上，檸檬黃的花朵挺立在淺褐色的水中。一如往常，我的興趣是這株植物的傳統用法以及民俗傳說。歷史紀錄詳述了它的應用方式，從食用到巫術應有盡有，此外還有無數的醫藥應用，包括緩解疼痛、治療結核病、淋病、出血、發燒、心臟疾病、皮膚長瘡等。我感興趣的是瘡、淋病與結核病，這表示它說不定能做出有趣的抗生素。

我也想跟凱特、菲利斯一起下水，但這樣肯定會把義肢弄壞。買新義肢跟買新車差不多。我的義肢曾經因為接觸鹽水和淤泥而受損，螺絲生鏽卡住了用來將義肢承筒固定在殘肢上的插銷。保險給付得不多。我每隔三、四年才能申請新義肢，距離下次申請還有一年。

我原本很猶豫要不要讓菲利斯加入。我有過不少和記者溝通的經驗——電話採訪我們團隊登上頭條的最新科學論文與發現——但我從未允許記者跟我一起進實驗室或是做田野工作。田調的時間既寶貴又有限，我和我的團隊都沒有分心的餘裕。但菲利斯不斷懇求，我看了他寫的幾則新聞之後，相當欣賞他的報導風格。他對生物學與生態學的描寫像個詩人，文筆流暢、俐落、清晰。最後我態度軟化，只是有個附帶條件：如果他要來，就必須出一份力，跟其他團隊成員一起採集和處理植物。

菲利斯把鏟子插進厚厚的淤泥裡，試圖挖鬆歐亞萍蓬草的根，凱特抓住頂部往上拔。

「快成功了！」我鼓勵他們。最後一次用力一拉，他們把整株植物拉出水面。「我的天啊！你們這副模樣簡直就像剛剛在《異形》電影裡砍下外星人的頭！」我笑彎了腰，他們兩個也跟著笑了起來。他們把這株歐亞萍蓬草扔在我腳邊的河岸沙地上，晃動的根像長長的黑人辮。

「上來吧，趕緊擦乾身體，」我說。我們已完成採集、裝袋，樣本也在現場壓好，可帶回基地進行乾燥。

在一棵老櫟樹的樹蔭下，菲利斯坐在折疊椅上咯嚓咯嚓剪著要送去乾燥的樣本。他拿出錄音機準備採訪我。他說他已經向《紐約時報》雜誌介紹了這篇報導，有可能會放在那年秋天出刊的雜誌上。「好啊，」我說。我當然聽過《紐約時報》雜誌，只是從來沒看過，所以沒覺得有什麼大不了。我比較高興這次田調多了一個人手幫忙採集樣本。

結束了在佛州南部的春季採集工作之後，我回到植化實驗室裡的老位置，為逐漸擴充的野生藥用植物資料庫增加了一百多種植物，以便進行化學萃取和實驗測試。每種植物都依照組織類型分開，再浸泡百分之八十的乙醇水溶液或是在水中煮沸，晾乾之後長期冷凍保存。微生物實驗室的學生會把這些新來的萃取物放在「主盤」上，也就是九十六孔的細胞培養盤，每個孔裡注入特定濃度的植物萃取液，用來測試我們的超級細菌小隊。

我們目前的行動包括尋找能夠抑制有多重抗藥性的ESKAPE病原體生長的任何萃取物[2]，這個縮寫詞用來形容能「逃脫」（escape）抗生素活性攻擊的細菌，包括亟需抗生素新藥的幾個重點細菌：屎腸球菌（*Enterococcus faecium*）、金黃色葡萄球菌（*Staphylococcus aureus*）、克雷伯氏肺炎菌（*Klebsiella pneumoniae*）、鮑氏不動桿菌（*Acinetobacter baumannii*）、綠膿桿菌（*Pseudomonas aeruginosa*）和腸桿菌屬的細菌（*Enterobacter*）。這幾種細菌都是致命殺手。以綠膿桿菌為例，二〇一七年美國有將近三萬三千人因綠膿桿菌的抗藥菌株住院治療，其中兩千七百人死亡。對罹患囊性纖維化（cystic fibrosis）的兒童來說尤其危險[3]，囊性纖維化是一種無法治癒的遺傳疾病，患者的肺部及消化系統都會受損。全球有七萬多名患者，大多數在兩歲之前確診。囊性纖維化影響製造黏液的肺部細胞，產生濃稠的液體，這些孩子的肺臟會先受到金黃色葡萄球菌的感染，然後才是綠膿桿菌。患者需要頻繁接受抗生素治療來對抗肺部感染，抗生素抗藥性對他們的生存來說是一大威脅。

為了進行這項研究，我需要幫手。我為實驗室和標本館設定的工作時程都很緊湊，這幾年為了配合工作時程，我招聘了許多大學生，贏得既強悍又樂於幫助學生的導師名聲。現在我每學期都要審查二十份研究實習申請書，面試通過預選的人，然後把好消息告訴獲得實驗室實習機會的少數幾人，把壞消息告訴那些落選的人。我的面試很嚴格，我會明確表達我有哪些期待。

實驗室常見的情況是一個博士後、幾名研究生，或許再加上一、兩個實習的大學生。但我需要更多受過訓練的人來協助我達成目標。我每年在實驗室和標本館各自指導十名大學生做研究。

「如果你入選研究團隊，」我告訴申請者，無論他們是大一還是大二，「我希望你能承諾未來三年將持續投入研究，學期當中每週工作十二到十五小時。如果暑期有獨立的研究計畫，每週至少要工作二十小時。你將按照自己的步調工作。完成我們設計的線上訓練課程、通過實驗室守則測驗，並且向實驗室的資深成員展現操作技術之後，才能做技術上更進階的實驗。

「如果你先去標本植物館實習並且表現優異，下一輪實驗室甄選可優先進入待定名單。我最優秀的學生都在標本館、植生與微生實驗室待過，接受植物天然產物探索的完整訓練。」

我的要求很多。但我高中時在急診室當志工，也跟他們有過類似的經驗。念大學時，我做過幾個實驗室工讀生的工作——一開始是在癌症實驗室，後來是神經生物學實驗室。我在癌症實驗室的工作是用秤量胺基酸的重量——非常單調無趣。到了神經生物學實驗室，我負責照顧一群蚱蜢，牠們居住的大籠子放在步入式培養箱裡。走近那個悶熱的空間之前，我必須換上防護服並且戴上口罩保護肺部，因為空氣裡充滿蚱蜢身上脫落的顆粒。清理完籠子底下的糞盒、清掉吃了一半的食物殘渣並換上新的蘿蔓萵苣之後，我還得取出籠子裡的蚱蜢死屍。不幸的是，這個過程隨時會有狡猾的蚱蜢脫逃。脫逃的蚱蜢必須捉起來銷毀。經過走廊的人只要探頭一看，就能看見我揮舞著商用吸塵器的管子猛追脫逃的蚱蜢，汗水流下我的臉，也流進口罩裡。我花了好幾年的時間，才不會在吃蘿蔓萵苣時因為想到蚱蜢而作嘔。

這兩間實驗室的人都沒有解釋過我做這些事的目的，也沒告訴我實驗室正在研究什麼主題。實驗室開會從來不曾邀請我，他們也沒有鼓勵我閱讀實驗團隊的論文。這兩個工作我都只做了一學期就辭職。我不是輕言放棄的人，但這種工作欠缺使命感。

我決定我自己的實驗室要採取不同作法。每個人都要知道每項工作背後的基本原因，以及這項工作對整體研究任務的重要性。即使是辛苦的工作——例如汗水淋漓、費盡心力的田野工作——至少他們能從中獲得成就感，因為他們知道自己的付出將帶來改變，進而明白他們的貢獻對科學與醫學的進步來說非常重要。我自己剛開始接受訓練時，體驗了有害的工作文化如何影響整支團隊。我明白告訴我的團隊，每個人都應受到尊重，也都肩負著很高的期待，不分職位或年資。我對霸凌跟騷擾採取零容忍政策。

就一份無償的工作來說，實習生必須滿足很高的期待，但是他們能從其他人身上看到，一旦加入團隊並且證明自己的實力，我會給予他們訓練和極大的創意空間。我對想用一學期的實驗室工作經驗美化履歷的學生不感興趣。如果他們需要錢，我一定會幫他們爭取工讀生的職位。如果他們需要的是同儕支持，這在我的團隊裡唾手可得。我重視團結與團隊合作，奎弗研究小組（Quave Research Group）和學生自己設計的標本館T恤都能鞏固這種精神。出了實驗室，我們喜歡大家一起去健行、參觀植物園、野餐、露營順便研究野外植物、夏季烤肉、節慶派對等。從年輕的學生到資深的博士科學家，每個人都是團隊的一分子。累積厚實的研究經驗與漂亮的推薦信，加上論文出版與海報發表的紀錄，我的很多大學部學生都進入頂尖研究所，成為醫生、博士、藥學博士、公衛博士，甚至擁有多個學位。

隨著補助與獎學金帶來更多資金，我能提供更多名額來訓練藥理學和微生物學的研究生。此外也有來自世界各地的學者加入團隊：非洲、歐洲、亞洲、中東、加勒比海與南美洲。《紐約時報》雜誌在全球有七百萬訂戶，菲利斯以我的研究為題寫的那篇報導沒想到是件大事。隨之而來的是其他國際媒體的報導，例如《BBC Focus》、墨西哥雜誌《Valor》，還有德國美妝時尚雜誌《Brigitte》！我們的研究登上兒童科學雜誌《Ask》，我受邀上了國家公共廣播電臺（NPR）的幾個節目，還有許許多多個Podcast節目。這些報導大幅提升我們的曝光度，並且提供一個獨特的平臺，除了突顯我們研究的重要性，也讓大家看見艾默利植物標本館身為歷史典藏與研究資源的價值。

植物標本對理解地球植物多樣性來說至關重要。即使到了今日，人類每年仍可發現將近兩千種新植物[4]——是每年！——但是據估計有五分之二的植物面臨絕種危機。植物學家正在加快腳步，希望能趕在這些植物永遠消失前鑑定和追蹤它們。[5]人類採集和分類植物已將近四百五十年[6]，全球有三千三百二十四間營運中的植物標本館，需要規畫管理的標本數量超過三億九千兩百萬。可是過去五十多年來，植物標本館得到的關注和預算愈來愈少。隨著生物學研究與自然史漸行漸遠，植物學支持技術導向的分子研究、學術界培養的植物學家愈來愈少，這些有數百年歷史的標本館只能四處籌錢維持最基本的運作。這不是艾默利獨有的問題。

我們的標本館捐贈經費快要告罄，我心中愈來愈慌。儘管科學研究方面已步上軌道，但預算問題能把一切打回原形。為了強調標本館的重要性，我接受雜誌採訪時一定會帶攝影師去標本館，植物標本的精美照片很快就登上了《國家地理》雜誌！接著標本館的影片也在當地的NPR網站、美國PBS電視臺的電視紀錄片與歐洲的電視臺播出。由於媒體對標本館的關注，校方提供了些許經費使標本館獲得暫時喘息的機會。因為我花時間跟記者討論我的研究突破，將科學知識介紹給一般大眾，所以全球有更多科學家認識了我們。世界各地都有人透過《每日電訊報》、《華盛頓郵報》、NBC新聞和CBS新聞看見我們的論文，此外還有無數非英語國際媒體也做了介紹，例如波蘭語、義大利語、西班牙語、中文、葡萄牙語、法語、阿拉伯語等。我開始收到其他國家的科學家來信，如果我願意也有空缺的話，他們想加入我的團隊受訓。陸續有學生、博士後，甚至教授加入我們實驗室，時間從兩週到兩年不等，他們的開銷都由自己負擔，有些申請到聲譽卓著的傅爾布萊特獎學金，有些則是在母國爭取到研究經費。有一次我們統計了當時團隊成員總共能說幾種語言，答案是八種！

訪問學者回國之後，很多人成為我們團隊的長期合作夥伴，這擴大了我們的研究網絡，也使我們得以接觸到世界各地更多元的植物和生態系。就這樣一個人接著一個人，一個發現接著一個發現，我心目中的研究願景日漸成長茁壯。

話雖如此，我面前的阻礙依然巨大——不僅僅是因為缺乏經費，也不僅僅是其他科學家質疑民族植物學探索新藥的方式。這些逆境不是民族植物學家的專利。

「你是湯姆（Tom）的女兒嗎？」這位六十多歲、帶著變焦眼鏡的教授問我。我的年紀差不多是他的一半，我拿起一杯白酒啜飲一口，然後看著他。姑且叫他蟾蜍教授好了。

蟾蜍教授問我是不是「湯姆的女兒」，因為湯姆是這場小型教師招聘聚會的主辦人，也是艾默利大學的系主任。我來這裡和求職者聊天，也希望能鼓勵有潛力的新人接受我們的條件，加入艾默利大學。

我不是湯姆系上的人，但我知道他為什麼邀請我。有一個超有才華的女性科學家也參加了招聘會，他們想讓她看看女性教授和系上其他成員共事的例子。大致而言，這種活動是跟同事交流近況的愉快時光。不過對我來說，這會剝奪我與家人相處的時間，而時間是我最寶貴的資源。我不會輕易接受邀請。

這天晚上的聚會之前，我的研究團隊最新發表的論文剛好被媒體報導了一個星期，主題是胡椒木化合物的毒力阻斷活性。這篇論文吸引了幾家國際媒體的關注，我的正面照出現在學校的網站首頁幾乎整整一週。學校的教職員日常電子郵件裡也附上相關報導的連結，我的照片天天出現在群發信件的重大新聞裡。

「不是，」我回答蟾蜍教授。「我是皮膚病學系的。」

我很確定慷慨的東道主湯姆沒有女兒。

「喔，你老公在哪兒？說不定我認識他。」他說。

我老公在家照顧三個年幼的孩子，幫他們張羅晚餐、洗澡，安頓他們上床睡覺，所以我才有辦法來參加這個業務活動。他是非常支持我的超棒老公。

「你應該不認識我老公。在皮膚病學系工作的是我。」

「可是你看起來這麼年輕！」他語帶怒氣。

我很高興他終於搞清楚狀況。

「所以，」他勇敢地繼續問道，「你老闆是誰？」

「我老闆？我是實驗室負責人。我領導由三十個學生、博士後與訪問學者組成的團隊。我研究植物天然產物的新藥探索。」

我以為我們的對話不可能變得更加冗長無趣，豈知蟾蜍教授居然開始給我上起天然產物化學課，而且內容錯誤百出。他堅持要介紹我認識能夠「幫助」我的專家。

「謝謝你，」我用厚重的南方腔調說，這是我能裝出最像樣的感激語氣。我克制自己沒說出：「你有顆善良的心（bless your heart）。」問問南方人就知道這句話的意思。用溫柔的語氣說出這句話時，不一定是一句祝福或是在表達同理心，而是一種委婉的羞辱。隱藏的意思是：「哇塞，你真的很笨或很弱，但你有顆善良的心，你只是控制不了自己。」

我忍住沒說這句話，深吸一口氣平復心情之後才說：「我就是這個領域的專家。你何不上網搜尋我的名字？現在就試試吧？」我指著他手裡的智慧手機。「我拼我的名字給你。」

蟾蜍教授滑了滑手機，瀏覽搜尋結果的標題，抬頭看我時一臉不好意思。蟾蜍教授顯然是免疫學和男性說教學的雙博士。

他不是第一個這麼對待我的男性。他們的疑問都很類似，也都同樣令人憤怒：你老闆是誰？但是你這麼年輕不可能是教授。你待在誰的實驗室？喔，我以為你是研究生。你老公在哪兒？你老是到處跑，你老公不生氣嗎？你的孩子呢？誰照顧你的孩子？你不是應該陪著他們嗎？我從小到大每個階段都遭受過霸凌，而且看來沒有要停止的樣子。念研究所的時候，常聽到的是：她得獎是因為她有一條假腿。現在則是：他們找她加入委員會，是因為需要女性代表性別多元。力爭上游很難，尤其是當你遭受系統性的壓迫。當周遭的人用言語和行動一遍又一遍說你不屬於這裡時，要自己不去思考他們說得對不對幾乎是不可能的。

計畫審查委員會是連續好幾天的長時間討論，審查委員的男女性別比通常是二十比一或二。

我曾在飯店的電梯裡遇到同一個委員會的男性委員想找我約炮。明明剛才開會討論申請計畫書的優缺點時，對方展現了高度的專業精神與專業知識。我必須既堅定又謹慎地設法脫身，以免在同一個領域樹立敵人，毀掉將來申請補助的機會。這種事很累、很惱人，而且老實說，很可怕。隔天我還得跟他們同桌開會。

比如說變態教授。那天我去另一所大學參加活動，早上與學生和老師交談甚歡，然後在研討會上報告了我的實驗室令人期待的最新研究。結束後，一位年長的男性教授走過來找我，他靠我非常近。近到他的口臭直接撲面而來，那是咖啡混雜著香菸的味道。

「能邀請到一位這麼漂亮又聰明的講者真是太棒了。」

我後退一步，他前進一步。熱熱的呼吸落在我臉頰上。這個距離非常不恰當，他色迷迷地看著我，我覺得極不舒服。會議室裡人很多，但似乎沒人注意到。我以前不認識變態教授，專業上也未曾有過互動。我是否應該走開？還是大叫？事後回想，我應該當場舉發他。但由於整個過程使我猝不及防，我嚇到不知如何反應。剛好一個學生跑來找我討論剛才的演講內容，變態教授才終於放過我。

那天晚上我反覆思考白天發生的事，我擔心變態教授的行為會不會影響那所大學的女性，尤其是學生、博士後和年輕的老師。這對他們系上學術權力不如他的人會有什麼影響？我肯定不是第一個受害者。我寫信給那所學院的院長，希望他們能調查一下變態教授的行為。對方在回覆中附上一大堆文件請我填寫，並且含糊地保證他們會調查這件事。

性騷擾是科學界難以甩脫的汙點。

這種事在科學或其他領域都不是新鮮事。我的領域就有知名人物對同僚做出令人髮指的行為。諾貝爾獎得主詹姆斯・華生（James Watson）在一九六八年的著作《雙螺旋》（*The Double Helix*）中描述發現DNA的經過，他提到蘿莎琳・富蘭克林（Rosalind Franklin）時用字遣詞充滿性別歧視[7]，我光是想像她和華生及那個年代的其他男性共事就感到既噁心又難過。蘿莎琳・富蘭克林是一位傑出的化學家，她為DNA的發現做出重大貢獻，許多人認為她也有資格獲得諾貝爾獎。「她沒有刻意強調自己的女性特質，」華生寫道，「雖然她的五官線條剛毅，但是她並非不迷人，如果她在服裝上花點心思，應該會相當令人驚豔。她沒有這麼做。她從來不擦口紅來映襯黑色直髮，雖然已經三十一歲，但她的服裝符合眾人對英格蘭藍襪社「少女的想像。不難想像她有一位對現狀不滿的母親，而且母親過度強調那種讓聰明的女孩不至於嫁給愚蠢男性的專業追求。」華生，你忘了寫這位女性的研究是發現雙螺旋的關鍵！華生顯然相信她在智力方面的貢獻毫無意義，她的存在只是為了取悅和娛樂身旁的男性——而且她連這個都沒做到！——這件事令我感到極度不舒服。

我第一次看《雙螺旋》這本書是在大學的生物課上。我的教授們似乎都很推崇華生，但是他的文字令我萬分沮喪。華生後來在科學界繼續享譽盛名、獲獎無數，擔任位高權重的領袖，例如冷泉港實驗室（Cold Spring Harbor Laboratory）的主任，還參與了人類基因組計畫（Human Genome Project）的創建。他的性別歧視言論同樣沒有中斷，後來還發表過種族歧視言論，他斬釘截鐵地說有些族裔（尤其是深色皮膚）性慾比較強，以及遺傳會造成族裔之間的智商差異。

科學界把這種荒謬可笑的煽動家推上權力寶座。他們受到崇敬、被賦予權力，甚至被塑造成偶像，至於他們信念和行為中不那麼可敬的部分往往被視而不見。經常有人替像華生這樣的男性找藉口，說他們是「時代的產物」。這對想要探索科學、有才華的未來世代造成怎樣的影響？對我們這些苦苦掙扎、想在象牙塔裡站穩腳跟的人有怎樣的影響？利用權勢製造傷害的人不會受到懲罰，這種情況又該如何看待？

今日的科學主要由金錢推動，只要牽涉到錢，就逃脫不了裙帶關係和熟人網絡的影響。兄弟幫忙兄弟——在審查委員會裡直接支持，確保申請人拿到高分；或是建立聯繫、互相拉拔，增加曝光度。更常見的情況是這些互相幫忙的兄弟都是男性，他們利用特權爬到更高的地位。久而久之，這種成功就像菌落一樣自我繁殖。也就是說，一個人獲得的經費和榮譽愈多，再次獲得經費和榮譽的門檻就愈低。

雖然女性在許多STEM領域的研究生人數不少⑧，獲得博士學位的人約占半數，但是從學生

---

1 譯註：The Blue Stockings Society，十八世紀發生於英格蘭的一場女性教育文化運動。

到助理教授這段關鍵過渡時期是個瓶頸，從助理教授到正教授是更大的瓶頸。儘管接受科學訓練的女性數量超越以往，但是在各自的領域裡，取得資深職位的女性仍嚴重不足。部分原因和時間有關：訓練的時間很長，從研究所到博士後大約需要十年，三十幾歲進入職場，剛好也是選擇結婚成家的年紀。

我在佛州國際大學的同儕中算是特例，研究所還沒畢業就生孩子。如果我等到別人認為「合適的時間」才生，也就是得到終身教職、工作穩定之後，很可能就沒機會了。馬可跟我都想多生幾個，我的健康狀況比較複雜，每拖一年對我的身體跟孩子來說都更加危險。在我的研究所同學裡，早婚早生是異類，但是在我的家鄉二十幾歲生孩子很普通。

我選擇在研究所和事業剛起步的時候生孩子，每天除了要在工作上苦苦掙扎、努力維持工作與家庭生活的平衡之外，還得付出更多代價。但我並非例外。一項針對學術界女性的全球調查發現⑨，取得博士不久後就生孩子的女性，獲得終身教職的可能性比較低。在寫這本書的二〇二一年，我已經當了八年助理教授並順利升等為副教授，但令我非常失望的是，我還沒拿到終身教職。

除此之外，有一項關於STEM新手專業人士的性別差異經濟調查發現⑩，女性承受同工不同酬的對待，尤其是剛成為母親的女性。我在學術界女性同儕身上親眼看到這種情況，尤其是教授薪資不公開的私立大學。通常女性只有在跟同事共同申請補助計畫時，才會發現自己跟同級別的男性薪資有差距：年薪至少相差五千美元，但是最多可相差四萬至五萬美元，甚至更多——超過馬可的年收入。這種差距逐年累積，女性損失了可以用來購屋、退休或育兒的錢。年復一年，差距愈來愈大。因為起薪比較低，無論後來因為表現優異加薪了多少次，也永遠追不上男性同儕。

另一項研究發現，有百分之四十二的母親與百分之十五的父親在生了孩子後離開STEM領域的全職工作。[11]這種現象背後的原因很複雜，例如性別歧視、較沉重的育兒和家務責任（尤其是母親）等。與工作的父親不同，工作的母親背負社會的刻板印象，比如說花太多精神照顧孩子，所以在職場上比較不可靠。在科學界，這道阻撓女性事業發展與穩定的母職之牆（maternal wall）確實存在。

每次碰到傍晚的交誼活動或出差，我和馬可都會一起分析成本效益。我們是隊友，我不在的時候，他要獨力負起家務與照顧責任。我極其幸運能有這樣一位人生伴侶，他不但是很棒的父親，也大力支持我的事業。如果沒有他當我的堅強後盾，我根本不可能擁有現在的成績。我經常在想，人生中沒有馬可的那些女性擁有怎樣的家庭生活。

除了與計畫相關的問題、性騷擾、拉幫結派和裙帶關係，科學界還有瘋狂的自相殘殺與霸凌現象。我的幾位導師（有男有女）都跟學術界的宿敵有過足以改變學術生涯的衝突。因為激烈爭搶稀少的財務資源，以及對各自領域錯綜複雜的細節有歧見，這些有害的人際關係可能會破壞科學家取得經費的機會，或甚至阻撓他們出版研究成果。在某些情況下，學生和實習生可能會因此受傷，進而妨礙未來好幾年的學術發展。

我在取得博士學位的幾年之後，曾碰過這種類型的學術霸凌，那是在一場國際研討會的開幕招待會上，地點是一所歷史悠久、美麗的歐洲大學裡的美術館。這裡空間寬闊，長度跟一座美式足球場差不多，錯落放置著史上知名科學家與學者的大理石半身像，牆上掛著文藝復興時期的畫作。我一個人站在雞尾酒高桌旁，享用侍者端來的精緻開胃小點。這時毒蛇教授朝我走來，他個子很高，看上去比我年長八到十歲，頭髮花白、棕色眼睛，目光很銳利。

簡短寒暄之後，毒蛇教授態度強硬地說他認為我最近跟安卓亞和其他合作夥伴一起寫的綜合分析論文是垃圾。他整張臉脹紅，連身體都在發抖。一道汗水順著他的側臉往下流。他很憤怒，因為我們沒有引用他的論文——問題是，他的論文並不符合我們的綜合分析條件。

我站在原地，震驚得說不出話來，他的態度嚇到我了。

我從沒聽說有誰會突然跑去質問另一位科學家為什麼不引用自己的論文。這樣的邂逅令人心煩意亂，但是對我和其他科學家來說，這種事都不會是最後一次發生。毒蛇教授出了名地喜歡霸凌和騷擾女性科學家，包括口頭上的衝突，以審查委員與編輯的身分封殺她們的論文，還會寫惡毒的評論攻擊她們的研究。他也曾對我的論文做過這些事，還洋洋得意地告訴我的同事。

最令人失望的是科學界對他的行為做出的回應。我向一位我很尊敬的資深教授透露這件事，他為毒蛇教授的行為找了一長串藉口。他的婚姻有問題。他的工作有困難。你能拿出更多同理心嗎？應該是你反應過度吧。這些話有任何安慰作用嗎？那些因為我的緣故，論文被他回絕的學生怎麼辦？我和其他霸凌受害者只能繼續忍氣吞聲嗎？

他不止一次在參加研討會時遇到我，用惡劣的態度騷擾我，我把他的行為舉報給主辦研討會的學會執行委員會，他們聽完我的描述之後……什麼也沒做。我請求他們將來舉辦研討會時，應要求與會者遵循行為準則來防止騷擾。他們拒絕了。

毒蛇教授至今仍未因為自己的騷擾行為付出代價。有時候，除了對保護這世上每一個毒蛇教授的組織與個人敬而遠之，沒有別的辦法。

若要說被騷擾的經驗帶來什麼正面影響，那就是我開始在其他比較積極主動、比較支持我的學術團體裡提倡行為準則的實施[12]，例如經濟植物學學會。值得欣慰的是，現在他們已經有明確的指導方針，告訴大家未來參加學會活動時哪些行為是不可接受的、如何舉發，以及違反的人會受到哪些懲處。

這些霸凌行為使我想起小時候，因為我跟其他孩子不一樣。念小學的時候，我幾乎每年都要動一、兩次手術。惱人的快速發育期帶來必須鋸掉的骨刺，股骨的長度也需要矯正。為時六個月的截骨延長術使我的腿肌肉無力，需要額外支撐。我拄了幾個月的雙枴杖之後，醫生希望我的右腿多長些肌肉才有力氣，所以要我改拿一根很醜的金屬手杖。我開始被人嘲笑，造成心理創傷，當時我才九歲，念四年級。我從來沒在人前哭過，都是回到家一個人躺在床上哭。自怨自艾是一種悲傷的狀態。最令我受傷的是辱罵。有些人叫我瘸子，但有個男生特別喜歡欺負我。他每天都會反覆念著：「老奶奶，老奶奶……拄著枴杖的老奶奶來囉！」

在遊樂場上情況更糟，那裡沒有老師和教學助理。有一天，我內心某處突然爆發。他又在唱歌嘲笑我的時候，我舉起手杖用力敲他的頭，還一邊大吼：「我讓你看看誰是老奶奶！」他砰地一聲跌在地上。回想起來，壓抑怒火已久的我應該是敲得很大力。一位教學助理跑了過來，問我們發生什麼事。我看著她，面不改色地說：「比利從鞦韆上摔下來。」

他再也沒有叫過我老奶奶，也沒有向老師告狀。我沒有因為打他而受到懲罰。我心裡懷疑老師也許看到了，只是選擇不處理。誰知道呢。這個故事的啟示不是我發現暴力能解決痛苦，但我確實認為那是一個轉捩點。那一刻我初次嘗到力量取代軟弱的滋味，這種感覺很爽。

二〇一六年，也就是我初遇蟾蜍教授的前一年，植化實驗室來了一支五人拍攝團隊。在他們抵達前，我們把實驗室刷洗得一塵不染，實驗團隊裡有幾個學生在走廊等待，他們有機會當臨時演員，心裡既緊張又興奮。

「請你在走廊上走路，我們會讓鏡頭跟著你，」外景製片彼得（Peter）說。

「你確定要拍我走路嗎？」我緊張地問道。「只拍我站在實驗室裡說話不夠嗎？」

「當然不夠，我們需要呈現你來工作的感覺。用一小段影片引導觀眾走進這棟建物和實驗室，然後拍你把植物樣本從那張實驗桌拿過來這臺機器這邊，」他說。

「我需要調整你的麥克風，你介意嗎？」一位收音技師請我掀起實驗袍跟襯衫，他正在用膠帶把線材固定在我身上。

實驗室裡到處都是高級拍攝設備、高解析度攝影機、麥克風長桿與燈架。詹姆士和凱特站在實驗室後面的角落，等待他們的登場時機。這支團隊正在拍攝一個新的系列節目，將於《國家地理》頻道播出，節目叫做《人類文明時光機》（*Origins: The Journey of Humankind*）。

拍攝團隊從洛杉磯飛來亞特蘭大，為一集介紹醫藥歷史的節目拍攝我。能登上這個節目是一大殊榮，但我正在努力克服心中強烈的不安。幾個月前，菲利斯在《紐約時報》雜誌的報導詳述了我在藥用植物裡尋找抗生素的事。⑬我不介意讓人看見我的義肢，但是讓全世界看見我笨拙蹣跚的走路姿態完全是另一回事。

我想起八年級時一段痛苦的回憶，當時我突然有個絕妙主意，請爸爸用我們家那臺大大的VHS攝影機，拍攝我在醫院的微生物實驗室裡做科展實驗的樣子。我想追上那些有錢學區來的孩子，那年的全州科展我也要在科展的展示板上放我做實驗的影片。

準備拍攝時，我把頭髮精心弄成當年十三歲女孩最流行的樣式。長長的瀏海、一根捲髮器、一把梳子，再噴上如果靠近火源足以引發大火的巨量髮膠噴霧。結果我額頭上頂著捲度雙倍、四英寸長、凍結僵硬的糾結瀏海。我走進實驗室，穿上長度及膝的實驗袍，戴上乳膠手套，然後對著鏡頭說明我的實驗程序。為了說明每個步驟，我必須從培育箱走到生物安全櫃。

我用義肢走路時跛腳得特別厲害，加上那個年紀脊椎側彎加劇、嚴重駝背，我整個人看起來令人毛骨悚然。蒼白的皮膚、血紅的嘴唇與額頭上的巨大瀏海，身上穿著實驗袍，一張嘴是矯正牙齒的金屬牙套，拖著假腳、伸手一揮要攝影機「跟著我一起進實驗室吧」。我簡直就是一九三一年經典恐怖片《科學怪人》裡的瘋狂助手費里茲（Fritz，也叫伊果〔Igor〕）。

雪上加霜的是，爸爸那天用的錄影帶前一天剛錄了摔角比賽（他是摔角迷），所以錄影帶的開頭是我的實驗影片，但後面全是熱血沸騰的摔角特技。我當然毫不知情，直到我在全州科展會場跟評審交談，背景播放著我的實驗影片，這時我看見評審盯著我身後的影片目瞪口呆，一轉頭才看見（也聽見）一個世界摔角聯盟的選手使出「打樁機」招式把對手摔在場上。他揮舞著高舉的雙臂，發出兇猛的咆哮，上身赤裸，只穿著螢光黃超短緊身褲和亮藍色的高筒靴在摔角場上昂首闊步地繞場。

現在他們想拍我走進實驗室的畫面——我依然跛腳，不過這次髮型跟妝容比較有氣質——而且將在《國家地理》頻道播放。我緊張到胃部收縮，努力克制嘔吐的衝動。

在和彼得商量之後，我還是做了。雖然我想以正常科學家的姿態出鏡，但我畢竟不是。或許除了讓觀眾看見我在做怎樣的研究之外，忠實呈現我不完美的身體、不優雅的動作也很重要吧。

隔天我和拍攝團隊一起搭飛機飛到佛州南部。和團隊一起行動、進入森林能幫助我放鬆下來，我們要去幾個好玩的地方。除了探索沼澤和櫟樹林，還坐了風扇艇。這一路下來我學到重要的啟示，也不再過度在意他人的目光。我還利用這次機會採集了實驗室正在研究的一種植物樣本，裝了滿滿幾個行李箱，那就是巴西胡椒木。這種植物特別喜歡牧草地旁邊的大排水溝。巴西胡椒木被佛州列為有害雜草，所以禁止種植。幸好有很多野生巴西胡椒木可以採集樣本。

隨著研究團隊日漸擴大，大學部學生的研究計畫也變多了，對我來說這是獨特的機會，可以把沒有經費資助的研究計畫交給大學生來做，取得初步數據。其中一個學生叫做艾蜜莉亞（Amelia）。她態度積極，除了平常上課，也在學校擔任醫療急救員以及在實驗室實習。上學期她跟著凱特學習各種實驗室技術，例如植物化學、用亞歷克斯提供的螢光群體感應金黃色葡萄球菌報告菌株進行抗菌測試等。

從佛羅里達回來的那天，我拖著裝滿樣本的行李箱去植生實驗室。凱特、詹姆士和艾蜜莉亞俐落地幫忙將樣本分成三桶：葉、莖、果。果實很美，我們剪切分類樣本的同時，白色的工作桶很快就被鮮豔的紅色果實填滿。

這種入侵物種不怕昆蟲與害蟲，在佛羅里達州受到厭惡，但是它的醫療應用史卻很精采。艾蜜莉亞的研究計畫做了背景調查，她在尋找巴西胡椒木的藥用細節時，看了一八〇〇年代文字紀錄的掃描檔，這些用途包括：以果實治療傷口和潰瘍；樹皮治療陰道、尿道和皮膚感染，也能治療燒燙傷；葉子治療眼睛感染、傷口、潰瘍和風濕痛。她翻閱了荷蘭博物學家威廉・皮索（Willem Piso）一六四八年的拉丁文著作《巴西自然史》（*Historia Naturalis Brasiliae*），發現巴西胡椒木最古老的藥用記述。雖然已有幾位科學家深入研究過葉子跟樹皮，但果實還沒人研究過。因此我指派她檢查果實萃取物阻擋金黃色葡萄球菌的能力，藉由分析複雜的綜合化學成分，提煉出活性化合物。因為與亞歷克斯合作研究栗樹，所以實驗室裡有了新的工具，這些工具也能用來尋找不同植物裡的其他化合物，幫助我們找出新的毒力抑制劑。

經過最初幾年的實力累積，我的實驗室終於人手齊備，學生、實習生、訪問學者和研究人員相輔相成，專業領域橫跨植物學、微生物學、藥理學與化學。我們的科學研究大有進展，論文發表與經費申請都很順利。不過這樣的進展是有代價的——主要是時間和我的時間管理能力。我努力在各種角色之間找到平衡：研究團隊的領袖、教授、導師、母親、妻子、作家、編輯、審查人、寫申請計畫書。令人沮喪、阻撓事業的障礙也從未停止出現過。

學術服務、研究論文和演講邀約對學術事業的發展都很重要，但決定你能否升等、獲得終身教職和繼續往上爬的關鍵學術貨幣是：你能不能為學校帶來外部研究經費，讓學校獲得管理費收入。研究計畫帶來的經費是學術機構的大筆資金來源，對於在學術界工作的科學家來說，事業成敗的壓力大多跟錢有關。

想像一下，如果競爭這些資源時處於劣勢該怎麼辦？你做的每一件事——無論是論文發表，還是申請經費——都受到不適當的仔細檢視，看看你是否「有能力」進行你提出的科學研究；你的專業知識、研究發現和資格不斷遭到質疑。你會受到公平的評斷嗎？你的計畫會不會被視為超出你的能力範圍，因而遭到拒絕？你能奢望你的想法被視為創新，有機會扭轉舊觀嗎？還是更有可能被嗤之以鼻，被當成外行人不專業的作法，最終因為膽敢爬出西方科學的教條框架而像隻蟲子般被一掌拍死？

性別歧視與隱性偏見以超乎想像的方式影響著科學進步。有研究發現，女性和少數族裔經常面臨的隱性偏見（有時也非常明顯）發生在科學界的每一個層級，從申請經費和論文投稿的審查，到聘用和升等。與白人男性同儕相比，他們的薪水通常比較低，得到發展援助也比較少，例如學校提供的新聘教師補助，還有成立實驗室的補助等。長期而言，這些都會影響他們爭取校外經費的成敗。

想像一下：兩個新聘教師，一個得到的新聘教師補助比另一個少了百分之四十到五十，哪一個能夠做更多研究得到重要數據、成功申請到研究經費？很明顯，答案是有錢雇用更多科學家加入團隊和購買必要器材的人。學校給女性和少數族裔的新聘教師補助（金額通常是保密的），從第一天就為他們埋下失敗的伏筆。一旦走上這條路，想要重新協商獲得平等的經費簡直難如登天。通常唯一的解套方法是另謀高就，但這樣就得舉家搬遷，讓原本就已被逼到極限的學術工作者承受巨大壓力。

身兼實驗室負責人的助理教授除了教書，還要領導研究團隊（有大有小）、訓練研究生、管理數百萬美元的研究預算。每一個實驗室負責人都掌管實驗室的大小事，領導博士和博士實習生成功進行研究。女性和少數族裔的實驗室負責人少之又少，能夠獲得終身教職的更是鳳毛麟角。這是一個既孤獨又令人畏懼的地方。我非常了解這種感覺。直到去年（二〇二〇）為止，我是整個研究樓層十二位教授之中唯一的女性實驗室負責人，也就是唯一擁有屬於自己的實驗室的女性。

雖然跟一九五〇年代蘿莎琳．富蘭克林博士的情況比起來，情況確實有所改善，但時間已過了將近八十年，女性依然受到不平等待遇。名為科學的這場賽跑，終點線的位置不斷變化，經驗告訴我身為「外人」若想在賽場上勝出，就必須努力再努力，有時甚至得以超乎人類極限的方式努力。這是我之所以能追上別人、留在跑道上的原因。

最討厭也最歷久不衰的情況（至少在我身上是如此）是能力不斷被低估，甚至質疑我已取得的成就。我經常覺得自己不得不如履薄冰，我想大聲說出自己的成就，卻又擔心這樣聽起來太自大，會被貼上吹牛大王的標籤。但另一方面，我也時常覺得我必須用這些成就來武裝自己，才不會被別人擠掉。以我所處的地位來說，謙遜是白人男性才能享有的奢侈品。

我的科學之旅始於童年。科學是我的興趣，也是我的快樂，成年之後依然沒變。能夠與學生和實習生分享我對科學的熱愛，以及我對探索和發現的驚嘆，都是我珍惜的機會。不過現在我知道科學也是一項殘酷的運動，就像大聯盟一樣，只有最強悍的人才能生存。不只是男女對抗這麼單純，還涉及權力——以及握有權力的人如何使用權力。

障礙不一定來自別人。有時候，我自己也會製造障礙。我很樂意花時間幫同儕看一看論文和申請經費的計畫書，但是我自己不喜歡向別人求助。把自己的負擔加諸在別人身上使我感到不安，包括同事與實習生。或許是因為我這輩子都在努力爭取身體上的獨立性，所以覺得請別人提供協助或意見等於展現脆弱。這是一個容易被人利用的弱點。

我剛入行的頭幾年，就發現我老是想要取悅別人反而對我的身心有害。我的飲食不健康，睡眠和運動量也不夠。我想多花點時間陪家人，但是做不到。我的工作時間愈來愈長，在辦公室和實驗室工作一整天之後，回到家吃晚餐、陪孩子睡覺，接著又工作到深夜。學校的委員會、學術學會、編輯委員會、計畫審查委員會都帶來沉重的負擔，妨礙我的研究生產力。我漸漸明白每次我對別人的請求說「好」，就是在對我的健康、家人、研究成果說「不」。我需要幫助！該如何安排先後順序？該如何拒絕別人，即使是很小的請求，而不會讓對方覺得受辱或失望？每一個小小的請求都是一根稻草，讓我這隻駱駝朝被壓垮邁進一步。如果我已經拒絕，對方卻持續施壓，我該如何回應？經常拒絕別人會不會傷害我的事業，或是害我無法獲得終身教職與升等？

我在參加科學團體會議時尋求其他女性的建議，包括學校和醫學院的會議。我發現大家都面臨同樣的掙扎。雖然知道自己不是特例有點欣慰，可是這並未解決問題。我們逐項列出問題，一起思考解決方案，但是情況依然沒變。我們沒有改變現狀的權力。我們爭取的事情包括安排學校附近的托兒所，工資差距以及這種差距對家庭造成的財務負擔，服務性質的委員會、工作與行政責任負擔過重，輔導太多學生解決困難的情緒負擔。我們發現許多男性同事避開了我們承擔的服務角色，他們有很多時間可以躲在辦公室裡寫計畫書和論文。這些職務像鐵鍊球一樣綁在我們腿上，拖住我們的腳步，不管我們如何努力往上爬，還是會一次次被拉下來。

我喪失鬥志，於是我決定從一個新的制高點來觀察我的工作：我想知道男性教授的生活與工作方式。也許我應該看一下男性同事如何應付這些挑戰。畢竟我們從事相同的工作。即使有種種差距，但我們每個人一天都只有二十四小時。我決定偵查一番。

「嗨，兄弟，可以幫我拿一瓶啤酒嗎？」我問史提夫（Steve）。

我們坐在喬（Joe）家擁擠的餐桌旁，他家位在亞特蘭大的郊區。我們每個月一起吃一次晚餐，大家輪流當東道主在家招待同事，提供簡單的塔可餅、披薩和啤酒……偶爾也會在最後喝一杯蘇格蘭威士忌。

這裡坐著這座城市的頂尖微生物學教授，來自英國與美國的科學家齊聚一堂，他們都在艾默利大學與喬治亞理工學院教書並領導研究團隊。除了我跟另一位女性之外，全部都是男性。大家聚在一起暢談怎麼申請補助和籌措更多研究經費，怎麼籌辦大規模活動與科學研討會。我們都對傳染病、建立抗生素抗藥性的演化模型，以及尋找消滅囊性纖維化和敗血症等致命疾病的新藥有興趣。

在維多利亞時代，受過教育的富裕菁英常在家裡舉辦沙龍聚會，只有少數客人能夠獲邀參加，討論最新的科學、文化與政治議題。我一直覺得這個概念很棒——我喜歡舉辦氣氛愉快的聚會，尤其是邀請健談又有趣的客人。我們並不富有，當然也不算菁英。偶爾會聊到政治，但主要還是聊科學與求生策略。我家的常客裡有很多是成功的實驗室負責人，我把這些夜晚當成學習機會，學習如何增強實力並且偷師他們的成功之道。

那天晚上我們討論了一個大家都備感挫折的話題：寫計畫申請書。我透過科學界女性網絡認識的每一個女性實驗室負責人，幾乎都跟我一樣自己親手寫計畫申請書，偶爾會請團隊成員（主要是資深的研究生或博士後）提供意見，但這也會使我感到內疚。我覺得自己好像在占他們便宜，因為就算經費會用來支付他們的薪水和研究器材，但計畫通過的功勞都在我一個人身上。我也從來不曾向同事求助。如果他們不是共同研究者，我就不該這麼做。

我們圍坐在餐桌旁，每個人都說了自己申請計畫的最新情況，以及過程中有哪些做錯或做對的地方。輪到我的時候，我說明了自己寫計畫申請書的過程。眾人顯然大吃一驚。他們目瞪口呆，沒有人舉杯喝酒，殘餘的披薩乳酪凝結在盤子上。

「怎麼了？」我問。

「你自己寫計畫申請書？沒人幫你？」微生物學家馬文（Marvin）終於開口問道。

「對，當然是自己寫。你不是嗎？」

一片沉默。接著眾人紛紛說道，不是，他們不自己寫。我萬分震驚。

「卡珊卓，」馬文說，「你不讓團隊多多參與寫計畫其實是在害他們。如果他們不會寫計畫申請書，要怎麼在科學領域取得成功呢？我把我的團隊分成小組，他們各自寫申請書，我會定期提供意見。也許你應該試試。」

馬文的計畫申請到好幾百萬美元的經費，而且他訓練了許多學生和博士後研究員，離開他的實驗室後，他們求職和開創事業的成功率都很高。

其他人說他們也採取類似的策略。沒有人像我這樣獨力完成計畫申請書，也從不請同儕提供意見。他們說曾經主動幫忙寫申請書的團隊成員求職的時候，他們一定會在推薦信裡極力肯定他的付出，強調他在申請經費的過程中展現領導力，幫助他獲得他應得的工作。他們對這種作法毫無罪惡感。對他們來說，這是科學訓練的重要過程。

這是科學界女性的共同錯誤，還是我個人的錯誤？

我需要這種直接了當的意見——這種視角的改變。我以為我必須單槍匹馬寫計畫申請書，既是為了證明自己，也是因為不想剝削他人。但是我的同事使我明白這種作法負擔太重，同樣重要的是，我害我的團隊失去練習的機會。我應該賦予他們幫助我的能力：他們需要知道將來怎麼寫計畫申請書。這是雙贏的作法。我的同事也鼓勵我以後申請的時候，可以請他們幫忙提供意見。他們說這是一種互相提攜的方法，能提升我們對這個領域的集體影響力。這次聚會使我下定決心改變自己。

差不多在同一個時期，也就是我年近四十的時候，我做了另一個改變。我不再使用雕塑成小腿肌肉形狀的肉色泡棉、試圖模擬真腿外觀的義肢。這種人造皮套感覺既不恰當又很虛假，反映出我對自己在科學界立足的內心掙扎。只要多看兩眼，任何人都能看出這不是真腿。我對偽裝感到厭倦。

我走進車庫。裡面有一箱義肢。有些狀態依然很好，有些比較殘破，泡棉皮套或塑膠假腳被老鼠啃過，因為它們在我爸媽家的穀倉裡待了很多年。總共有二十根，我把它們按照高矮一字排開。多數人看到這樣一排腿或許會覺得很病態，可是在我眼中，它們串起一個故事。每一條腿都是一個篇章，一個時代。這群小小兵立正站好，每一條腿都代表我人生中的一段戰鬥，對我來說，光是為了往前跨出一步就必須克服重重阻礙。

這些年來，我的義肢也有了改變。從需要很多綁帶的沉重木製義肢，變成輕量金屬框架搭配很緊的支架。現在甚至還有可以滾動的踝關節。我套上義肢走路仍會跛腳，但是步態比以前更像正常人。我小時候製作義肢需要很多步驟，我得來回製作義肢的地方很多次。我就是在那裡認識了查理（Charlie）。查理會先幫我的殘肢鑄模，模型用來製作測試承筒。他會把一隻薄薄的棉襪套在我的殘肢上，再把棉襪拉緊。他用年邁嶙峋的雙手用力按壓殘肢的不同部位，在脛骨頂端畫一條線，在髕骨（膝蓋骨）的地方畫一圈，如此依序進行。接著他用一個老舊的桶子裝溫水，打開塞滿棉布捲的塑膠袋，這些棉布捲都纏得很緊——大小跟Ace彈性繃帶差不多——而且塗滿乾石膏。他把棉布捲一一放進溫水裡，在水面下搓揉擠壓，然後用棉布裹住我的殘肢。

查理坐在我對面的凳子上，低頭工作時，亂亂的白髮會碰到我的下巴，很癢。我從來不會乖乖保持安靜，我會對製作過程提出各種問題，他總是耐心回答。

「為什麼石膏會發熱？」我問。

「因為它必須產生化學反應才會變硬。」他說。

裹好石膏之後，他伸出雙手握住殘肢，用拇指按壓將在義肢裡承重的地方。在石膏模變硬之前，他會一直維持這個姿勢施壓。接著他熟練地打開夾在我腰帶上的夾子，小心翼翼取下石膏模。之前畫在棉襪上的紫色線條，現在已轉印在石膏模內側，在他製作承筒時提供參考。

查理是個藝術家。這麼說或許有點奇怪，但他也是一位療癒師。他用對待藝術品的方式對待我的殘肢：在他眼中這不是異常，也不是缺陷。他不覺得我是可以嘲弄的怪胎。我喜歡他處裡我殘肢的方式——它很普通。或許這對他來說並不難，畢竟這是他的工作。可是在我決心要改變自己的時候，我從查理的態度裡得到勇氣。

我開車去富路義肢公司（Fourroux Prosthetics）找威爾・霍布魯克（Will Holbrook），我成年後的義肢大多由他負責製作。我告訴他：「不要包泡棉，一根金屬棍就行了！」

我想讓大家看見實際情況，讓他們知道我不會再偽裝自己。如果他們想盯著我目瞪口呆，那就看個夠吧！

威爾笑著聽完我戲劇性的宣言，然後提供了一個想法。

「卡珊卓，現在有兩家公司在做3D列印義肢套，一家在西班牙，一家在加拿大。你先上他們的網站看看，再把想法告訴我。」

兩家公司的網站都有五顏六色的義肢套，設計豐富多元。有花朵圖案，也有鳥類和烏龜，甚至有機器人風格的線條圖案，使我想起科幻電影《銀翼殺手》（*Blade Runner*）或《巴西》

（*Brazil*）。瀏覽網站有一種選購藝術品的感覺，不像是購買醫療器材。我立刻就愛上。

我跟威爾合力計算尺寸——從人造腳踝到膝蓋骨的長度（金屬套），以及殘肢承筒的直徑。我將是他的客戶之中，第一個使用這種新型義肢的人，收到寄來的包裹時，我們都很興奮。杜納托極力勸說我選擇超級英雄風格的義肢套，例如蜘蛛人、星際大戰裡的帝國風暴兵跟鋼鐵人，但我的首選是加拿大對偶基因公司（Alleles）的一款槍灰色圖案，叫做維多利亞時期（Victorian）。我喜歡它的蒸氣龐克風格。穿上新義肢沒多久，我就發現陌生人看我的目光變了。不再是充滿憐憫，取而代之的是驚奇。過去義肢令我感到丟臉，還會引來一連串讓人不舒服的問題，現在變成我和朋友、和好奇的陌生人能輕鬆開聊的有趣話題。

義肢套是一件藝術品，反映出我當天的心情，也意味著我終於開始敞開心扉，接受自己就是與常人不一樣。

第十一章／獨腿獵人

我接受的教育是人要努力不懈，不是因為努力就能成功，而是因為唯有努力才能保持對生命的信念。

——瑪德琳·歐布萊特（Madeleine Albright），美國國務卿，2003

二〇一九年仲夏，我率領田調團隊穿越阿爾巴尼亞和科索沃的薩爾山脈（Sharri Mountains）。我坐在休旅車的副駕駛座，車子再次爬過一塊巨岩，我們沿著這條崎嶇山路前往國家公園。我和老夥伴安卓亞仍持續合作，但這次他沒有來，這趟田調是接續二〇一一年開始的研究，當時我們從義大利的阿爾伯雷什移民身上記錄了部分源自阿爾巴尼亞的民族植物學傳統。

這一次我與長期合作夥伴普利斯提納大學（University of Prishtina）一起出發，這所大學位於科索沃的首都。當地團隊包括生物學系系主任艾夫尼·哈達利（Avni Hajdari），最熟悉該地區的科學家兼公園管理員札維特（Xhavit），還有艾夫尼實驗室的研究生布雷達（Bledar）。我還另外邀請了蘇珊・邁斯特斯（Susanne Masters），她是荷蘭萊登大學（Leiden University）的蘭花專家。此外還有《國家地理》雜誌的兩位攝影師，史賓賽（Spencer）與約翰（Jon）。駕駛這輛休旅車的是史賓賽，他說他有開過手排車，也有在崎嶇地形開車的經驗。我不認為他（還有我們每一個人）知道這裡的路到底有多難走。隨著海拔愈來愈高，這輛深綠色七人座荒原路華（**Land Rover**）休旅車也走得愈來愈吃力。空氣裡飄來橡膠燒焦的氣味，離合器使勁應付這段爬坡路。

距離我第一次來科索沃進行田野工作已經過了八年，這次我回來是因為美國國務院以鞏固科學能力為目的所資助的一項計畫。我的主要合作夥伴是艾夫尼，我們在科索沃的研究之所以能持續，主要歸功於他有很強的研究生產力，而且堅持不懈尋找經費來擴大他的科系與學校的影響力。這趟行程有兩大目標。第一個目標，如同既往，是採集樣本以便進行後續研究，以蓍草（*Achillea* **spp.**）和藥用多肉植物為主。不過我還有一個更大、更宏偉的計畫，那就是在這裡成立一間微生物實驗室，讓當地科學家能夠測試本國藥用植物萃取物的抗菌活性。這將是美夢成真。對提升他們運用當地豐富天然資源的能力來說，這將是極為重要的一步。如果他們能用自己的實驗室做測試，民族植物學尋找新藥的整體腳步將會加快。這是我在艾默利大學以外的地方第一次參與成立實驗室，證明我的工作方式確實是有價值的，不只對我自己的實驗室是如此，更重要的是對這個地區的居民也是如此；這些年我從他們身上學習，而他們也即將靠自己的力量在植物裡尋找具有潛力的抗生素。

科索沃是一個很年輕的國家，誕生於一九九〇年代巴爾幹半島衝突結束後，主權尚未獲得所有國家承認。當時戰爭的其中一方是阿爾巴尼亞人和科索沃解放軍，另一方是塞爾維亞人和南斯拉夫政府（由塞爾維亞與蒙特內哥羅共和國組成）。由塞爾維亞總統米洛塞維奇（Slobodan Miloševi）指揮的南斯拉夫與塞爾維亞軍隊，決定以種族清洗的方式對付這場起義。聯合國對此表示譴責，北約亦出手干預，而美國發揮了重要作用。這場可怕的衝突讓一百二十幾萬阿爾巴尼亞人流離失所，一萬兩千人喪命，包括手無寸鐵的婦女與兒童。據估計，塞爾維亞的軍隊、準軍事部隊和警察對大約兩萬名科索沃的阿爾巴尼亞裔婦女施加了性暴力與性侵。這場戰爭以一九九九年六月的庫馬諾沃協議（Kumanovo treaty）告終。多年後，前南斯拉夫問題國際刑事法庭（International Criminal Tribunal for the Former Yogoslavia）以戰爭罪和反人類罪起訴了米洛塞維奇與幾位南斯拉夫軍方指揮官。

軍事衝突結束二十年後，北約的KFOR（科索沃軍隊）仍在科索沃執行維和支援行動，這支軍隊由三千五百個部隊組成，來自二十七個國家。二〇一四年我初次造訪首都時，驚訝地看見這裡有前總統柯林頓的雕像，還有以小布希總統命名的道路。科索沃人將自由與救援歸功於美國和北約，他們也自豪地展示這種想法。這個國家經歷了悲劇，但是我遇見的每一個科索沃人都非常慷慨。這世上沒有哪個國家跟科索沃比起來，更能讓我感受到陌生人的善意。

我們知道當地人用一種多肉植物來治療耳朵與鼻竇感染——景天科的長生草屬植物，俗名是觀音蓮（houseleek/hens and chicks）。

熟知這些事的當地人安朱（Anjur）摘下一片多肉葉用力擠壓，流出透明黏液。「耳朵痛的時候，把這個放進耳朵裡，鼻竇發炎也可以用，」他說。安朱自家庭院裡就有種一小盆，不過他說：「它長在很高的地方，長在岩峰頂上。所以我帶回家養在花盆裡。」

我們還沒在實驗室研究過這種植物，如果它對耳朵感染和鼻竇感染都有效，直覺告訴我它或許能對抗革蘭氏陽性菌，例如肺炎鏈球菌和金黃色葡萄球菌。我們的頂尖植物學家兼人體GPS札維特拍胸脯保證他知道哪裡能找到。「我知道在哪兒，」他用塞爾維亞語說，眼神清亮，伸出手先在皺皺的額頭上抹了一把，然後伸進鴨舌帽底下把白髮向後梳。「我知道地方。」

我最喜歡的三個英文單字，是馬可對我說的「我愛你」（I love you）。第二名是當我問別人我要找的植物在哪裡時，對方說「我知道在哪兒」（I know where），無論是在地球上的哪個地方，也無論對方是誰。我聽到這句話總是很興奮。

路況顛簸，但景色十分壯觀：未經人工雕飾的原始荒野，數不清的丘陵草原上覆滿五顏六色的野花，彷彿彩虹在這裡灑了一地的色彩，遠處聳立著雄偉的高山。我們中途停了幾次車，在潮濕青草的爛泥地上跋涉，記錄沿途發現的陸生蘭花，可以的話就為普利斯提納植物標本館採集大量樣本，拍照，若是較稀有的物種就只採集一朵花。

遠處烏雲密布，閃電擊中遙遠的山谷。我還沒聽見雷聲，但心中已開始擔憂。風會把逐漸聚集的烏雲往這個方向吹來。這條路乾的時候已經很難走，若下起傾盆大雨，我們可能會被困在這裡一整夜或甚至更久。我們剛才經過一些農家，或許可以去那裡暫避暴風雨，可是距離這裡有好幾英里，在雨中無論步行或開車，走這條山路都非常濕滑危險。我問札維爾還要多遠。「快到了，」他堅稱。我相信他。身為田調團隊的領導者，我決定繼續前進。

車子繼續在山路上艱難前行了十五分鐘，來到山路的盡頭。前方不遠處有一面巨大的峭壁，從底下的山谷往上拔高幾百公尺。山的正面幾乎只見光禿禿的碎石，我們把車子調頭，讓車頭朝向狹窄的泥土山路，如果這場醞釀中的暴雨真的過來了，我們就不用在懸崖邊的斜坡上費勁調頭，畢竟地上都是濕泥。

札維特是這支團隊最年長的隊員，他拿著一根木杖徒步出發，快速爬上長滿青草的山坡，走進崎嶇的山裡。布雷達對他的工作方式已很習慣，帶著相機與採集袋加快腳步跟了上去，其他人則是在潮濕的草坡上探索。我背著裝備、拄著枴杖爬到丘頂時，看見札維爾與布雷達已走得很遠，像山脊上兩隻腳步匆匆的螞蟻。我爬得很累，一屁股坐在草地上休息，順便欣賞開闊的原野風景。那麼翠綠，那麼充滿生命力，我坐下時壓碎的草香味裡帶著泥土的芬芳。一切如此平靜、美麗，讓人想要把這個畫面——一個重大時刻——永遠烙印在心裡。

我和蘇珊開始尋找目標植物，包括標本館與實驗室研究的植物。我們找到不只一種羽衣草（*Alchemilla spp.*, Rosaceae），而是三種！還有沒葉子的列當（*Orobanche sp.*, Orobanchaceae），因為沒有葉綠素，所以列當靠寄生其他植物獲得能量和養分。在剪樣本之前，我躺在草地上用相機拍下這種花朵。

遠處傳來一聲吼叫。我看見札維特手裡拿著一個大袋子衝上山坡，布雷達跟在他後面，同樣拿著一大袋東西。札維爾向我揮手時，臉上掛著燦爛的笑容，他欣喜地揮手要我們過去看看他的發現。他的手伸進布袋，驕傲地高舉一株長了幾簇美麗植株、獨特的觀音蓮。任務完成！他果然找到了！布雷達也展示了他的發現，包括好幾種蓍草（*Achillea* spp., Asteraceae），其中有一個特有種非常難找。布雷達博士論文的研究焦點正是蓍草，所以這一趟冒險對他的研究很有幫助。我很喜歡這樣的國際團隊合作；無論我們來自哪裡，大家都做著類似的研究，也希望達成相同的目標。

那一刻，那種熟悉的感覺又來了：一方面筋疲力盡，一方面因為喜悅和興奮而飄飄欲仙。我的身體想要立刻躺下休息，卻又彷彿充滿了氦氣快要飛上天。我們找到目標植物，兩位攝影師也捕捉到這個地區美麗的植物和風景。或許是因為腎上腺素，也或許是因為疲憊，下山的路程似乎不像上山時那麼恐怖。

晚餐很豐盛，我們吃了切巴契契（**qebapa**，一種小烤肉卷，材料是羊絞肉和牛絞肉）與乳酪甜椒（阿爾巴尼亞的乳酪醬煮甜椒），搭配新鮮的皮塔口袋餅一起吃。飯後我們回到位在普利茲倫（**Prizren**）的飯店繼續工作至午夜。飯店的經理人很好，允許我們在餐廳最後的客人離開後，把裝備和樣本攤開在餐廳裡。我們必須在這些新樣本自然腐爛之前完成分類和處理。我們分工合作、各司其職，翻書確認植物種類，輸入數據，確定每一個樣本都正確地放入標本夾。我們沒有許可證，不能把CITES[1]列管的蘭花帶回艾默利植物標本館進行數位化收藏，史賓賽幫我們拍了高解析度照片做為紀錄。樣本本身將保存在普利斯提納大學的植物標本館。忙完的時候已經過了午夜，我洗了個熱水澡，脫掉義肢，倒在床上感到前所未有的舒暢。

那個星期我們在艾夫尼的普利斯提納大學研究室裡整理乾燥的植物，樣本分成兩批，一批運回艾默利，一批留下來讓他的學生萃取精油和進行抗菌分析。我們溝通了好幾個月，討論新的微生物實驗室需要哪些設備，以及哪裡能找到最好的價格。我們訂購了一臺培養箱、一臺測量菌叢光學密度的測讀儀、滴管和一臺離心機。費用逐漸增加，但是美國政府提供的創建經費只夠負擔

1 譯註：CITES是《瀕臨絕種野生動植物國際貿易公約》（*Convention on International Trade in Endangered Species of Wild Fauna and Flora*）的縮寫。

成立實驗室，若要購買器材（培養皿、瓊脂、試管和對照組的抗生素）得自己想辦法。

艾夫尼比我小幾歲，臉上總是掛著笑容。他很愛開玩笑——雖然老派卻讓人忍不住一起笑的那種笑話。兩年前，他和布雷達在艾默利跟著我的研究團隊一起訓練了幾個月。他的實驗室已經有能力為巴爾幹當地的植物萃取精油進行化學分析測試，但他們急切地想要增加研究工具，希望能做重要的抗菌測試。這次我來之前，布雷達已經在小小的實驗室裡拆封了新器材，學校最近分配這個空間給他們做相關實驗。實驗室來了兩位生物系的學生，示範他們如何測試植物萃取物的抗菌活性。布雷達領頭做實驗，我坐在旁邊觀察並且回答他們提出的問題。他沒忘記他在我的微生物實驗室裡受過的訓練。他熟練又自信地操作實驗步驟，同時用阿爾巴尼亞語向學生解說。對指導老師來說，還有比看見學生不再需要你的指導更心滿意足的時刻嗎？不再被需要是導師工作的甜美果實。

我坐在角落的凳子上，T恤牛仔褲外面套上借來的實驗袍。我一邊看他們做實驗，一邊回想這一路走來的點點滴滴。我和艾夫尼八年前第一次共同發表了論文，那是二〇一一年的事，當時我們都還是博士後，也都沒有自己的實驗室。此後幾年發生了很多變化，我們各自忙著成立研究團隊、訓練學生研究方法、給大學部的學生上大班課——相隔五千四百英里。

七年前我在艾默利大學做博士後研究的時候拿到大筆研究經費，那對我來說是第一個重大突破，當時我的夢想就是眼前這副景象。我的願景是成立和領導一支研究團隊，除了在自己的實驗室做出科學突破，更要與全球科學家攜手合作，讓大家都有機會進行相關研究。全球有三萬三千多種藥用植物，需要研究的東西非常多，若想消滅抗生素抗藥性，我們需要統一戰線和一支科學家大軍。看到自己的願景逐漸成形，這種感覺相當不可思議。一個又一個科學家加入戰線，以符合道德準則的方式與當地居民接觸，並且與來自生物多樣性豐富的國家的科學家和學生長期合作，我知道我們有機會改變現狀。

完成實驗室與標本館的工作之後，我想拜訪幾個住在阿爾巴尼亞薩爾山脈高山區的古拉尼族（Gorani）老友。艾夫尼建議我們順便去科索沃邊界旁的一個村子看看，可是我拒絕了——這是有原因的。

幾年前我們與安卓亞帶著一群學生造訪了那個村子，當時我覺得那裡有個現象非常怪異。這一支文化習俗獨特的少數民族住在該地區幾個村子裡，但那個村子特別不一樣。男性和女性不但分開生活，甚至連使用的道路都要分開——不可使用異性的道路。最令我擔心的是，村子裡有些年長女性表示想與我和我的女口譯交談，卻又害怕被人發現，即使是討論食用植物這樣無害的話題。

後來我們聽到傳言說，有些即將成年的男孩與未婚的年輕男性相信了偏激言論，離家去中東參戰。在年輕男性工作機會稀少的貧窮地區，ISIS允諾的致富機會令人難以抗拒。我不想再去那個村子。對我們自己和少數願意和我們交談的人來說，都太危險了。

「我們去阿爾巴尼亞的波耶（Borje）吧。你一定會喜歡的，那裡的山景極美，」我對艾夫尼說。我在社群媒體上與波耶的村民保持聯絡，一別多年，我很期待跟他們重逢。雖然村子裡不容易買到市場裡的一般商品，但是鎮上有網咖，許多年輕人也常用手機上臉書。

我和安卓亞一起初次造訪是在二〇一二年，當時我們的口譯是梅澤希爾（Mezahir），他很厲害，不但會說流利的英語和阿爾巴尼亞語，還會說古拉尼語，這是一種叫做托爾拉庫的過渡方言（Torlakian），屬於保加利亞－馬其頓與塞爾維亞－克羅埃西亞語言裡的一支。值得注意的是，梅澤希爾的正職是電臺主持人，說到訪談，他可是箇中高手。我經常用義大利語和西班牙語訪談，但是來到巴爾幹半島，語言問題成了獨特的挑戰。我們的研究團隊常常一週內在不同的村子和說不同語言的當地人互動，我雖然掌握了阿爾巴尼亞語的基礎詞彙，但是我完全不懂塞爾維亞語和古拉尼語。

我們討論是否要越過山區邊境（從這裡去普利茲倫最快），但是我記得安卓亞的前車之鑑，他曾和兩位同事嘗試這麼做，結果差點被關進阿爾巴尼亞鄉下的監獄。「不了，我們從庫克斯（Kukës）繞遠路走。」我說。走這條路會多一小時車程，但是我們會通過外國人必須受檢的邊境檢查站。

我用臉書發訊息給幾個古拉尼朋友，接著幫助團隊把裝備與新鮮的麵包與山羊乳酪製作的三明治放上休旅車。跨越邊境的路很好走，沿著這條公路就能開到庫克斯城外，這是第一座獲得諾貝爾和平獎提名的城市，因為它溫暖地接收了戰爭期間逃難的四十五萬名阿爾巴尼亞裔的科索沃難民。

下了公路之後，我們開上碎石路和泥土路，雨水沖刷加上牲畜在村莊之間移動，這些小路坑坑巴巴。路旁斜坡底下有一條清澈的山澗，溪裡的石頭有大有小，溪水蜿蜒流向庫克斯。今天難得是個晴天。我從沒在這裡看過如此蔚藍的天空。積雲漂浮在天上，引誘我們拍攝雲朵縈繞加利卡山（Mount Gjiallica）的景色。這是一座石灰岩山，覆滿蔥鬱的針葉林，是這個地區的最高峰。其他的山坡則是除了樹林之外，還有陡峭斜坡上位置錯落巧妙的梯田式菜園，當地人在那裡種植時蔬和馬鈴薯。馬鈴薯的發源地也是類似的山區，不過是位於世界另一端的南美安地斯山脈。雖然如此，巴爾幹種植的馬鈴薯也長得很好，現在是為當地家庭帶來最多收入的作物。

令我驚訝的不只是當地人在陡峭地形耕作的農業技術，還有他們的生存技能。他們在溫暖的月份種植或採收足夠的食用植物①，存放在鋪了稻草的土坑裡或是發酵儲存，做為漫長冬季的糧食。有幾年雪下得很大，路況極糟，他們一連好幾個月無法離開村子。如果沒有儲糧，他們會餓死。

野生果實發酵成氣泡飲料②——玫瑰果、李子、大果山茱萸、黑莓——據說喝了對健康有好處，這一點引發我的興趣。此外還有乳酸發酵的蔬菜——美味甜椒、番茄、甘藍、小黃瓜——用鹽水醃漬，搭配優格、乳酪和麵包可以吃一整個冬天。當地人對於哪裡能找到讓各種食物發酵的野生微生物知之甚詳，例如當地的酸味優格飲料酷斯（kos）。距離這趟田調的五年前，我和安卓亞創造了民族發酵學（ethnozymology）這個詞③，用來描述這個傳統生態知識領域，這正是我們之前做研究時在古拉尼人身上觀察到的。

我們在彎彎曲曲的泥土路上緩慢前進，直到我看見遠處閃耀光芒的它。「快到了，」我告訴車上的人。「那是波耶清真寺的圓頂。」

沿著主要的街道往前開，經過手工建造的石屋，茅草屋頂的材料是一種特殊的長莖大麥，這種大麥也是糧食。路旁有個飽經日曬的老人，牽著一頭背上捆著薪柴的驢子踽踽獨行。我們把休旅車停在清真寺的下坡處，這裡有很多柳樹，我們停在其中一株柳樹的樹蔭下。雖然這個地區的村子以阿爾巴尼亞人居多，但是古拉山脈（Gora mountains）的這個區域只要是種了很多柳樹的村子，十有八九是古拉尼人的村子。白柳（*Salix alba*, Salicaceae）在他們眼中很神聖。

春天慶祝聖喬治日（St. George's Day）的時候，古拉尼人會用柳樹枝條裝飾家門口和商店門口，用來轉移惡魔之眼的視線。他們也會餵牲畜吃柳枝增強免疫力。柳枝最特別的用途是求愛。

年輕男子準備求婚時，會跟朋友一起走到河邊，挑選一棵特別的柳樹扛回村裡。這是鞏固男性友誼的夜晚——喧鬧歌唱、飲酒跳舞（雖然嚴格說來，穆斯林信仰禁止飲酒）。最後他們會把這棵柳樹放在求婚對象的家門口。若她接受求婚，她會把柳樹種在父親的田地裡。若是拒絕，這棵樹會被劈斷然後在她家門口燒掉。

在人類學裡，參與觀察（participant observation）是一種重要的研究方法，用來深入了解文化行為；這種方法能提供光靠訪談不一定能捕捉到的東西。不過當地人認為，讓女性觀察這群男性尋找、挖掘以及把求婚柳樹扛回村裡是個禁忌。雖然我的性別阻擋我進行某些調查，但也有某些門只為女性而開，男性科學家被阻擋在外，例如與年輕女性和中年婦女討論婦女健康、兒童疾病與生產等主題。

研究團隊從車上拿出攝影器材，等我指示下一步行動。「我們去酒吧，我問問席丹（Zidan）在不在。」前幾次我來這裡，席丹都參與了長時間的訪談。他對這裡的野外生物極為了解——動物和植物都是——他很熟悉古拉尼人過去一世紀以來如何將這些天然資源應用於飲食和健康。他們的文化認同以及他們獨特的語言都和傳統的土地緊密相連。席丹是獵人，而且跟我一樣，他只有一條腿。

咖啡館兼酒吧是一個位在村莊中心的單室空間，就在清真寺對面，裡面擺了幾張桌椅，一個小櫃檯上放了幾罐汽水和啤酒，還有一臺咖啡機。最重要的是，這裡有一間浴室。浴室的大小跟衣櫃差不多，地上有個排水孔，提一桶水就能把身體洗乾淨。在長途車程與野餐之後，我們幾個人都需要洗澡。我和蘇珊是女性，照理不准進入這個男性專屬的空間。但是我早在這家酒吧裡做過多次訪談，也跟安卓亞和梅澤希爾在其他酒吧做過訪談，當地人已經接受這件事。我們不是當地女性，所以有些規則可以睜一隻眼閉一隻眼。而且我們有五名男性同行，也算是加分。

我再次向老闆兼酒保祖蘭（Zuran）介紹自己，我問他席丹在哪裡。他派一個小男孩跑去席丹家叫他——有好幾個孩子好奇地在門口徘徊。

七年前我曾與村裡的幾個孩子坐在水井旁，稱讚他們採集植物標本的學校作業做得很棒。他們把野花和當地植物黏在筆記本上，這個陌生人從很遠的地方來他們的村子看植物，所以他們熱情與她分享自己的標本作業。

有個男孩叫申德（Shendet），現在已是十九歲的大人，過去幾年在阿爾巴尼亞與德國生活，他以難民身分逃往德國，在那裡接受了良好的教育。我們一直在臉書上保持聯繫，我們要來的前一天，我給他發了訊息。他來到酒吧時，我們緊緊擁抱彼此一下。他學了英語，現在英語流利得令我驚訝。他跟我分享了自己的故事。

申德像許多想要改善經濟生活的人一樣，希望自己能在德國定居，在當地找機會賺取收入。待在村子裡只能採集野生藥草，用低廉的價格賣給中間商，這些藥草將被做成膳食補充劑，進入歐美各地的高級健康食品店。他用功念書，希望自己的四語能力（阿爾巴尼亞語、英語、古拉尼語、德語）能帶領他邁向更好的未來。豈知到了法定成年的十八歲，他被遣返回阿爾巴尼亞。

「他們說我是阿爾巴尼亞人，」他的語氣彷彿這是一種誹謗。「我努力解釋我不是阿爾巴尼亞人，我是古拉尼人。」他把手放在胸口，彷彿這些人試圖用這幾個字剝奪他的人格與文化認同感。身為古拉尼人，從小到大他的語言、文化、習俗以及他與大自然的關係，都和這個國家主流的阿爾巴尼亞文化不一樣。

申德使我想起我在美國的孩子跟外甥。我無法想像他們十三歲就離家隻身到國外，進入寄養系統，拚命學習語言，然後好不容易熬到成年就被剝奪一切。雪上加霜的是，申德的伯父過世、父親生病，現在他年輕的肩膀上扛著兩個家的經濟重擔。我為他感到心痛。我偷塞了點錢給他，幫助他照顧家人度過這個月。

我們聊天時，酒吧裡擠滿好奇的圍觀者，大部分是二、三十歲的年輕男性。我告訴酒保祖蘭我要請在場每個人喝一杯。我們坐著閒聊，打發時間，我順便向團隊成員介紹了這裡的某些傳統。阿爾巴尼亞的貨幣列克（lek）匯率很低，我收到帳單時，發現我請擁擠的酒吧裡每一個人喝汽水、啤酒與咖啡只需要一千兩百列克，相當於十歐元或十二美元。

席丹走進擁擠的酒吧。他跛著腳走過來，一個年輕人站起來讓座。席丹年近六十，體格健壯，因為經常待在戶外皮膚又黑又皺。原本烏黑的頭髮現在有幾縷已經變白。我們互相問候，他對我記憶深刻，我們開心交換近況。

「你還好嗎？」我問他。「這個季節有熊嗎？」

席丹追蹤和獵捕棕熊（當地人稱之為arieu）的技術特別高超。棕熊肉是美食，而棕熊脂肪更加珍貴，能製作當地的傳統傷藥。他打獵不是為了販售獵物——僅供他的當地親友使用，包括食用和藥用——但是這個國家有商業獵人。野生動物的大規模獵捕與貿易，對野生的熊、狐狸和許多鳥類數量造成嚴重威脅，包括雕在內——雕是阿爾巴尼亞的國家象徵，在民俗故事中，雕與自由和英雄主義有關。

二〇一四年阿爾巴尼亞政府宣布全面禁獵兩年，希望藉此增加野生動物的數量。禁獵令發布前不久，《國家地理》雜誌二〇一三年的一篇文章指出該地區候鳥數量減少[4]，引發關注，面臨公眾壓力的政府不得不採取行動。二〇一六年，禁獵令又延長五年，於二〇二一年到期。目前禁獵的效果尚且無法得知，尤其是這個地區非常偏遠。有一項研究證實，雖然知道禁獵令的人很多，但是幾乎沒人遵守。[5]在許多情況下，當地獵人必須打獵來滿足更重要的需求，例如養家活口。森林提供的收入有限，為了生存竭盡所能的居民對野生動植物的數量造成威脅。他們需要永續採收的方法，問題是只要貧窮持續存在，很難想像此類拯救野生動植物的計畫能發揮效果。保育只考慮單一因素是不可能成功的。只要我們不認為人類與自然環境同屬一體，而是各過各的，這樣的計畫就幾乎不可能有成效。人類自從出現在地球上就一直在改變地貌，影響野生動植物的數量。我們和大自然密不可分。

蘇珊對這種情況再了解不過，她是民族植物學家，專門研究食用蘭花和食用蘭花的保育。她對製作蘭莖粉（salep）的幾種蘭花特別有興趣，這些野生蘭花的塊莖被採收之後可用來製作多種產品，例如有彈性的冰淇淋和炸藥⑥——這是因為蘭花塊莖具有獨特的化學特性。蘇珊有一頭草莓色金髮，口袋裡經常裝滿她散步時摘下的芬芳香草，身為一個信念堅定的科學家，她的使命是深入了解錯綜複雜的蘭花貿易，土耳其市場裡的許多野生蘭花塊莖都是來自這裡的山區⑦，伊斯坦堡的街邊小販冬天會賣一種濃郁的香甜熱飲，原料就是這種塊莖。

席丹知道幾個當地的野生蘭花園，我請他帶我們去。休旅車坐不下，酒吧老闆因為做了筆大生意也跟大家聊得開心，主動表示願意開他的紅色老爺麵包車載我們。好幾個男性村民也跟著上車，我們擠在麵包車裡前往蘭花園，在凹凸不平的路上一邊顛簸，一邊聽著阿爾巴尼亞流行歌。

很快就到了。泥土小路才剛轉進一片草原濕地，我們的車就停了。席丹下車後動作意外敏捷，我拖著腳步跟上去，兩個人一瘸一拐走過濕地、跨過小溪。穿過灌木叢和樹林之後，目的地赫然出現在眼前。

我睜大雙眼。這片草原上點綴著紫色與白色的陸生蘭花，還有鮮豔的藍色和粉紅色野花。我們彷彿從原本的世界一腳踏進植物仙境。我有點頭暈目眩——雖然這可能是抗組織胺的副作用，因為大量花粉會害我噴嚏連連。

蘇珊忙著拍攝和記錄當地人會摘採的主要種類，好奇的申德和席丹不停問她問題，例如她如何分辨蘭花的種類？這些花為什麼如此重要？她為什麼大老遠跑來研究他們覺得很尋常的東西？

她居住的英格蘭是怎樣的地方？她念書的荷蘭是怎樣的地方？她也反過來詢問他們該地區野生蘭花的採集與貿易。可以賺多少錢？有外地人會來採蘭花嗎？

席丹目光銳利地觀察山坡，選了一個合適的地方坐下，身體向後靠欣賞風景。雖然這個天堂他隨時都能來，但他顯然對眼前的美景心懷崇敬。我也在草地上坐了下來，從背包裡拿出水壺補充水分，然後我取下義肢襯墊，晾乾剛才走路時流的汗。他指向不遠處的樹林說了一些話，申德幫我口譯：「我在那裡踩到地雷，炸斷了腿。」

獨腿獵人和我，兩個人就這樣靜靜坐著。準確地說，是兩個獨腿獵人坐在一起。雖然少了口譯我們就無法直接溝通，但我們之間有一種非比尋常的連結。戰爭都對我們造成深刻傷害。席丹被塞爾維亞軍隊和準軍事部隊埋設的地雷炸傷，這些地雷於一九九八至一九九九年沿著阿爾巴尼亞東北部的科索沃邊境埋設，長度約一百二十公里，而且埋設地點沒有紀錄。戰爭結束至今，已發生兩百多起地雷傷害事件，大多是住在這個地區的村民，有些人因此喪命。

其實我天生腿骨畸形、必須截肢，十有八九是因為爸爸在越南服役時接觸到有毒化學物質。美軍的「牧場助手行動」（Operation Ranch Hand）向越南一萬平方英里的叢林與紅樹林，噴灑了一千九百萬加侖的落葉劑[8]，以及一千一百萬加侖含戴奧辛的橙劑。戴奧辛會長期存留在環境裡，經由皮膚、呼吸以及吃下被戴奧辛汙染的食物，都會使人接觸到戴奧辛。戴奧辛是脂溶性化學物質，會在人體組織裡累積，據推測，戴奧辛會干擾控制早期發育的基因開關，也就是胚胎發育成胎兒的階段。橙劑破壞了森林、生物多樣性與動物[9]，甚至改變了接觸橙劑的人的基因組成或基因表現，不分美國人與越南人。以我為例，橙劑可能破壞了我的身體在母體內最初幾個月的發育，因為主導我身體發育的基因一半來自父親突變的精子，一半來自母親的卵子。

或許我跟席丹的連結不僅僅是戰爭、對大自然的熱愛和打獵——還包括一種旁人鮮少能夠理解的感受，因為我們深刻體會自然環境遭破壞的後果。這是我從長期訪談裡得到的領悟。戰火幾千年來從未間斷，只要人類持續爭奪有限的地球資源，戰爭就沒有結束的一天。簽署和平協議不會終止戰爭對人類的傷害，自然環境的傷痕也會持續以最令人意想不到的方式影響著我們。我和席丹都對植物構成的大自然心懷敬意。

民族植物學本身就是一種希望的信號。這是人類經驗與科學審視的交會點——神奇的事情可能會在此誕生。我從實驗室的研究中，明白植物的效用到底有多強大，毒物和藥物往往是一體兩面。我也漸漸意識到我們對植物的了解嚴重不足。推動我持續研究的核心信念是自然界蘊藏的無數可能性，以及這些資源改善世界的潛力——前提是這些資源沒有被人類破壞殆盡。

我在巴爾幹半島看見雄偉的美，也看見巨大的痛。暴力與性侵的身心創傷歷歷在目。每個人都受到某種程度的傷害。我們的電臺主持人兼口譯梅澤希爾總是活力充沛、幽默風趣，其實他也有創傷。戰爭期間，他被迫親眼看見叔叔遭受虐待和殺害。儘管他們都帶著有形和無形的創傷，卻依然溫暖真誠地對待我，彷彿我不是來自遠方的陌生人，而是久未返鄉的家人。

我率領巴爾幹半島小組的同時，另一個小組正在喬治亞荒野進行田野工作——是喬治亞州，不是喬治亞共和國。這是我的研究團隊第一次在兩個不同的大陸同時進行正式田調。除此之外，擠滿暑期實習生的實驗室也維持正常作業。我在前一年與貝克郡的伊超威瓊斯中心（**Jones Center at Ichauway**）建立了成果豐碩的合作關係。瓊斯中心擁有占地兩萬九千英畝的大王松林地和沼澤地，是美國東南部碩果僅存的完整生態系統之一。原先這塊地是由熱愛戶外的可口可樂前總裁羅伯特・伍卓夫（Robert W. Woodruff）購入，他喜歡在這裡獵鳥，並且讓這裡維持自然狀態。一九八五年伍卓夫去世後，這塊地成為一所環境研究中心。這所中心的校園有宿舍也有實驗室，目前員工超過八十五人，還有一百名研究生，他們都致力於了解、展示與推廣美國東南沿海平原卓越的自然資源管理和保育。

我們與現地科學家合作，針對原住民克里克族（Muscogee/Creek）和喬克托族的食用植物以及治療感染跟發炎的藥用野生植物，進行大規模調查與採集研究。我對這片松林有種特殊的親切感，我的父親、祖父和曾祖父都曾在這裡工作。我的祖先在這裡獵捕野鹿和野禽，採集可食用的野生蔬果。現在只要有空，我也會從亞特蘭大跑來這裡尋找植物，車程僅需四小時。我也會在這裡獵鹿給家人吃，杜納托十二歲了，秋季時我已開始教他打獵。

我在阿爾巴尼亞和科索沃工作時，標本館團隊和幾個實驗室的研究生在瓊斯中心尋找更多樣本。森林的下層植被有很多芳香植物，例如有甘草香氣的一枝黃（*Solidago odora*, Asteraceae）；北美檫樹（*Sassafras albidum*, Lauraceae）的葉子富含黃樟素，乾燥後磨成粉就成了黃樟粉香料（filé/gumbo filé），是克里奧爾料理秋葵濃湯的美味祕訣；還有氣味較濃的美國紫珠（*Callicarpa americana*, Lamiaceae），葉子可用來驅蟲。這個地方有很多響尾蛇，我告訴他們對蛇保持警覺，一定要在褲子外面套上咬不穿的防蛇腳套。由於距離遙遠，我很擔心他們。無論如何，他們最有可能碰到的情況是被嗡嗡鳴叫的蚊蚋大軍無止盡地騷擾，牠們會在你的鼻子、眼睛、耳朵跟嘴巴附近群聚。

馬可離開公寓維修的工作三年在家當全職爸爸，直到賈科莫上幼兒園，他才回到職場。這次他的工作是我們研究團隊的實驗室技術員。多年來，他不斷幫忙維修實驗室設備，為田野工作勞心勞力，協助採集和處理植物樣本，從來沒收過一分錢，現在我們終於為他爭取到一個有薪酬的職位，報償他對實驗室的付出。

我們外出田調時，馬可為植化實驗室量身打造了一個開放式分液收集器——基本上就是一個放試管的平臺，用來收集高效液相層析儀流出的少量分液。這麼做的目的是藉由反覆收集層析分液，我們可以從具有生物活性的植物萃取物裡分離出更多純化合物。他能在經費有限的情況下做出這臺儀器，是因為他做了我們實驗室一直在做的事——翻找多年來我們到處撿拾的零件和工具。

不過這一次他去一個不一樣的地方撿破爛：我們家孩子堆樂高的地方。他發現他可以先用樂高做出完整的機器人機制，再接上樂高 Mindstorms 機器人控制器。[10]然後他和實驗室的其他人一起寫設計流程與說明書。他用價值不到五百美元的樂高積木和五金行就能買到的普通材料，成功複製一臺要價一萬到一萬五千美元的科學儀器。真不愧是我老公。

現在實驗室裡的學生可以讓機器自動反覆處理樣本，等他們回來取試管時，已經收集到夠多的純化合物來萃取結晶。這是一個重大突破。我們不僅有液相層析儀跟質譜儀能用來檢視複雜植物萃取物的化學組成，有核磁共振儀能用來確認純化合物的二維結構，現在還能夠精準捕捉到純分子構形。利用 X 光晶體學工具，我們可以看見化合物在三維空間的準確結構。這對未來使用電腦模型軟體具體呈現化合物如何嵌入蛋白質目標的研究來說特別有用，就像鑰匙插入鎖孔一樣。

我們實驗的第一種結晶是從美國紫珠的葉子分離出來的。美國原住民將美國紫珠用於醫療歷史悠久。塞米諾爾人用它的根或莖皮來止癢，喬克托人和庫莎塔人（Coushatta）用它治療各種胃腸毛病，根和果實煎煮後能治療腹部絞痛、胃痛和腹瀉。葉子的驅蟲效果也很有名[11]，科學家已成功分離出有驅蟲效果的主要化合物。

雖然我們的研究找到的化合物是另一個研究團隊早已發現的化合物，且據稱有抗癌特性，但我們率先分離出能夠判定這種化合物三維結構的高品質晶體。⑫我們也從美國紫珠的葉子裡分離並且鑑定出另一種化合物：克羅烷型二萜（clerodane diterpene）。⑬它單獨存在時發揮的抗菌活性很有限，但我們發現若是搭配苯唑青黴素或美羅培南等β-內醯胺類抗生素（化學結構含一個β-內醯胺環的抗生素）一起使用，它能使抗生素在碰到有抗藥性的金黃色葡萄球菌菌株時恢復活性。這種恢復抗生素活性的方法對探尋新藥的研究來說極具吸引力，有了它，我們或許能將效果不如從前的藥物暫時下架，再讓效果更好的感染新藥重新上架！

我們也研究了美國紫珠葉萃取物對痤瘡丙酸桿菌（*Cutibacterium acnes*）生長的活性表現⑭，這是讓皮膚長痘痘的細菌。我覺得這句話念起來特別有意思：美麗果的葉子使你的肌膚變美麗！[2]重點是在實驗室裡，發揮生長抑制作用的劑量濃度對皮膚細胞沒有毒性。

一年前我們曾誤入歧途，當時我們發現一種蕈菇萃取物會把培養皿裡的痘痘菌殺光光——甚至在抗藥性超強的生物膜生長階段也有效。問題是當我們把蕈菇萃取物放進皮膚細胞的培養皿時，它把皮膚細胞也殺光光了！想像一下：全臉去皮。自然界有許多可以殺菌的化合物，但關鍵是找到既能殺菌又不會殺死人體細胞的化合物。這需要大量的耐心和努力不懈地尋找。並非所有

---

2 譯註：美國紫珠的英語俗名是beautyberry。

的天然物質都是安全的。

我們的美國紫珠研究取得早期成功之後，其他研究也快速取得進展。我們針對巴西胡椒木萃取物的化學結構與抗毒特性的研究，成功從果實分離出三種活性化合物⑮，並借助核磁共振與X光晶體學儀器鑑定出這些化合物的三維結構。它們不僅在試管研究展現出令人期待的活性，在活體動物的皮膚感染亦是如此。

我迫不及待想要研究我們在科索沃峭壁上採集的觀音蓮（長生草屬）的化學成分與抗菌活性。它屬於景天科，這一點引起我的興趣。我們之前已在景天科的落地生根屬植物身上發現有趣的結果。掌上珠（*Kalanchoe mortagei*）和玉吊鐘（*Kalanchoe fedtschenkoi*）是源自馬達加斯加與非洲東南部的多肉熱帶植物，在傳統醫療上有很悠久的應用史。由於葉子邊緣可發芽自我繁殖，現在全球熱帶地區都有這種植物，被稱為「奇蹟的葉子」，因為它們有多種醫療用途。

我們的研究發現，玉吊鐘的抗菌效果超越掌上珠⑯，可抑制有多重抗藥性的革蘭氏陰性菌（鮑式不動桿菌與綠膿桿菌），以及革蘭氏陽性病原體金黃色葡萄球菌，而且它對人類皮膚細胞的毒性很低。我們的下一步是分離出這兩種植物的活性化學物質，我很期待我們的實驗能否從科索沃的長生草屬植物裡，找到展現抗菌活性的類似化學物質。雖然面對這些研究我們還有很長的路要走，但是我們的研究品質與嚴謹程度都正在為這個領域樹立全新的高標準。

第十二章／卡珊卓的詛咒

這場全球疫情提醒我們，苦難一視同仁、沒有邊界。我們都一樣脆弱、一樣平等、一樣珍貴。希望我們都能深受撼動：此時此刻我們應該消除不平等，治癒損害人類大家庭全體健康的不公不義。

——教宗方濟各，推特發文，2020

我在華盛頓特區的飯店房間裡來回踱步，從床邊走到狹小的座位區再走回來，座位區有一張L形沙發，正對著一臺光滑的壁掛式液晶電視。有線電視的新聞音量調得很低。現在是二〇二〇年二月中。上週末我裹著厚厚的大外套，在南卡羅來納州的足球場邊線上為貝拉的隊伍歡呼。比賽結束後我們開車回亞特蘭大，剛好來得及送我上深夜的北上飛機。這幾個月我經常搭飛機橫越大西洋，或是飛往美國西海岸再飛回家。去大學演講、參加科學研討會和工作面試，緊湊的行程既讓人熱血沸騰，也讓人筋疲力盡。我今天在國會山莊度過漫長的一天，在寒風中走來走去讓我的右腿很痛——我和一小群來自全國各地的科學家、倖存者、醫生及公衛官員在建物之間快速走動，長達數小時。

皮尤慈善信託基金會（Pew Charitable Trusts）邀請我們參加一個倡導日活動，與眾議員和參議員（或是他們的衛生與科學顧問）見面討論抗生素抗藥性的緊迫威脅。我們提著印有「消滅超級細菌！」的亮藍色袋子，在多場會議中花費好幾個小時說明國會為什麼需要提供更多經費，支持抗生素新藥的發現與發展研究。我們強調公衛行動的重要性，這能夠防止多重抗藥性感染在醫院和社區蔓延。會議進行得很順利，但誰知道政客最後會怎麼做呢？

我們以懇切而明確的方式說明情況。我們的訴求很簡單：如果政府不把抗生素抗藥性當成首要之務，總有一天它會癱瘓醫療系統。連小手術也將變成攸關生死的決定；事實上所有的醫療處置都是如此，從分娩到癌症治療。二〇一九年，美國CDC依照對人類的威脅程度，將十六種細菌和兩種真菌分別歸為三類：急迫（urgent）、嚴重（serious）和令人擔憂（concerning）。我的實驗室正在積極研究其中七種屬於急迫和嚴重類的致命病原體，從大自然裡尋找全新的化合物，目的是殺死它們、恢復既存抗生素活性的綜合療法，或是阻斷破壞組織的毒力路徑。

這些政客有充分的理由感到擔憂。藉由空氣傳播的結核病已騷擾人類至少九千年，不但已經對多種抗生素演化出抗藥性，而且涵蓋多種類別。有些菌株對四種第一線抗生素中的兩種產生抗藥性，還有一個菌株至少對三種第二線抗生素的其中一種已有抗藥性。具備全面抗藥性的結核病即將誕生。[1]導致結核病的結核桿菌是由羅伯・柯霍博士於一八八二年發現，當時美國和歐洲每七人就有一人死於結核病。過去是未來的重要借鏡——這正是我們前進的方向。

我們的選擇愈來愈少。抗生素新藥的發現進展緩慢，部分是由於細菌的生長速度。像大腸桿菌這種快速生長的細菌，倍增時間（培養菌群的細胞數量變成兩倍需要的時間）只有二十分鐘，科學家今天做實驗，明天就能得到結果。結核菌的倍增時間是二十四小時或更久，這意味著相同的實驗科學家至少得等兩週才知道結果。

空氣傳播的病原體不是我們唯一擔憂。淋病雙球菌的蔓延，帶來無法治療的「超級淋病」菌株。淋病會造成喉嚨、直腸與生殖器感染，男女皆然。若放任不治療，會造成女性骨盆腔發炎（症狀包括長期疼痛、不孕和子宮外孕），男性則是睪丸疼痛和不孕。性生活活躍的十五到二十四歲年輕人，是淋病的好發族群。女性患者也有可能在生產時將淋病傳染給寶寶。二〇一八年，美國的淋病病例超過五十五萬。[2]若不加以控制，淋病會在血液和關節中擴散，甚至導致死亡。雖然為有抗藥性的淋病尋找新藥的研究相當稀少[3]，不過已有兩種新藥正在接受臨床試驗的評估：zoliflodacin與gepotidacin。就算這兩種藥通過藥物審查，相關研究仍須重新補上。歷史已告訴我們，抗藥性必定會出現。

我停下腳步看向電視。過去幾天，我持續關注中國武漢出現的一種新型呼吸道病毒。新聞聽起來好像這種冠狀病毒出現在另一個星球上，但我知道若病毒可以快速人傳人，距離將不再有意義。根據初期的報導，病毒很容易經由呼吸道傳播，也有可能經由受汙染的表面傳播。目前病毒已出現在義大利北部：住院率飆升，尤其是那裡的大量老年人口。設備不足的醫院不堪重負。我很擔心馬可住在義大利南部的家人，祈禱他們的小村子可以倖免於難。

我已安排幾天後要去義大利的巴爾加（Barga），從比薩往內陸走大約一小時車程，在盧卡（Lucca）附近。我將在一家飯店裡與來自世界各地的專家小組討論抗生素新藥的發現與發展，包括政府、學術界、軍方、私人企業科學家與醫生代表。討論的主題是〈發現與研發新型抗菌劑的挑戰和創新方法〉。我很期待向他們介紹我們最新發現的一種化合物，它可以恢復β-內醯胺抗生素對抗MRSA感染時的活性。當然我也很期待跟老朋友團聚，一起想出有創意的新方法。

手機響起，是同事萊恩・瑟斯博士（Ryan Cirz）的訊息，他成功推動一種新型抗生素通過FDA核准上市（這種藥叫plazomicin，能治療多重抗藥性的革蘭氏陰性菌感染），可惜他的公司Achaogen因為抗生素的經濟模式不佳而倒閉。

慢性病藥物的製藥成本可透過長期販售回本獲利——例如憂鬱症、心臟病、高血壓——但是抗生素的情況截然不同。在使用得當的情況下，抗生素的用藥時間很短（至多兩週），回本時間有限。還有其他公衛方面的原因：只要原本的老藥還有效，醫生就會先開老藥，把新藥留到老藥失靈時再用（新菌株或抗藥性菌株）。這是因為不同於β受體阻斷劑和斯他汀類藥物，抗生素會隨著新的抗藥菌株出現而漸漸失效。所以就算一家公司通過FDA的嚴格審查、推出安全有效的抗生素也很難回收成本，因為病人用藥的時間很短、新藥被保留給抗藥性最強的感染，而且新藥本身也會因為細菌產生抗藥性而壽命有限！

你或許感到好奇，為什麼有人要將畢生精力投入看似注定失敗的研究。雖然這個經濟模式沒有用，但是科學家不會放棄研究。人類面臨的風險巨大到我們不能放棄。我們知道抗藥性的問題不會消失，面對後抗生素年代的到來，我們必須做好準備。

萊恩的簡訊裡說雖然有很多與會者感到不安，但巴爾加的會議將如期舉辦。來自武漢的病毒感染尚未抵達巴爾加，但它確實正在蔓延。這場會議很重要，但是我們要付出怎樣的代價？

萊恩在簡訊裡說又有兩位特邀講者決定不來，英國的政府科學家代表團也決定退出。我打電話給合作密切的夥伴祖洛斯基博士，他服務於華特里德陸軍研究所傷口感染系，負責研究發病機制與致病性。他一直跟我的實驗室合作尋找新的化合物，治療對碳青黴烯有抗藥性的鮑氏不動桿菌感染。如果有疾病威脅等級的消息，他肯定知道得最清楚。他的行程暫時照舊，他說，但情況有可能隨時生變。

這些不確定因素使我擔心。目前沒有治療方法也沒有疫苗，嚴重感染和死亡的病例都在迅速飆升。

這些宏觀的問題除外，我和馬可已經排定我從義大利回到美國的那一天要簽約買房。經過一年的深思熟慮以及在歐美各地求職一圈之後，我決定留在艾默利大學。我們重談了一份工作合約，能為我提供更多支持和保障。從我當學生、接受專業訓練一路到事業初期，我們花了很多錢在租屋上。現在我四十二歲，馬可四十九歲，我們終於要在這裡安家。

如果我在國外生病了或是需要隔離，對我們一家人來說將是個災難。由於會議的主辦單位仍在觀望，我決定直接回家。

回到家之後，我和馬可儲存了不易腐敗的食物、清潔用品和蔬菜種子，並且遵循防災指南做好準備。我們以前住在佛羅里達州，那幾年的颶風季洗禮沒有白費。一旦這座城市開始傳出病毒蔓延的風聲，封城勢在必行，屆時從食品雜貨到汽油都會陷入搶購。

我盡量建議朋友為封城做好準備，儲存足夠支撐一個月的食物和日用品。有些人接受建議，有些人覺得我太誇張。遠在海洋彼岸的病毒怎麼可能影響我們？答案很簡單：航空旅行。我們與中國只有一段直飛航班的距離，病毒可能早就已經抵達美國，藉由空氣在人際之間傳播，只是尚未被發現罷了。

過了三週，二〇二〇年三月十一日世界衛生組織正式宣布新冠肺炎（COVID-19）是全球規模的流行病。學校還沒宣布關閉，我就已經叫孩子把儲物櫃裡的東西和私人物品都帶回家——後來學校關閉了一年。艾默利大學封校的前一週，我早已指示研究團隊將實驗暫時收尾，關閉實驗室。春假剛結束，學生紛紛返回校園，已有人感染或帶原的可能性非常高，我不想冒險讓研究團隊留在校園裡。我們把細菌安全存放在超低溫冷凍櫃裡，實驗室的表面也全部消毒一遍。他們把電腦和實驗筆記的電子檔帶回家，建立居家辦公模式。我們在大家忙亂防疫之前，以相對冷靜有條理的方式率先離開。他們在家裡覺得既安全又安心，我也一樣。有了這樣的安全感，我們很快再次投入科學研究，以團隊合作的方式寫幾篇重要的論文以及之前一直拖著沒寫的計畫申請書。

我和團隊成員都待在家裡，全心全意寫兩篇植物源抗生素的大規模綜合分析論文④，與此同時我佩服地看著從事醫療的同事們在醫院裡嚴陣以待，對抗這個微小的敵人。隨著感染人數在世界各國與美國各州攀升至高峰，流行病學家忙著追蹤病例。

我們趕在疫情爆發之前搬進了新家。馬可一邊整理實驗室的數據庫，一邊忙著家裡的裝修。他幫我們的居家辦公室製作書架，還給後院的菜園製作了高架平臺。我居家工作的忙碌程度反而更甚以往。我們十六歲的外甥崔佛也住在我們家，跟表弟妹一起遠距上課。我每天早上五點就得起床，在孩子們起床上網課之前多爭取一點時間工作。我利用群組訊息、定期視訊和大量的待辦清單，遠距管理研究團隊。此外還要兼顧我自己的寫作與修改——經費申請、學術論文、書稿等。

但是家裡還有一大堆事情要做。不用通勤上班省下來的時間，立刻就被我和馬可一起分擔的雜事給填滿：全職廚師、幼兒園到高中家教、女傭，這些都是我在教授工作之外要做的事。馬可六月回去實驗室工作，於是平日這些任務大多落在我身上——尤其是孩子們的學業。最小的賈科莫才七歲，需要的協助也最多。幸好我寫了一張海報大小的每日行程表貼在牆上，詳細列出家務、課業、點心和用餐時間。孩子們必須參與做家務，所以他們也開始輪流做飯跟打掃。

我的醫生同事沒有足夠的乾洗手，我和馬可依照世衛組織提供的混合比例，利用實驗室的異丙醇、過氧化氫和甘油做了十五加侖的乾洗手。我們把裝了乾洗手的噴霧罐送給同事以及幾個正在做抗體診斷試驗的大型臨床研究團隊。我們用寬口玻璃瓶裝漂白水，跟乾洗手和自己縫製的口罩一起分送給研究團隊的成員。東西放在他們家門口，讓他們能安全出門購物。

除了出門送物資，頭兩個月我們盡量留在家裡。由於家裡有這麼多嗷嗷待哺的孩子，我們想出有創意的方式來烹煮儲糧。家裡有兩袋五十磅裝的馬鈴薯和洋蔥、幾箱耐放的甘藍和橡子南瓜、幾包什錦乾豆、罐頭、盒裝牛奶，冷凍櫃裡裝滿去年秋天打獵季我獵到的鹿肉。菜園的種植進度落後，一開始只有新鮮香草和幾顆番茄能採收，不過到了夏天，我們之前種下的南瓜、小黃瓜、番茄、香草、豌豆、秋葵和四季豆全都大豐收。

我們很幸運。全球各地都有家庭一邊為了建立新的生活節奏扛起各種壓力，一邊還要帶生病的親人上醫院，承受在醫院門口分別即是永別的惡夢。病人在醫院的病房和走廊上奄奄一息，借用護士或醫生的手機打電話或是平板視訊向親人道別，從此再也感受不到彼此撫慰的觸碰。與此同時，確診和死亡的人數持續增加。

存。

三年前，我們家也曾與死神擦肩而過。疫情帶來混亂之際，我們對三年前的創傷仍餘悸猶存。

馬可傳簡訊過來時，我正在開會。

「我不太舒服，要去掛急診，」他寫道。

我迅速回覆要他待在家裡，我立刻回家接他。

「不用了，別擔心。可能沒怎樣。我可以開車。你去接孩子放學。」

他已經不舒服一、兩天了，這一天請假在家休息。他以為是因為自己在後院工作過度，肌肉受傷。他的手指有奇怪的刺痛感。前一天晚上要抱賈科莫去睡覺時，他抱不動賈科莫。他心想拍個X光、做個簡單的檢查就能解決問題。

那天下午我每次打電話或傳簡訊問他情況如何，他都堅稱自己沒事，我不用去醫院陪他。他很快就能回家了。接了孩子放學回到家，我請鄰居幫忙看孩子，然後去醫院找他。他已經在醫院待了好幾個小時。或許是急診室人太多，看急診有時候就是很慢。

我到的時候，他已經走出診間。護士說，他待會兒要照電腦斷層掃描。他們把他推回病房時，他看起來一臉蒼白。「怎麼回事？」我輕聲問。我溫柔撥開他的額前碎髮，試著了解整個情況。

馬可說，他那天睡到中午才醒，但起床時幾乎不能走路。當時我們還住在租來的房子裡，主臥室在地下一樓。他硬是抓著樓梯扶手走上樓。他走到廚房倒了一杯咖啡來喝，味道很奇怪。他打電話他媽，她叫他快去醫院。「你那麼不舒服還開車？」我半是困惑半是惱怒地說。「你早該告訴我，我本來就想立刻回家的。」

神經內科的住院醫生走進病房。我心裡很慌，但表面上保持平靜。讓馬可看見我情緒崩潰，對他一點好處也沒有。四十幾歲、體能與健康處於巔峰狀態的男性，為什麼會出現快速神經性退化的症狀？是多發性硬化症？中風？中毒？快速擴散的腫瘤？原因何在？

醫生扶著馬可坐起來，拿一個尖銳物品畫過他的腳底板。馬可毫無感覺。他用一支尖銳的工具刺他，戳他，但是沒有戳破皮膚。他的手、前臂、小腿跟雙腳都失去知覺。醫生說，他的腦部電腦斷層掃描看起來沒事，但他們需要做更多檢查。馬克必須住院。

我打電話給麥特（Matt）和珍恩（Jen），他們也有三個孩子，我們從大學時代就是好朋友。我向他們說明我們碰到的危機，他們安慰我，要我別擔心。麥特會送晚餐去我們家給外婆和孩子們吃，他會在保姆回家後留下來陪他們，等我回家再說。

隔天是週六，早上孩子們熱情地告訴我前一天麥特帶乳酪漢堡跟冰淇淋給他們吃！但家裡哪裡怪怪的，一如往常，觀察力最敏銳的、十歲的貝拉比另外兩個孩子先提出疑惑。「爸爸呢？」她的眼神既好奇又銳利。剛上中學一年級的杜納托也開口表達失望。那天他們原本要一起踢足球。

我該怎麼告訴他們？我不能讓他們知道我很害怕。我們還不知道他生了什麼病，也不知道情況有多嚴重。

「你們知道我有一個重要的研究計畫快到截止日了？我們昨晚在實驗室裡待到很晚，今天爸爸起得很早，你們起床之前他就先回實驗室了，」我邊說邊擔心他們會戳穿我的謊話。

杜納托頂嘴回道：「媽媽，你沒有其他人能幫忙了嗎？你應該讓爸爸週末休息的。」我向他保證一定會，也順便解釋我今天要去實驗室跟爸爸一起完成工作，所以薩希爾和他的女兒菈肯（Larkin）會來家裡陪他們，菈肯是他們的好玩伴。

我到醫院時發現馬可夜裡沒睡好，他的背劇痛了一整晚，四肢的刺痛也在加劇。除了抽血多次，他們還做了脊椎穿刺檢查脊髓液。可憐的他被反覆戳刺，但這些都是必要手段，我們需要知道原因。

當天下午檢查結果出爐，神經內科主治醫師說他們對診斷結果很有信心。他罹患了脫髓鞘多發性神經炎（Guillain-Barré syndrome）。我聽過這種病，但是對於病因或病況幾乎一無所知。醫生說，這是一種非常罕見的疾病。美國每年只有兩萬個病例，也就是十萬分之一到二。⑤她問馬可最近有沒有生病。其實三週前我們一如往年開車回佛羅里達州，跟家人共度感恩節假期。途中停車加油，他在加油站的熟食區裡買了一個雞肉三明治。全家人只有他吃了那個三明治，結果嚴重食物中毒、上吐下瀉，他病了整整兩天。

曲狀桿菌（*Campylobacter jejuni*）是一種革蘭氏陰性菌，也是常見的食物中毒病因，尤其是沒煮熟的禽肉。原來曲狀桿菌也會刺激免疫系統高速運轉，開始攻擊包覆神經纖維的髓鞘，人體全身上下都有神經纖維。髓鞘就像電線外面包覆的絕緣外皮，少了這層外皮，信號無法傳遞。馬可的神經無法將信號送至腦部，所以肌肉才會愈來愈沒力氣，手臂和雙腿刺痛。他慢慢陷入癱瘓……只是因為吃了在加油站買的點心！

我坐在病床邊，握著他的手。我不知道他還剩多少觸覺，但我想盡量在情感上給他力量。

「好消息是雖然這種疾病很罕見，」醫生說，「艾默利醫院每年都治療很多來自美國東南部的病患，經驗豐富、設備完善。多數病患接受物理治療半年內就能走路，不過情況可能會先惡化才開始好轉。如果癱瘓開始影響你的呼吸能力，就需要轉進ICU裝呼吸器。」

我緊握他的手，強忍淚水。恐懼和疼痛令他全身顫抖。過去二十四小時他的情況急速惡化。有高達三成的脫髓鞘多發性神經炎病患需要接上呼吸器。[6]若真到這個地步，我知道醫生沒有說出口的風險是什麼：喉嚨插入呼吸管，就有可能感染呼吸器相關肺炎（VAP）。使用呼吸器的病患之中，感染VAP的比例是百分之九至二十七，需要大量抗生素治療；死亡比例為百分之九至十三[7]，且男性的死亡風險較高。一成的死亡機率高到超出我大腦能接受的範圍！

我對有抗生素抗藥性病原體如何攻擊像他這樣的病患非常了解[8]，因此腦海中充滿惡夢般的鮮明畫面。我想到我們在實驗室裡對抗的ESKAPE抗藥菌：金黃色葡萄球菌、綠膿桿菌、克雷伯氏肺炎菌和不動桿菌都是常見的VAP病原體，尤其是金黃色葡萄球菌和不動桿菌。這些兇猛的病原體不但會破壞組織，還會躲開醫生朝它們發射的抗生素火砲。

它們可能會殺死馬可。

事到如今，我不得不告訴孩子們。我必須在他全身插滿管子、被送進無法探視的ICU之前，把他們帶來醫院看爸爸。他可能得住院好幾天，也可能得住好幾週，現在無法確定。馬可同意孩子們來看他，這件事必須當天進行。我開車回家，把他們都叫過來。薩希爾跟他們在後院玩遊戲，他們都玩得很累。他們度過愉快的一天。我坦承我說爸爸在實驗室是騙他們的，但我還不能告訴他們實情，現在還不是時候。我說馬可身體不舒服，醫生希望他住院接受特殊治療。

我們抵達醫院時，四個人手牽著手，我像母雞帶著一群小雞，依年紀排序一個牽著一個。我帶他們穿過繁忙的醫院走廊，搭電梯到神經內科的病房樓層。麥特稍早已經來探過病，他把馬可扶起來坐在床上。孩子們衝到他身邊又抱又親。賈科莫把他最喜歡的動物玩偶留下來陪伴馬可接受治療。他們帶了一張全家福合照，放在馬可的病床邊。他們吱吱喳喳說著那天發生的事，馬可專心地邊聽邊點頭。他很快就累了，我在他消耗太多虛弱的體力之前叫孩子們準備回家，答應他們很快就可以再來探病。

搭電梯下樓時，杜納托怕被弟弟妹妹聽見，所以在我耳朵旁邊輕聲說：「媽，我覺得爸爸在說謊。」他的話令我吃驚。我轉頭凝視他的臉，把手臂搭在他肩上。他深棕色的雙眼裡蓄著淚水，開口說：「他病得比他表現的樣子嚴重。爸爸只是想為我們表現出勇敢的樣子。」

馬可接受了多次靜脈注射免疫球蛋白治療（IVIG），這些免疫球蛋白取自捐血者的血液，一週後他終於可以出院。我們極為幸運，他不需要插管接呼吸器。他一能夠走路，就借助護士的攙扶或靠著點滴架在醫院的走廊上練習走路。吃晚餐時，他努力不讓嘴裡的液體流出來。孩子都笑得樂不可支。看見爸爸像賈科莫小時候一樣喝果汁會外漏實在很逗趣，大家都忍不住呵呵笑了起來。我和馬可在孩子們的笑聲中微笑對望。經歷了這次創傷，我們都需要找回歡笑。

馬可向來意志堅定，每個星期都咬牙做物理治療、在家裡的走廊練習走路，努力讓身體復原。兩個月後，他看似已經恢復正常。雖然醫生都說他不可能百分之百康復，但他的身體功能已回到原本的百分之九十至九十五。令他很開心的是，醫生允許他回去上班。

疫情爆發幾週後，我在臉書上收到一個特別的交友邀請。是安東尼奧先生。我又驚又喜，他居然也開始用社群媒體了！我們已經好幾年沒聯絡。去年夏天我原本想帶家人一起去秘魯，距離我第一次探訪亞馬遜剛好相隔二十年。這似乎是個好時機，孩子們年紀夠大，懂得欣賞和記住不可思議的雨林之旅。但是其他工作陸續出現：演講邀約、與《國家地理》雜誌和科索沃合作夥伴去巴爾幹半島等，所以我把行程延後一年。

我打開私訊，一邊閱讀，一邊在腦子裡緩慢地將西班牙語翻譯成英語。我很久沒使用西班牙語了。很快地，我明白了兩件事：一、這封信不是安東尼奧寫的，二、我永遠無法見到他了。傳訊息的人是他女兒，他過世了。他已經八十幾歲，照理說我不該如此震驚，畢竟他年事已高，但我確實相當震驚。在我眼中，他是雨林裡恆常不變的存在——就像巨河帶著混濁的滾滾河水橫越南美大陸一樣，永遠不會改變。

她傳來安東尼奧跟我的合照，還有我寄給他留念的大學畢業照。她說安東尼奧時常提到我，還把這些照片放在家裡展示。我坐在電腦前呆呆地凝視螢幕，不計形象地用力啜泣，哭到喘不過氣。我感到心痛，雨林裡屬於我的一部分消失了。我失去了一個朋友、一個老師，我失去了第二位父親。我們對彼此的愛和尊重既真誠又持久。悔恨如同鈍刀割著我的肉。我的決定錯了，我去年應該要去秘魯才對。此生已再無相見機會。

幾週後，我的電話午夜時響起。剛入睡的我昏昏沉沉，一開始沒接。我瞥了一眼梳妝臺，發現是我住在加拿大的朋友珍奈兒（Janelle）打來的。這麼晚了，應該是不小心打錯。此時電話再次響起，我接起電話。她聲音在發抖。「卡珊卓，對不起這麼晚打給你。我不知道怎麼說這件事，但我知道你會想要知道，賈斯汀死了。」

我一下子沒聽懂她在說什麼。賈斯汀是我們的好朋友，也是民族生物學家。我們住在阿肯色州的那幾年，他對我跟馬可很好。我們曾跟他一起在歐札克山脈（the Ozarks）探索山區和樹林。他跟馬可同歲，兩人生日只差一個月。這實在說不通。他突然死於心臟病，那天稍早遺體在家中被發現。

我哭了好幾天。我還能承受多少噩耗？我整個人已達臨界點，站在憂鬱的懸崖邊俯視谷底，快要站不穩腳步。人類應該要一起哀悼失去——擁抱支持彼此。在美好的回憶中尋求慰藉，在重述多年前的趣事時找到喜悅。新冠肺炎奪走我和親友一起哀悼的機會。不只是我，隨著疫情蔓延、死亡人數持續攀升，全球有千百萬人被剝奪了這樣的機會。無論是否死於新冠肺炎，這可怕的全球傳染病打亂了生活常軌，從慶祝誕生到喪禮致哀。面對死亡，你很難從平靜無波的遠方做到接受與放下。

我試著不讓馬可跟孩子們感受到我的絕望，但他們能察覺我的悲傷和恐懼。他們的關心像空氣無處不在，我在他們的眼神和主動的溫柔擁抱裡感受到愛。

春去夏至，我躺在我們郊區房子的前院草地上，仰望自家院子裡幾棵白櫟和北美鵝掌楸的樹枝。剛割過草的草地有點刺刺的。螞蟻在我的手臂和腿上爬來爬去。我深深呼吸，讓自己與大自然重新連結。我渴望治癒心痛，也渴望這些大樹的樹根能衝破土壤、如擁抱般裹住我的身體。我夢到在亞馬遜雨林和我與安東尼奧共度的時光，希望我們能在那一刻重聚。他的療癒儀式閃過我的腦海，我的思緒從他的祈禱飄向森林精靈，他使人靜心的哨音，shakapa樹葉有節奏地掃過我的身體。我想像自己是生態系統的一部分，是地球的生物，扎根在肥沃的黑色土壤裡，支撐我安穩度過風暴。

夏季步入尾聲，對於使用抗生素治療新冠病患繼發性感染的情況日益增加，尤其是使用呼吸器的病患，我漸漸感到憂心。這可能會造成醫院病房裡有抗生素抗藥性的細菌菌株猖獗擴散。我的團隊尋找抗生素新藥的急迫程度達到前所未有的新高。我們勉力恢復以前在實驗室裡的那種工作步調。

我想嘗試直接對抗新冠病毒。可是有個問題：我不是病毒學家。雖然同在「微生物學」的大傘下，細菌和真菌的生命週期與行為跟病毒大不相同。我必須補充很多知識。我閱讀以SARS-CoV-2病毒為主題的新論文，這是造成新冠肺炎的罪魁禍首，我試著了解它，思考我的研究團隊能做出哪些貢獻。我想用資料庫裡的植物萃取物來測試看看。或許自然界裡能找到對抗這種病毒的武器。

科學實驗室的生物安全措施都不一樣，也就是所謂的生物安全等級（biosafety levels）——縮寫為BSL，後面加上數字標明等級。這個數字代表防止發生危險生物試劑汙染需要哪個等級的安全措施。

大學的生物學實驗室大多是BSL-2等級，教學實驗室通常是BSL-1。BSL-3實驗室相當少見，需要更高規格的預防措施，因為這些實驗室裡的細菌可能會經由吸入造成嚴重的——甚至致命的——疾病。BSL-3實驗室的科學家研究的病原體包括結核菌和鼠疫桿菌，還有呼吸道病毒，例如黃熱病、裂谷熱、SARS、MERS和現在的新冠肺炎。這樣的實驗室需要特殊的建物工程控制，防止危險的細菌逃逸。美國大約只有兩百間BSL-3實驗室，數量少且成立門檻高，這是研究SARS-CoV-2病毒的一大瓶頸。至少這隻病毒沒有達到BSL-4等級。全美只有十三間運作中或計畫中的BSL-4實驗室，科學家在這裡研究傳染力很強的病原體，例如伊波拉病毒、馬爾堡病毒和賴薩病毒，它們都會造成致命疾病。

想要用BSL-3等級的病毒（例如SARS-CoV-2）測試幾千種化合物來尋找新藥是不可行的作法，因為這種特殊實驗室的使用成本與成立門檻都很高，需要經過嚴格訓練、有能力處理這些危險病原體的科學家。因此許多科學家一開始使用的是矽晶過濾技術。所謂的「矽晶內」（in silico）其實就是跑電腦模型比較花俏的說法。知道病毒的部分關鍵結構之後，科學家藉由電腦模擬尋找能夠滿足目標的化合物，很像幫門鎖打鑰匙。這些電腦資料庫僅有人類已知的化合物，並未將所有生物的化學成分全部囊括在內。

這是植物可以發揮作用的地方，每一種植物的每一個組織裡有多達數百至數千個分子可供檢視。這種作法的限制當然是我們還沒把大部分植物裡的藥用化合物全都探索一遍，所以連可能有哪些化合物也不知道。在這種情況下，跑電腦模型沒有用。我只能直接用病毒測試植物萃取物，不能用電腦模擬。但首先我需要一間成立門檻較低的BSL-2實驗室來縮短我與病毒的距離。於是我努力搜尋、大量閱讀，然後等待加入戰場的時刻。

我的居家辦公室設置在日光室裡，貝拉和賈科莫衝進來。「媽媽，你在大叫。你為什麼大叫？」貝拉語帶擔憂問道。

我一把抱起賈科莫轉了一圈，我們的身體擦過辦公室裡的幾盆植物和棕櫚樹，一起開心傻笑。

「錢下來了！」我告訴他們。「我們可以開始研究新冠了。」

我在家裡用瘋狂的節奏工作，兩個月內寄出五份新冠肺炎的研究計畫申請書，其中一份遭到拒絕，另外四份沒有回音。驚人的是，在我的團隊忙著寫計畫的短短兩個月裡，美國與全球的確診和死亡人數持續攀升，我每次寄出申請書之前，都必須找出提到研究影響力的段落更新數字。

終於，其中一份經費下來了！

這筆錢能支付主要團隊成員的薪水，購買昂貴的器材用來測試數量龐大的植物萃取物裡的化合物，尋找有機會抑制SARS-CoV-2病毒進入細胞的抑制劑。幾個小玻璃瓶裝的偽病毒就花了我們一萬六千美元，而且還是折扣價！對我們的抗病毒藥物研究來說，這是不可或缺的起點。如果真有一種安全又有效的植物成分能發揮保護活性、對抗新冠肺炎，它非常有可能就在我的資料庫裡。

我採集野生植物，經過繁瑣的辨識與鑑定、化學萃取和生物檢定之後，建立了奎弗天然產物資料庫（QNPL）。現在我擁有傳統醫療用來治療感染與發炎的六百五十多種植物，多達兩千多種萃取物。我也會向市售草藥的廠商購買各種最常用的草藥，持續擴充資料庫——尤其是膳食補充劑的成分。

到了八月初，我們還沒做出草藥對抗新冠病毒的潛在活性數據。不過有很多美國人持續服用膳食補充劑來增強免疫力，包括接骨木糖漿和綜合維生素。我想要先測試常用市售草藥，原因是如果有一種已經進入全球生產鏈的成分呈現出活性，我們必須先鑑定出這些成分，再用最快速的方式轉化供科學界與社會大眾使用。

「細胞生長良好，我昨天剛分裂一批，」愷特（Cate）在我們的固定視訊通話中說。我收了三個藥理學研究生，她是其中一個。「我和邁卡打算明天再跑一批。應該會有夠多的細胞分成兩碟。」

我們找到一家位於加州的科學器材廠商有賣BSL-2等級SARS-CoV-2病毒模型（二〇一九冠狀病毒），可用來篩選潛在的新冠肺炎藥物。細菌通常生長得很快——只要放進營養豐富的介質裡，儲存在室溫環境就能蓬勃生長。病毒比較複雜。首先，嚴格說來實驗用的病毒不是活的，他們必須進入一顆宿主細胞，藉由複製不斷製造出自己的副本。人類的細胞不同於細菌，生長可能很緩慢而且需要特定的環境，除了放入高溫的培養箱之外，還要補充二氧化碳和調整適當的濕度。好消息是研究人體細胞、細菌、真菌和病毒的器材，我的實驗室裡通通有。

我的BSL-2實驗室無法處理結構完整的SARS-CoV-2病毒，但是我們可以用病毒經過特殊處理的部分來進行較安全的實驗。我們用的是一種偽病毒，它含有負責病毒進入細胞（棘蛋白）的部分，我們將它接上一個會發螢光的（在黑暗中發光）報告基因。基本概念是病毒粒子進入細胞後會觸發連鎖反應，發出螢光。我們使用的人體細胞是表現血管收縮素轉化酶2（ACE2）受器的腎臟細胞，肺臟細胞裡也有ACE2受器。也就是說，如果病毒進入細胞，我們會看見黑暗中的螢光反應。細胞裡沒有病毒，就不會發出螢光。我的實驗室裡有一臺機器，可以測量微量滴定盤的光密度、螢光和亮度，微量滴定盤上有五十個微升孔（相當於一滴雨水的容量），每個孔裡都在發生小小的實驗反應。

若我們能夠阻止病毒進入細胞，或許就能降低病毒在體內細胞之間傳播的速度。這說不定也能為開發預防藥物提供新途徑，保護接觸風險較高的族群，例如醫護人員。我們計畫先以單一劑量將萃取物全部篩選一次，留下最有希望的萃取物再依不同劑量做實驗，並且測試對人體細胞的安全性。

馬可除了把微量滴定盤送進機器之外，也持續將膳食補充劑原料與別人寄來的傳統藥用植物製作成新的植物萃取物。取得部分可用的結果後，團隊裡的化學博士吉娜（Gina）和詹姆士著手分析活性萃取物的化學組成。

我們盡量用最快的速度工作，但學校對校內實驗室每平方英尺的人數設置了安全上限，所以我們的實驗室一次只能有三個人工作，我們輪流用空閒時間來上班。我們的抗生素新藥研究頗有進展，來實驗室受訓的大學部研究實習生以及經費自理的外國訪問學者功不可沒。平均而言，我的研究團隊每年會有多達三十人。遠距教學和暫停招聘使團隊的核心成員剩下八人。勉強堪用。

儘管面對挫折，我仍決心向前邁進。我有責任探索大自然對付感染的完整潛力。我懷抱希望、信心與毅力，還有全球唯一的植物化合物資料庫，取自治療感染與炎症長達數世紀的藥用植物。重點不是我們能否找到有效的化合物，而是能找到多少，以及能否通過下一輪活體感染模型測試。

十二月的某一天，研究團隊在開每週一次的Zoom團體會議時，我宣布：「二〇二〇年目標二〇（Twenty for 2020）達成。你們一開始說這是不可能的任務，但我們做到了！恭喜大家，你們應該以自己為榮！」

一年前我告訴他們，我想為邁入新的十年做點值得紀念的「大事」——當時研究團隊已成立八年。

詹姆士打趣說：「也許我們可以在二〇二〇年出版二十篇論文（twenty pubs）。」

這是一句玩笑話，但我們把它變成現實。他說的「pubs」不是酒吧，而是二十篇科學論文。疫情剛爆發的最初幾個月我們沒辦法做實驗，研究團隊因此有時間合作完成一系列的原創研究與綜合分析文章，還申請了幾個新專利。大家的努力沒有白費。我們成功出版了二十篇論文，發表我們對植物源化合物對付抗藥性感染的研究結果。我們也找到好幾個值得進一步研究的初步結果，包括取自巴西胡椒木與西西里漆樹、針對特定物種的生長抑制劑，它們可以選擇性地攻擊病原體（壞菌），放過共生菌（好菌）。我們還在美國紫珠裡找到特殊的化合物，可在治療MRSA的時候恢復β-內醯胺類抗生素的活性。我們在栗樹和胡椒木裡發現了新的分子，能有效關閉金黃色葡萄球菌用來釋放毒素、大規模損傷組織的溝通系統，進而減輕它們造成的傷害。我們發現有助於治療牙周病的新線索，並且持續研究有可能防止細胞膜形成的化合物，它們可以去除醫療器材上的細胞膜，進而提升抗生素的效果。最重要的是我們找到堅實的科學證據，證明許多曾被忽視、被現代醫學視為民間傳說的傳統療法確實有效。我們正在證實植物藥在未來的醫療創新發展上具有無窮潛力，能提高傳染病患者的生活品質，增加他們的壽命。

新冠肺炎讓我們看見缺少有效療法的傳染病有多危險，這也算是一種準備不足。全球人類共同經歷了生活、飲食、社交、旅行、工作與學習方式的巨變。嚴重疾病和死亡的威脅對我們一視同仁。沒有人可以倖免。

科學研究需要時間、金錢、正確的資源，以及受過必要技術訓練、能操作複雜實驗的人才。長足的進步絕非一蹴可幾，需要長年在訓練和研究上投入資金，進而為基本觀念奠定基礎，才能用於轉化與創新。面對這場以抗生素抗藥性超級細菌為敵的硬仗，國會必須立刻採取行動，果斷地為研究以及科學家和醫生提供經費。隸屬於美國國家衛生院的過敏和傳染病研究所（NIAID，National Institute of Allergy and Infectious Disease）提供給博士生的培訓補助極低，低到我不知道這種少得可憐的補助是否值得我的學生花力氣去申請。傳染病研究資金不足影響的可不只是科學家。傳染病專科醫生是薪資最低的專科醫生[9]，年薪不到胃腸科醫生和心臟內科醫生的一半（差距高達二十萬美元以上），這實在難以置信。美國政府為了因應新冠肺炎投入一百八十億美元成立的曲速行動（Operation Warp Speed），已充分展現資金對創新的推助力量。新冠肺炎是我們的演習場。現在就嚴陣以待、全心投入，別再等到下次又要靠曲速行動，那就來不及了。

希臘神話裡的特洛伊公主卡珊卓被賦予美貌和預知未來的能力。卡珊卓的詛咒是她的預言沒人相信，結果特洛伊城毀於特洛伊戰爭。

但是，我們不需要預知能力也能預見即將發生什麼事。自有人類以來，傳染病就一直如影隨形。若要為下一個傳染病威脅做好準備，現在就必須投資未來。

抗生素的經濟模式必須徹底改變。總體而言，一種抗生素新藥從研發到上市的成本約為十七億美元。有些專家提議採用定期付費模式。[10]就像每月付費訂閱電視或雜誌一樣，抗生素也能以類似的方式向世界各國收費。這是所謂的「推拉」觀念（push-pull）。為新藥的基礎研究、早期發現和臨床前研究提供資金，可用來「推動」抗生素新藥的創新研究。全球抗生素研發合作組織（GARDP，Global Antibiotic Research and Development Partnership）與戰勝抗藥菌生物製藥加速器（CARB-X，Combating Antibiotic-Resistant Bacteria Biopharmaceutical Accelerator）等非營利組織，亦正在為加速抗生素研究做出重要貢獻，但想要找到將來可用的抗生素新藥，還需要更多努力。

緊隨著充滿潛力的早期研究而來的，是一道被稱為「死亡之谷」的鴻溝。[11]這裡是新藥消亡的地方。臨床藥物的初期研發成本太過高昂，因此學術研究者負擔不起這個階段的研究，但是對藥廠來說，讓有發展潛力的化合物經過嚴格的人體實驗、發展商業生產鏈到獲得監管單位的核准將是龐大的成本負擔，一點也不划算。即使得到核准，上市後還得付一大筆監測費用（核准後第一個十年的花費是三億五千萬美元）。病患人體試驗、生產與監測的第二階段是「拉力」發揮作用之處，用獎勵措施鼓勵藥廠走完這個昂貴的過程。定期付費模式與銷量脫鉤，確保研發能夠回本。這項改變可徹底翻轉製藥模式，亦可讓我們在面對悄然逼近的危機時更加有保障。

新冠肺炎使我們明白，我們已沒有繼續等待的餘裕。全球面對的生命損失與經濟危機都太高了。儘管我也不希望發生，但下一個新冠肺炎說不定即將到來。誰也說不準。若真是如此，或許正是我們毫無對策的抗藥超級細菌。下一次的全球疫情，情況可能更糟。我們迫切需要更多資源，做好萬全準備。我依然相信植物是人類生存最大的希望，不只是輔助現有的藥物，甚至還能創造新藥。這是我每天努力做研究的原因。

結語

我坐在我們家菜園中央的一張小桌子旁。我跟孩子們剛整理完夏末的收成，時近傍晚，白天的悶熱漸漸散去，耳邊盡是蟲鳴鳥叫。菜園綠意盎然，粗藤上長滿番茄、黃瓜和甜豆，我們在土裡插了高高的竹竿供這些藤蔓攀爬，再用繩子把藤綁在竹竿上，支撐果實的重量。

菜園四周是可愛的白色籬笆，入口的小門框上爬滿鐵線蓮，綻放熱情鮮豔的紫花。色彩繽紛的野花沿著籬笆牆根怒放，吸引各式各樣的授粉者，例如蜜蜂和蜂鳥。菜園邊的黑莓樹叢高度已達我的胸口，木莖上覆滿生氣勃勃的綠葉與飽滿的紅黑色果實。馬克與孩子們為菜園搭建了十九個高架平臺，每個平臺上都有一排食用、藥用，甚至有毒植物，平臺之間的地面上鋪滿北美鵝掌楸的木屑。

我們種了番茄、秋葵、甜椒、玉米、甜豆、黃南瓜、韭蔥、韭菜、洋蔥、黃瓜、奶油南瓜、櫛瓜、菜頭，還有各種羽衣甘藍、萵苣、甘藍等蔬菜，除了市場購買的食材之外，菜園可為我們補充新鮮蔬果。菜園也種香草——芳香美好的唇形科植物（薄荷、羅勒、迷迭香、薰衣草、百里香、檸檬香蜂草、牛至）與繖形科植物（歐芹、香菜）。藥用植物——若是濫用，也是毒藥——種在特殊的平臺上，與其他蔬果分開，以免混淆。有白屈菜、益母草和毛地黃，我們警告孩子們絕對不能吃。較安全的藥草（也可做成藥膳）種在陶盆裡，例如萬壽菊、紫錐花、琉璃苣、聖羅勒、貓薄荷、香茅等。我們的小菜園是生物多樣性的環境，疫情造成的隔絕與電腦化的世界充滿壓力，小菜園成了我的避風港。

每種植物對我都具有特殊意義——都和我的記憶有關，包括我遇過的人、去過的地方、嘗過的食物和藥用特性。我注意到琉璃苣亮藍色的花朵從菜園的平臺上探出頭來，這種植物的綠葉覆蓋著細毛。這使我想起義大利的喬凡妮娜阿姨，她用雞高湯和琉璃苣的嫩莖嫩葉煮成療癒的湯，幫助生完孩子的母親泌乳。貝拉拿一把小剪刀，剪下種在隔壁平臺上的貓薄荷花莖，照我教她的方式用繩子綁住底部紮成一捆。懸掛晾乾，一整年都可以使用。貓薄荷的妙用，是阿爾巴尼亞的古拉尼族母親教我的——古拉尼語稱之為 **strašnica** ——用這種香草給孩子泡澡，也可以加蜂蜜泡成茶給孩子喝，可驅趕噩夢、幫助睡眠。

我們家最近有新成員加入，也就是我的外甥崔佛。他走出房子，手裡拿著一個柳條籃，要來菜園採收今天的蔬果。看到這樣的景象，我心滿意足地嘆了口氣。

菜園的另一頭，賈科莫又在拔植物了——這是他從我身上學到的習慣。他一邊在種植香草和蔬菜的平臺間漫步，一邊隨手摘下葉子、揉碎，然後放在鼻子下聞聞看。

「過來，莫莫，」我叫他。七歲的他手裡握著一團葉子。

「我也可以聞聞看嗎？」我問。他把手舉高到我面前，我深吸一口氣。他把那團葉子放在自己的鼻子下，也學我深吸一口氣。

「像檸檬的味道，」他說。

我點點頭。「那株植物長什麼樣子？」我問他。

他一邊用手指來回撫摩陶盆裡伸出來的細長葉片，一邊思考我的問題。「長得像青草。」

「沒錯，它叫香茅。」

「媽媽，你怎麼認識這種植物？」他問。

「我朋友教我的，他是一個非常有智慧的老師兼療癒師，很久以前他教我認識這種植物。他住在雨林裡。」

我還記得安東尼奧當時的模樣，臉上掛著淘氣的笑容，手裡拿著一把香茅草。我躺在叢林裡的棕櫚纖維吊床上，因為吃了螞蟻中毒嚴重嘔吐，他把香茅草放在我胸口。

「我想去雨林，」賈科莫說。

「我也是，媽媽，」杜納托說，「我也想去雨林。」他十五歲了，青春期快速發育後聲音變得低沉，聽見他的聲音我偶爾還是會有點驚訝。他、崔佛和幾週後將滿十三歲的貝拉，怎麼一下子就長得比我高了？

「有一天我們一定會去，」我向他們保證。我對亞馬遜雨林記憶猶新，像漂浮在我腦海中的一座島嶼，平靜的黑色河水、被水淹沒的森林、粉紅色海豚都令我魂縈夢牽。關於亞馬遜雨林我還有太多要探索的地方，太多要向住在那片神奇土地上的居民和植物學習的東西。

天色暗下來，一隻螢火蟲飛了過來，崔佛盯著牠看。螢火蟲再次發光時，他用雙手把牠罩住。我們圍過去，透過他修長的手指縫觀察這隻小蟲子忽明忽暗的微光。

馬可從菜園的大門走進來，加入這支幻想小隊。我們一群人擠在一起時，我突然清楚地意識到，我被這世上我最愛的人事物包圍著──孩子們、我的丈夫、我的植物。我們一起親手打造了這個小天堂。

馬可看著我，我也回望他。我的雙眼因為回憶而泛淚，他的雙眼則是笑出皺紋。從他扮演羅密歐爬上我在義大利的公寓的那天晚上開始，我們一起經歷了這麼多事。他好像看穿了我的心思，靠過來吻了吻我。

我們轉身走向房子，他回頭告訴孩子們：「來吧，晚餐已經好了。我做了千層麵！」

「好吃！」賈科莫高興歡呼。杜納托拿起那籃蔬菜，貝拉大喊：「我來做沙拉！」

進屋前我回頭再看庭院一眼，知道門外就是菜園讓我心滿意足。

我是一九七〇年代出生的孩子，也是越戰毒劑的受害者。雖然橙劑的使用目的是讓茂密樹葉掉光光，讓叢林戰場的視野變得更清楚，但橙劑也剝奪了孩子未來的健康。像我一樣，成千上萬接觸了橙劑的美國軍人與越南村民都生下有多重先天缺陷的孩子。美國退伍軍人健康管理局（US Veterans Health Administration）一九九七年將這個年代出生、患有脊柱裂的越戰退伍軍人子女納入醫療福利的給付範圍內①，至於嚴重影響生活的其他骨骼缺陷，例如像我這樣的孩子，則被排除在外。我們沒有任何援助，也沒有受到政府醫保計畫的照顧，必須自己負擔一生中需要接受的手術和義肢費用，高達數十萬美元。

破壞自然必須付出代價。如果這場疫情或是我的人生故事能帶來什麼啟示的話，那就是地球的健康與人類的健康密不可分。如同海洋潮汐受到月球牽引，大自然也會在受到來回拉扯時設法恢復生命的平衡。生態系統的生物多樣性是所有生物的健康之本，從住在廣袤陸地上的無數生物，到住在人類體內外的微小生物，均是如此。

推土機和電鋸深入茂密的森林砍伐，摧毀野生動植物，為疾病的滋生製造了新的機會；同樣地，抗生素也會破壞人類和動物的身體平衡。抗生素抗藥性感染與新冠肺炎的盛行，使我們看清持續原來的作法有多危險。看著新冠肺炎死亡人數不斷上升的同時，我並未忘記每年有七十幾萬人默默死於抗生素抗藥性感染。新冠肺炎爆發的第一年就奪走全球兩百萬條人命，而根據估計到了二〇五〇年，每年將有一千萬人死於抗生素抗藥性感染，足足是新冠肺炎的五倍。我們怎能對這逐漸逼近的災難袖手旁觀?沒有人是安全的,不分年齡、族裔、經濟地位、性別和健康狀況。我們必須做好準備。

隨著人口增長,人類的居住範圍不斷擴大,政府法規鬆綁之後,荒野變成農田、樹林變成木材,土地因為貴金屬與石化燃料而遭到開採。與此同時,美國各地、亞馬遜河流域和其他地區的生物多樣性都在急劇下降。於是,人類面臨黑死病年代以降最可怕的疾病威脅的此時此刻,卻也正在破壞有機會拯救我們的自然資源。

這當然是一大挑戰,但並非全然絕望。大自然掌握著治癒地球和人類的祕密。不管是哪個年代、說什麼語言和處於何種文化的人類,都一直在觀察其他動物的跨物種行為,也已對豐富的自然資源做過實驗。雖然西方科學家經常將之貶低為無稽之談,但植物成分入藥的豐富知識絕對有用。這些傳統醫療系統代表天然的藥學,經過數千年的發展,代代相傳、不斷改善。雖然現代科學家尚未全了解哪一種植物藥物最有效、如何發揮作用以及藥效來自哪些化合物,但我們知道現在全球使用的基本藥物,最初都是在植物中發現的。

如同人類祖先離開叢林、打造船隻航向波濤洶湧的大海,我們的探索也必須持續下去。大自然在我們的周圍,也在我們體內。我們是大自然的一部分。我們必須記住自己在自然世界裡的位置,與它攜手合作,找到新的方式來幫助它,也等於是在幫助自己。我們與大自然的命運交織在一起,如同DNA一般。

大自然總是令我感到驚奇。那麼複雜、美麗，充滿創造力。它的生存與適應之道，還有它蘊藏的祕密。我只要看看我們家後院的小菜園，就能想起大自然的豐富餽贈，以及我們有責任好好照顧這些為我們提供豐厚資源的植物。大自然是我的家。有件事我非常肯定：我的探索永遠不會停止。

謝詞

感謝我的丈夫馬可，你是我的磐石兼人生伴侶。謝謝你對這個家的奉獻，因為有你的鼓勵和支持，我才得以實現夢想。沒有你，我不可能踏上這段旅程，也不可能完成這本書。我對我們未來的共同冒險充滿期待——希望是在澄澈的海面上揚帆航行。

如果沒有父母的愛與指引，我不可能有機會創造和訴說這段人生故事。媽媽，你教導我堅忍不拔的精神，使我克服旁人眼中不可能克服的障礙。你從不讓我覺得自己是殘障人士，總是告訴我只要有意志力與努力就一定能邁向成功。謝謝你花了那麼多時間帶我去看醫生，在病床邊陪伴我。少了你，我不可能有這樣的成就。爸爸，你的創造力與職業道德啟發我去思考、去作夢、去做更大的事情——發揮想像力，完成我曾經以為不可能的事情。你教會我敞開心胸去歡笑、去愛，去追尋命中注定的道路，儘管這是一條非比尋常的路。謝謝你帶我探索森林，給我空間與時間去愛上自然世界。

感謝我的孩子——杜納托、貝拉和賈科莫，還有我的外甥崔佛——你們是我的心，我的喜樂。你們都讓這世界變得更加美好，我對能夠成為你們生命中的一部分心懷感恩。

感謝我的妹妹，她豐富了我的童年，和我一起在戶外探險、爬樹、在佛州的陽光下赤腳在泥地奔跑。感謝外婆，在她九十八歲高齡過世之前，她持續發揮冒險精神，跟著我到處搬家。誰知道，說不定我退休後也會騎機車橫跨美國，就像她一樣！

感謝我在義大利的家人——我的婆婆米拉葛蘿絲與公公杜納托從我最早的田野工作開始就一路支持我的研究，我的植物乾燥機把他們家的餐廳變得很熱，還弄壞了幾桶葡萄酒，但他們對我依然充滿耐心。感謝婆家的兄弟姐妹，還有可愛的姪子姪女、外甥外甥女——謝謝你們豐富我的生命，還陪我在義大利鄉間一起採集野生植物。

感謝查德．普萊斯醫生，以及童年時期曾經治療和重建我發育中的身體的每位醫生，包括為我製作義肢的查理和威爾。謝謝你們讓我擁有現在的身體和義肢，我可以上山下海！

我的每位導師都使我受益良多，我想要特別感謝米雪兒．蘭普博士、賴瑞．威爾森博士、布萊德利．班奈特博士、羅伯．斯沃里克博士、麗莎．普蘭諾醫生、馬克．斯梅澤醫生與凱薩．康帕卓瑞博士。他們不但教導我如何成為科學家，我現在身為教授使用的指導風格也要歸功於他們。感謝雷蒙．施納奇博士與彼得．麥克提爾博士（Pete McTier）提供的事業建議、支持與鼓勵。你們全都給我諸多啟發，推動我發揮更高的潛能，也在我最需要的時候支持著我，我對你們的時間和建議由衷感激。

感謝我高中時在醫院的微生物實驗室和急診室實習時指導我的老師們，以及教導我面對危機時站穩腳步以及醫療必須融合同理心與同情心的許多急救人員、實驗室技術員、護理師與醫師。在此特別感謝貝蒂老師（Ms. Betty）、崔西・坎普（Tracy Camp）、史蒂芬妮・奇斯荷姆–畢斯利（Stephanie Chisholm-Beasley）、詹姆斯・米德醫生（James Meade）、史提芬・米希凱德（Steven Mishkind）與威廉・克朗克蕭（William Crankshaw）。謝謝比爾・斯坦科（Bill Stanko）在我們的佛州小鎮舉辦科展，並且指導我參加全州和國際級的科展競賽。

深深感謝歡迎我進入他們家、與我分享自然和醫療知識的許多社區。透過不同文化視角理解健康意義的這些經驗，使我的人生變得更加豐富。我想要特別感謝安東尼奧先生、愛蓮娜阿姨、喬凡妮娜阿姨和願意花時間分享智慧的每一位療癒師。對他們我永遠心存感激。

感謝世界各地的科學合作夥伴，對這本書裡介紹的研究以及科學文獻中出版的研究來說，你們都是不可或缺的一部分。不僅如此，你們更是超棒的同儕導師。是你們的科學才能、職業道德、好奇心與洞察力，啟發和引導我踏上這段旅程。我有幸共事的同事不勝枚舉，但我要特別感謝安卓亞・培洛尼博士、亞歷克斯・荷斯威爾博士、艾夫尼・哈達利博士、亞歷山卓・賽塔博士、凱爾・克萊普席格博士（Kier Klepzig）、阿方索・拉・羅薩博士、克利斯欽・梅蘭德博士（Christian Melander）、丹・祖洛斯基博士、茱莉亞・庫班尼克博士、萊恩諾特・瓊斯博士（Rheinallt Jones）與提姆・瑞德博士（Tim Read），謝謝你們多年來持續跟我合作。

感謝我在科學知識傳播方面的合作夥伴，他們幫助我透過印刷、廣播和影像等媒體傳播我對植物與藥理學的熱情。感謝才華洋溢的記者、攝影師、製片人和其他願意踏入我的領域和實驗室，報導我們的研究，並且將我的研究團隊在探索和發現上的好奇心與喜悅分享到世界各地。在此特別感謝卡羅・克拉克（Carol Clark）、菲利斯・賈伯、瑪琳・麥肯納（Maryn McKenna）、羅伯・柯恩與克莉絲汀・羅斯。

感謝我的研究團隊，能和你們在同一個領域、同一間實驗室合作實在三生有幸。你們的活力與好奇心是維持實驗室的命脈，身為你們的老師、導師兼老闆，我最大的喜悅莫過於看見你們在各自的科學旅程中達到更高的成就。我無法一一感謝每一個對研究有貢獻的人，在此特別感謝塔倫嘉・薩瑪拉昆博士、詹姆士・萊爾斯博士、吉娜・波拉斯博士（Gina Porras）、法蘭斯瓦・查桑納博士（François Chassagne）、吳桑民博士（Summin Woo，音譯）、愷拉克・弗克博士（Kerac Falk）、艾蜜莉・葛尼博士（Emily Gurnee）、阿克拉姆・薩朗博士（Akram Salam），以及凱特・尼爾森（Kate Nelson）、布蘭登・戴爾（Brandon Dale）、邁卡・戴特懷勒（Micah Dettweiler）、莫妮克・薩拉札（Monique Salazar）、派蒂・卡拉利斯（Patty Calarese）、邁麗莎・佩里曼（Myleshia Perryman）、馬克・卡普托（Marco Caputo）、路易斯・馬奎斯（Lewis Marquez）、凱特琳・萊森納（Caitlin Risener）、布雷達・普拉吉（Bledar Pulaj）、法拉茲・坎恩（Faraz Khan）、唐華喬（Huaqiao Tang，音譯）、法比安・舒茲（Fabien Schultz）、艾蜜莉亞・穆斯

（Amelia Muhs）、尼克·里奇威根（Nick Richwagen）、黃瑟娜（Xena Huang，音譯）、徐米奇（Mickie Xu，音譯）、丹妮爾·卡洛（Danielle Carrol）、羅森·皮諾（Rozenn Pineau）、莎拉·韓森（Sarah Hanson），以及我曾榮幸共事過的一百多位大學部實習生和訪問學者。無論經過多少年，奎弗實驗室永遠歡迎你們回家。

我的受訓階段和職業生涯中，有許多民族植物學與生藥學領域的同儕導師（既是好友也是科學家同事），他們團結一致，彼此支持、傾聽、建議、鼓勵和同情。感謝珍娜·羅斯博士（Janna Rose）、珍奈兒·貝克博士（Janelle Baker）、南西·羅斯博士（Nanci Ross）、陽光·布洛西博士（Sunshine Brosi）、伊娜·凡德布洛克博士（Ina Vandebroek）、瑞克·斯戴普博士（Rick Stepp）、娜迪亞·契克博士（Nadja Cech）、珊卓拉·洛斯根博士（Sandra Loesgen）、約翰·德·拉·佩拉博士（John de la Perra）與桑妮雅·彼得博士（Sonia Peter），你們每天不斷鼓舞我，我引頸企盼我們每年一度的聚會。感謝親愛的朋友兼同事瑪麗亞·法第曼博士（Maria Fadiman）與蘇珊·邁斯特斯博士（Susanne Masters），她們大方地閱讀了這本書的許多修訂版本，並且不斷鼓勵我寫下去，在我感到絕望的時候給我最大的鼓勵。感謝賈斯汀·諾蘭博士，你的早逝在我們心中留下深刻的創傷。我何其有幸能夠認識你，你是我珍貴的朋友，也是志同道合的同伴。

沒有經費的支持，就不可能進行科學研究。感謝每一個曾經給予我支持的團體組織，尤其是我剛入行時願意給我機會的單位。我要特別感謝艾默利大學的國際學者計畫（International

Scholars Program）、科學與身心障礙基金會、全國Kappa Alpha Theta基金會、國家衛生研究院的國家整合健康研究中心／國家整合醫學研究中心、國家衛生院的過敏和傳染病研究所、美國農業部、植物學行動計畫、美國庭園俱樂部、溫席普黑色素瘤基金（Winship Melanoma Fund）、撒姆埃利基金會（Samueli Foundation）、大亞特蘭大社區基金會（Community Foundation for Greater Atlanta）、修伯特・亨利・惠特洛二世慈善遺產（Estate of Hubert Henry Whitlow, Jr.）、伊超威瓊斯中心與馬科斯基金會（Marcus Foundation）。

除了大型資助機構，我的研究也獲得許多對相關研究有信心的個人捐款者支持。從十美元到一萬美元，無論金額大小，捐款者對實驗室與植物標本館的貢獻都令我永遠心懷感恩、備感榮幸。少了你們，我們的研究和推廣計畫不可能實現。

感謝從小到大的朋友，我們一起度過童年、大學、婚姻、生子、疾病、死亡——名為人生的悲歡離合、陰晴圓缺。你們是我最願意共度這段旅程的人。感謝碧姬（Biggie）、布萊恩（Brian）、潔咪（Jayme）、朱利亞斯（Julius）、珍妮（Jenny）、丹（Dan）、羅賓（Robyn）、EOME團隊成員（薩希爾〔Sahil〕、凱蒂〔Katie〕、肯尼〔Kenny〕、辛蒂〔Cindy〕、邁特〔Matt〕、珍恩〔Jenn〕、奧古斯特〔August〕、莉茲〔Liz〕、杭特〔Hunter〕與凡妮莎〔Vanessa〕），還有阿肯色的女孩們，謝謝你們為我的人生帶來歡笑。特別感謝我親愛的朋友曼蒂・弗蓋特（Mandy Fugate）與珍恩・華特斯（Jen Waters），她們慷慨地花時間看我的書稿，為這本書提供意見！

感謝我優秀的文學經紀人伊萊亞斯・奧特曼（Elias Altman），他率先相信這是一個值得分享的故事。感謝傑出的編輯喬治雅・波德納（Georgia Bodnar）、葛瑞琴・施密德（Gretchen Schmid）與維京出版社（Viking）才華洋溢的出版團隊，你們的洞察力與建議讓我的故事成為經得起歲月考驗的故事。

有許許多多出色的人曾觸動過我的生命，我無法全部詳列。如果謝詞裡漏了你的名字，懇請見諒。

附　錄

巴西胡椒木（*Schinus terebinthifolia*）

其他參考資料

你可以發揮影響力：

如果你想支持這本書裡討論的自然抗感染藥物研究，請考慮捐款給我的研究團隊。所有經費均用於支持學生和研究人員的薪資、實驗室器材與田野工作。捐款在美國可抵稅，利用艾默利大學的安全平臺即可輕鬆捐款。我的研究網站有更多捐款相關資訊（https://etnobotanica.us/donate）。

其他學習資源：

這本書裡討論過的主題也有其他影音內容，可在以下平臺收聽收看：

- 〈民族植物學教學〉（Teach Ethnobotany）的 YouTube 頻道，網址：www.youtube.com/user/TeachEthnobotany。我成立這個頻道是為了讓更多人看見與民族植物學和健康有關的演講和口頭報告，這個頻道裡有我自己的演講影片，也有經濟植物學學會和民族生物學學會的研討會影片。

- 〈老饕藥理學〉（Foodie Pharmacology）podcast節目，網址：http://foodiepharmacology.com/。我是共同創作者兼主持人，這個節目探索飲食與健康背後的科學原理，訪問來自相關領域的專家包括飲食、健康、文化、藥理學、農業等。
- 〈整合數位化生物標本〉（iDigBio，Integrated Digitized Biocollections），網址：www.idigbio.org，這是一個訓練計畫，目的是將自然歷史標本數位化（照片與數據紀錄），包括植物標本，由國家科學基金會資助。
- 〈瀕臨絕種野生動植物國際貿易公約〉（Convention on International Trade in Endangered Species of Wild Fauna and Flora），網址：http://cites.org/eng。這是政府之間的國際協議，旨在確保野生動植物的國際貿易不會威脅物種生存。
- 全球抗生素研發合作組織（GARDP，Global Antibiotic Research and Development Partnership），網址：http://gardp.org，戰勝抗藥菌生物製藥加速器（CARB-X，Combating Antibiotic-Resistant Bacteria Biopharmaceutical Accelerator），網址：http://carb-x.org/。非營利組織是加速抗生素研究的重要助力。
- 美國東南部專門技術與標本網絡（SERNEC，Southeast Regional Network of Expertise and

Collection），網址：http://sernecportal.org/portal/。這是美國東南部的植物標本館聯盟，將植物標本的照片與元數據提供給研究、管理規畫與大眾宣傳使用。

學生與科學家：

在我的事業發展初期最棒的事情之一，就是認識像我一樣熱愛人類與大自然連結的人。幸運的是，有好幾個國際科學學會致力於人類－自然界面的民族研究，以及植物的藥用潛力研究。如果你對相關領域的研究有興趣，不妨加入這些組織。他們都非常歡迎學生與新成員，我鼓勵你透過網路聯繫他們，並且參加他們舉辦的研討會。以下是我推薦的幾個組織：

經濟植物學學會（Society for Economic Botany），網址：www.econbot.org。聚焦於人類對植物、文化與環境用途的探索，以及人類與它們的關係——植物與人類活動。

美國藥理學學會（American Society of Pharmacognosy），網址：www.pharmacognosy.us。致力於探索自然界的分子潛能，包括植物研究，但也涵蓋其他自然資源，例如海洋生物、土壤微生物、真菌等等。

民族植物學學會（Society of Ethnobiology），網址：http://ethnobiology.org/，由提倡與支持跨學科研究古往今來人類與環境關係的學者、倡議者及社團組成。

國際民族生物學學會（International Society of Ethnobiology），網址：www.ethnobiology.net。成員包括個人與組織，旨在保存人類社會與自然世界之間的重要連結。

縮寫名詞

ACE2	表現血管收縮素轉化酶2（Angiotensin-Converting Enzyme 2）
AKA	膝上截肢者（Above-knee amputee）
AMR	抗生素抗藥性（Antimicrobial resistance）
APC	裝甲運兵車（Armored personnel carrier）
BKA	膝下截肢者（Below-knee amputee）
BSL	生物安全等級（Biosafety level）
CA-MRSA	與社區相關的抗甲氧苯青黴素金黃色葡萄球菌感染
CDC	美國疾病管制暨預防中心 （Centers for Disease Control and Prevention）
CENaP	民族植物學與天然產物中心 （Center for Ethnobiology and Natural Products）
CF	囊性纖維化（cystic fibrosis）
COVID-19	新冠肺炎
CRAB	抗碳青黴烯鮑式不動桿菌 （carbapenem-resistant *Acinetobacter baumannii*）
CSHH	人類健康研究中心（Center for the Study of Human Health）
DMSO	二甲亞碸（dimethyl sulfoxide）
DMT	二甲基色胺（dimethyltryptamine）
ESKAPE	屎腸球菌（*Enterococcus faecium*）、 金黃色葡萄球菌（*Staphylococcus aureus*）、 克雷伯氏肺炎菌（*Klebsiella pneumoniae*）、 鮑氏不動桿菌（*Acinetobacter baumannii*）、 綠膿桿菌（*Pseudomonas aeruginosa*） 腸桿菌屬的細菌（*Enterobacter*）。
FDA	美國食品藥物管理局（Food and Drug Administration）
FIU	佛州國際大學（Florida International University）
GPS	全球定位系統（global positioning system）

HA-MRSA	與醫療相關的抗甲氧苯青黴素金黃色葡萄球菌感染
MAOI	單胺氧化酶抑制劑（monoamine oxidase inhibitor）
MERS	中東呼吸症候群 （middle East respiratory syndrome coronavirus）
MRSA	抗甲氧苯青黴素金黃色葡萄球菌 （methicillin-resistant *Staphylococcus aureus*）
NCCIH	國家整合健康研究中心 （National Center for Complementary and Integrative Health）
NGO	非政府組織（nongovernmental organization）
NIAID	過敏和傳染病研究所 （National Institute of Allergy and Infectious Disease）
NIH	美國國家衛生院（National Institutes of Health）
OSN	開放科學網絡（Open Science Network）
PI	實驗室負責人（principal investigator）
PPE	個人防護裝備（personal protective equipment）
QNPL	奎弗天然產物資料庫（Quave Natural Products Library）
R&D	研究與發展（research and development）
SEB	經濟植物學學會（Society for Economic Botany）
SERNEC	東南部專門技術與標本網絡 （Southeast Regional Network of Expertise and Collection）
SSEF	全州科學工業展（State Science and Engineering Fair）
SSRI	選擇性血清素再回收抑制劑 （selective serotonin reuptake inhibitor）
TB	結核病（tuberculosis）
UALR	阿肯色大學小岩城分校（University of Arkansas at Little Rock）
UAMS	阿肯色醫學大學（University of Arkansas for Medical Sciences）
USDA	美國農業部（United States Department of Agriculture）
WHO	世界衛生組織（World Health Organization）

參考書目

前言

① Cassandra L. Quave, Lisa R. W. Plano, Traci Pan- tuso, and Bradley C. Bennett, "Effects of Extracts from Italian Medicinal Plants on Planktonic Growth, Biofilm Formation and Adherence of Methicillin-Resistant *Staphylococcus aureus*," *Journal of Ethnopharmacolog y* 118, no. 3 (August 2008): 418–28, https://doi.org/10.1016/j.jep.2008.05.005; Cassandra L. Quave, Miriam Estévez- Carmona, Cesar M. Compadre, Gerren Hobby, Howard Hendrickson, Karen E. Beenken, and Mark S. Smeltzer, "Ellagic Acid Derivatives from *Rubus ulmifolius* Inhibit *Staphylococcus aureus* Biofilm Formation and Improve Response to Antibiotics," *PLoS One* 7 (January 2012): e28737, https://doi.org/10.1371/journal.pone.0028737; Benjamin M. Fontaine, Kate Nelson, James T. Lyles, Parth B. Jariwala, Jennifer M. García-Rodriguez, Cassandra L. Quave, and Emily E. Weinert, "Identification of Ellagic Acid Rhamnoside as a Bioactive Component of a Complex Botanical Ex- tract with Anti-biofilm Activity," *Frontiers in Microbiolog y* 8 (March 2017): 496, https:// doi.org/10.3389/fmicb.2017.00496.

② J. O'Neill, *Review on Antimicrobial Resistance*, 2016, Wellcome Trust and the UK Department of Health, London.

③ Lynn L. Silver, "Challenges of Antibacte- rial Discovery," *Clinical Microbiolog y Reviews* 24, no. 1 (January 2011): 71–109, https:// doi.org/10.1128/cmr.00030-10.

④ Maryn McKenna, "The Antibiotics Business Is Broken—but There's a Fix," *Wired*, April 25, 2019, www.wired.com/story/the-antibiotics-business

-is-broken-but-theres-a-fix/.

⑤ Centers for Disease Control and Prevention, "Achievements in Public Health, 1900–1999: Control of Infectious Diseases," *Mor- bidity and Mortality Weekly Report* 48, no. 29 (July 1999): 621–29.

⑥ "Penicillin's Finder Assays Its Future," *New York Times*, June 26, 1945.

⑦ Maarten J. M. Christenhusz and James W. Byng, "The Number of Known Plants Species in the World and Its Annual Increase," *Phytotaxa* 261, no. 3 (May 2016): 201–17, https://doi.org/10.11646/phytotaxa.261.3.1.

⑧ Medicinal Plant Names Services, Kew Sci- ence, accessed March 29, 2021, https://mpns.science.kew.org/mpns-portal/.[AQ: Global queries:Stet multiple article authors instead of using "et al."--OK? Add "and" before final author in a list, for consistency, OK?]

⑨ Xin-Zhuan Su and Louis H. Miller, "The Discovery of Artemis- inin and the Nobel Prize in Physiology or Medicine," *Science China Life Sciences* 58 (2015): 1175–79, https://doi.org/10.1007/s11427-015-4948-7.

⑩ J. W. Harshberger, "Purposes of Eth- nobotany," *Botanical Gazette* 21, no. 3 (1896): 146–54.

⑪ Ghillean T. Prance, "Ethnobotany, the Science of Survival: A Declaration from Kaua'i," *Economic Botany* 61 (2007): 1–2, https://doi.org/10.1007/BF02862367.

⑫ Athena P. Kourtis, Kelly Hatfield, James Baggs, Yi Mu, Isaac See, Erin Epson, Joelle Nadle, Marion A. Kainer, Ghinwa Dumyati, Susan Petit, Susan M. Ray, Emerging Infections Program MRSA author group, David Ham, Catherine Capers, Heather Ewing, Nicole Coffin, L. Clifford McDonald, John Jernigan, and Denise Cardo, "Vital Signs: Epidemiology and Recent Trends in Methicillin-Resistant and in Methicillin-Susceptible *Staphylococcus aureus* Blood- stream Infections—United States," *Morbidity and Mortality Weekly Report* 68, no. 9 (March 2019): 214–19, https://doi.org/10.15585/mmwr.mm6809e1.

第一章／我、我的右腿與野外

① Ji Youn Lim, Jangwon Yoon, and Caro- lyn J. Hovde, "A Brief Overview of *Escherichia coli* O157:H7 and Its Plasmid O157," *Journal of Microbiolog y and Biotechnolog y* 20, no. 1 (January 2010): 5–14.

第二章／歡迎來到亞馬遜

① Luigi Capasso, "5300 Years Ago, the Ice Man Used Natural Laxatives and Antibiotics," *Lancet* 352, no. 9143 (December 1998): 1864, https:// doi.org/10.1016/s0140-6736(05)79939-6.

② Felix Cunha, "I. The Ebers Papyrus," *American Journal of Surgery* 77 no. 1 (January 1949): 134–36, https:// doi.org/10.1016/0002-9610(49)90394-3; Anke Hartmann, "Back to the Roots— Dermatology in Ancient Egyptian Medicine," *Journal der Deutschen Dermatologischen Gesellschaft* 14, no. 4 389–96, https://doi.org/https://doi.org/10.1111/ddg.12947.

③ Q. M. Yeo, Rustin Crutchley, Jessica Cottreau, Anne Tucker, and Kevin W. Garey, "Crofelemer, a Novel Antisecretory Agent Approved for the Treatment of HIV-Associated Diarrhea," *Drugs Today (Barc)* 49, no. 4 (April 2013): 239–52, https://doi.org/10.1358/dot.2013.49.4.1947253; Poorvi Chordia and Roger D. MacArthur, "Crofelemer, a Novel Agent for Treatment of Non-infectious Diarrhea in HIV-Infected Persons," *Expert Review of Gastroenterolog y andHepatolog y*7,no.7(2013):591–600,https://doi.org/10.1586/17474124.2013.832493.

④ Elisabet Domínguez-Clavé, Joaquim Soler, Matilde Elices, Juan C. Pascual, Enrique Álvarez, Mario de la Fuente Revenga, Pablo Friedlander, Amanda Feilding, and Jordi Riba, "Ayahuasca: Pharmacology, Neuroscience and Therapeutic Potential," *Brain Research Bulletin* 126 (September 2016): 89–101, https://doi.org/https://doi.org/10.1016/j.brainresbull.2016.03.002.

第三章／寄生蟲

① Nancy Scheper-Hughes and Margaret M. Lock, "The Mindful Body: A

Prolegomenon to Future Work in Medical An- thropology," *Medical Anthropolog y Quarterly* 1, no. 1 (March 1987): 6–41, https://doi.org/ https://doi.org/10.1525/maq.1987.1.1.02a00020.

第四章／不速之客

① "The Nagoya Protocol on Access and Benefit-Sharing," Convention on Biological Diversity, updated March 18 2021, www.cbd.int/abs/.

② Andrea Pieroni, Cassandra Quave, Sabine Nebel, and Michael Heinrich, "Ethnopharmacy of the Ethnic Albanians (Arbëreshë) of Northern Basilicata, Italy," *Fitoterapia* 73, no. 3 (June 2002): 217–41, https://doi.org/10.1016/s0367-326x(02)00063-1.

③ Andrea Pieroni, Sabine Nebel, Cassandra Quave, Harald Münz, and Michael Heinrich, "Ethnopharmacology of Liakra: Traditional Weedy Vegetables of the Arbëreshë of the Vulture Area in Southern Italy," *Journal of Ethnopharmacolog y* 81, no. 2 (2002): 165–85, https://doi.org/10.1016/s0378-8741(02)00052-1.

④ Seven Countries Study, accessed April 3, 2021, www.sevencountriesstudy.com.

⑤ Cassandra L. Quave and Andrea Pieroni, "Ritual Healing in Arbëreshë Albanian and Italian Communities of Luca- nia, Southern Italy," *Journal of Folklore Research* 42, no. 1 (2005): 57–97.

第五章／鳥浴池洗衣店

① Daniel Stone, *The Food Explorer: The True Adventures of the Globe-Trotting Botanist Who Transformed What America Eats* (New York: Dutton, 2018).

② Centers for Disease Control and Prevention, *Active Bacterial Core Surveillance Report, Emerging Infections Program Network, Methicillin-Resistant Staphylococcus aureus 2006*, last updated January 30, 2012, https://www.cdc.gov/abcs/reports-findings/survreports/mrsa06.pdf.

③ Centers for Disease Control and Prevention, *HIV/ AIDS Surveillance Report: Cases of HIV Infection and AIDS in the United States and Dependent Areas, 2006,* 2008, www.cdc.gov/hiv/pdf/statistics_2006_HIV_Surveillance_Re port_vol_18.pdf.

④ Eugene Brent Kirkland and Brian B. Adams, "Methicillin- Resistant *Staphylococcus aureus* and Athletes," *Journal of the American Academy of Derma- tolog y* 59, no. 3 (September 1, 2008): 494–502, https://doi.org/10.1016/j.jaad.2008.04.016.

⑤ Philip R. Cohen, "The Skin in the Gym: A Compre- hensive Review of the Cutaneous Manifestations of Community-Acquired Methicillin-Resistant *Staphylococcus aureus* Infection in Athletes," *Clinical Dermatolog y* 26,no.1(January2008):16–26,https://doi.org/10.1016/j.clindermatol.2007.10.006.

⑥ Ian Sample, "Bacteria Tests Reveal How MRSA Strain Can Kill in 24 Hours," *Guardian*, January 19, 2007, www.theguard ian.com/society/2007/jan/19/health.medicineandhealth2.

⑦ Mythili Rao and Tim Langmaid, "Bacteria That Killed Virginia Teen Found in Other Schools," CNN, October 18, 2007, www.cnn.com/2007/HEALTH/10/18/mrsa.cases/.

⑧ Yves Gillet, Philippe Vanhems, Gerard Lina, Michèle Bes, François Vandenesch, Daniel Floret, and Jerome Etienne, "Fac- tors Predicting Mortality in Necrotizing Community-Acquired Pneumonia Caused by *Staphylococcus aureus* Containing Panton-Valentine Leukocidin," *Clinical Infectious Diseases* 45, no. 3 (August 2007): 315–21, https://doi.org/10.1086/519263.

⑨ Erin I. Armentrout, George Y. Liu, and Gislâine A. Martins, "T Cell Immunity and the Quest for Protective Vaccines against *Staphylococcus aureus* Infection," *Microorganisms* 8, no. 12 (December 2020): 1936, https://doi.org/10.3390/microorganisms8121936.

第六章／從田野到實驗室

① Cassandra L. Quave, Andrea Pieroni, and Bradley C. Bennett, "Dermatological Remedies in the Traditional Pharmacopoeia of Vulture-Alto Bradano, Inland Southern Italy," *Journal of Ethnobiolog y and Ethno- medicine* 4, article 5 (2008), https://doi.org/10.1186/1746-4269-4-5.

第七章／寶寶與生物膜

① Breena R. Taira, Adam J. Singer, Henry C. Thode Jr., and Christopher C. Lee, "National Epidemiology of Cutane- ous Abscesses: 1996 to 2005," *American Journal of Emergency Medicine* 27, no. 3 (March 2009): 289–92, https://doi.org/10.1016/j.ajem.2008.02.027.

② Olivier J. Wouters, Martin McKee, and Jeroen Luyten, "Estimated Research and Development Investment Needed to Bring a New Medicine to Market, 2009–2018," *Journal of the American Medical Association* 323, no. 9 (March 2020): 844–53, https://doi.org/10.1001/jama.2020.1166.

③ John H. Rex, "Melinta, Part 2 / Bank- ruptcy Is Not the End / Post-approval Costs for an Antibiotic," Antimicrobial Resistance Solutions, January 20, 2020, https://amr.solutions/2020/01/07/melinta-part-2-bankruptcy-is-not-the-end-post-approval-costs-for-an-antibiotic/.

第八章／我的實驗室

① Antoni Van Leeuwenhoek, "Obser- vations, Communicated to the Publisher by Mr. Antony van Leewenhoeck, in a Dutch Letter of the 9th Octob. 1676. here English'd: Concerning Little Animals by him Observed in Rain-Well-Sea- and Snow Water; as also in Water wherein Pepper had Lain Infused," *The Royal Society Philosophical Transactions*, March 25, 1677, https://doi.org/10.1098/rstl.1677.0003.

第九章／海甘藍

① "Biodiversity Hotspots Defined," Critical Ecosystem Partner- ship Fund, accessed April 3, 2021, www.cepf.net/our-work/biodiversity-hotspots/hotspots-defined.

② Norman Myers, Russell A. Mitter- meier, Cristina G. Mittermeier, Gustavo A. B. da Fonseca, and Jennifer Kent, "Bio- diversity Hotspots for Conservation Priorities," *Nature* 403 (February 2000): 853–58, https://doi.org/10.1038/35002501.

③ Melanie-Jayne R. Howes, Cassandra L. Quave, Jérôme Collemare, Evangelos C. Tatsis, Danielle Twilley, Ermias Lulekal, Andrew Farlow, Liping Li, María-Elena Cazar, Danna J. Leaman, Thomas A. K. Prescott, William Milliken, Cathie Martin, Marco Nuno De Canha, Namrita Lall, Haining Qin, Barnaby E. Walker, Carlos Vásquez-Londoño, Bob Allkin, Malin Rivers, Monique S. J. Simmonds, Elizabeth Bell, Alex Battison, Juri Felix, Felix Forest, Christine Leon, China Williams, and Eimear Nic Lughadha, "Molecules from Na- ture: Reconciling Biodiversity Conservation and Global Healthcare Imperatives for Sustainable Use of Medicinal Plants and Fungi," *Plants, People, Planet* 2, no. 5 (Sep- tember 2020): 463–81, https://doi.org/https://doi.org/10.1002/ppp3.10138.

④ Molly Meri Robinson and Xiaorui Zhang, *The World Medicines Situation 2011—Traditional Medi- cines: Global Situation, Issues and Challenges* (World Health Organization, Geneva: 2011).

⑤ William Henry Smyth, *Memoir Descriptive of the Resources, Inhabitants and Hydrography of Sicily and Its Islands, Interspersed with Antiquar- ian and Other Notices* (London: John Murray, Albemarle-Street, 1824), 244.

⑥ Leonardo Orlandini, "Trapani succintamente descritto del Canonico Leonardo Orlandini," trans. Gino Lipari, Trapani Nostra, www.trapaninostra.it/libri/Gino_ Lipari/Trapani_ Succintamente_ Descritto/Trapani_Succintamente_Descritto.pdf; Giovanni Andrea Massa, *La Sicilia in Prospettiva. Parte Seconda. Cioè Le Citta, Castella, Terre e Luoghi*

*Esistenti e Non Esistenti in Sicilia, la Topografia Littorale, li Scogli, Isole e Penisole Intorno ad Essa. Esposti in Veduta Da Un Religioso Della Compagnia Di Ges*ù (Palermo: Stamparia di Francesco Cichè, 1709).

⑦ Timur Tongur, Naciye Erkan, and Erol Ayranci, "Investigation of the Composition and Antioxidant Activity of Acetone and Methanol Extracts of *Daphne sericea* L. and *Daphne gnidioides* L.," *Journal of Food Science and Technolog y* 55, no. 4 (April 2018): 1396–1406, https://doi.org/10.1007/s13197-018-3054-9.

⑧ S. C. Cunningham, R. Mac Nally, P. J. Baker, T. R. Cavagnaro, J. Beringer, J. R. Thomson, and R. M. Thompson, "Balancing the Environmental Benefits of Reforestation in Agricultural Regions," *Perspectives in Plant Ecolog y, Evolution and Systematics* 17, no. 4 (July 2015): 301–17, https://doi.org/10.1016/j.ppees.2015.06.001.

⑨ Cassandra L. Quave and Alessan- dro Saitta, "Forty-Five Years Later: The Shifting Dynamic of Traditional Ecological Knowledge on Pantelleria Island, Italy," *Economic Botany* 70 (December 2016): 380–93, https://doi.org/10.1007/s12231-016-9363-x.

⑩ Fiona Q. Bui, Cassio Luiz Coutinho Almeida-da-Silva, Brandon Huynh, Alston Trinh, Jessica Liu, Jacob Woodward, Homer Asadi, and David M. Ojcius, "Association between Periodontal Pathogens and Systemic Disease," *Biomedical Journal* 42, no. 1 (February 2019): 27– 35, https://doi.org/https://doi.org/10.1016/j.bj.2018.12.001; Mahtab Sadrameli, Praveen Bathini, and Lavinia Alberi, "Linking Mechanisms of Periodontitis to Alz- heimer's Disease," *Current Opinion in Neurolog y* 33, no 2 (April 2020): 230–38.

⑪ Danielle H. Carrol, François Chassagne, Micah Dettweiler, and Cassandra L. Quave, "Antibacterial Activity of Plant Species Used for Oral Health against *Porphyromonas gingivalis*," *PLoS One* 15, no. 10 (October 2020): e0239316, https://doi.org/10.1371/journal.pone.0239316.

⑫ Micah Dettweiler, James T. Lyles, Kate Nelson, Brandon Dale, Ryan M.

Reddinger, Daniel V. Zurawski, and Cas- sandra L. Quave, "American Civil War Plant Medicines Inhibit Growth, Biofilm Formation, and Quorum Sensing by Multidrug-Resistant Bacteria," *Scientific Re- ports* 9 (May 2019): 7692, https://doi.org/10.1038/s41598-019-44242-y.

⑬ Centers for Disease Control and Prevention, "*Acinetobacter baumannii* Infections among Patients at Mili- tary Medical Facilities Treating Injured U.S. Service Members, 2002–2004," *Mor- bidity and Mortality Weekly Report* 53, no. 45 (November 2004): 1063–66; Callie Camp and Owatha L. Tatum, "A Review of *Acinetobacter baumannii* as a Highly Successful Pathogen in Times of War," *Laboratory Medicine* 41, no. 11 (November 2010): 649–57, https://doi.org/10.1309/LM90IJNDDDWRI3RE.

⑭ S. I. Getchell-White, L. G. Donowitz, and D. H. Gröschel, "The Inanimate Environment of an Intensive Care Unit as a Potential Source of Nosocomial Bacteria: Evidence for Long Survival of *Acineto- bacter calcoaceticus*," *Infection Control and Hospital Epidemiolog y* 10, no. 9 (August 1989): 402–7, https://doi.org/10.1086/646061; A. Jawad, A. M. Snelling, J. Heritage, and P. M. Hawkey, "Exceptional Desiccation Tolerance of *Acinetobacter radioresistens*," *Journal of Hospital Infection* 39, no. 3 (July 1998): 235–40, https://doi.org/10.1016/s0195-6701(98)90263-8.

⑮ M. Catalano, L. S. Quelle, P. E. Jeric, A. Di Martino, and S. M. Maimone, "Survival of *Acinetobacter baumannii* on Bed Rails during an Outbreak and during Sporadic Cases," *Journal of Hospital Infec- tion* 42, no. 1 (May 1999): 27–35, https://doi.org/10.1053/jhin.1998.0535.

⑯ Centers for Disease Control and Prevention, *Antibiotic Resistance Threats in the United States, 2019,* December 2019, www.cdc.gov/drugresistance/pdf/threats-report/2019-ar-threats-report-508.pdf.

⑰ Micah Dettweiler, Lewis Marquez, Michelle Lin, Anne M. Sweeney-Jones, Bhuwan Khatri Chhetri, Daniel V. Zurawski, Julia Kubanek, and Cassandra L. Quave, "Pentagalloyl Glucose from *Schinus terebinthifo- lia* Inhibits Growth of Carbapenem-Resistant *Acinetobacter baumannii*," *Scientific*

Reports 10 (September 2020): 15340, https://doi.org/10.1038/s41598-020-72331-w.

第十章／零容忍政策

① "Tuberculosis," World Health Organization, October 14, 2020, www.who.int/news-room/fact-sheets/detail/tuberculosis.

② Helen W. Boucher, George H. Tal- bot, John S. Bradley, John E. Edwards, David Gilbert, Louis B. Rice, Michael Scheld, Brad Spellberg, and John Bartlett, "Bad Bugs, No Drugs: No ESKAPE! An Update from the Infectious Diseases Society of America," *Clinical Infectious Diseases* 48, no. 1 (January 2009): 1–12, https://doi.org/10.1086/595011.

③ Cystic Fibrosis Foundation, ac-cessed April 5, 2021, www.cff.org/What-is-CF/About-Cystic-Fibrosis.

④ L. Alan Prather, Orlando Alvarez-Fuentes, Mark H. Mayfield, and Carolyn J. Ferguson, "The Decline of Plant Collecting in the United States: A Threat to the Infrastructure of Biodiversity Studies," *Systematic Botany* 29, no. 1 (January 2004): 15–28; Daniel P. Bebber, Mark A. Carine, John R. I. Wood, Alexandra H. Wortley, David J. Harris, Ghillean T. Prance, Gerrit Davidse, Jay Paige, Terry D. Pennington, Norman K. B. Robson, and Robert W. Scotland, "Herbaria Are a Major Frontier for Species Discovery," *Proceedings of the National Academy of Sciences* 107, no. 51 (December 2010): 22169–71, https://doi.org/10.1073/pnas.1011841108.

⑤ A. Antonelli, C. Fry, R. J. Smith, M. S. J. Simmonds, P. J. Kersey, H. W. Pritchard, M. S. Abbo, C. Acedo, J. Adams, A. M. Ainsworth, B. Allkin, W. Annecke, S. P. Bachman, K. Bacon, S. Bárrios, C. Bar- stow, A. Battison, E. Bell, K. Bensusan, M. I. Bidartondo, R. J. Blackhall-Miles, B. Bonglim, J. S. Borrell, F. Q. Brearley, E. Breman, R. F. A. Brewer, J. Brodie, R. Cámara-Leret, R. Campostrini Forzza, P. Cannon, M. Carine, J. Carretero, T. R. Cavagnaro, M.-E. Cazar, T. Chapman, M. Cheek, C. Clubbe, C. Cockel, J. Col- lemare, A. Cooper, A. I. Copeland, M. Corcoran, C. Couch,

C. Cowell, P. Crous, M. da Silva, G. Dalle, D. Das, J. C. David, L. Davies, N. Davies, M. N. De Canha, E. J. de Lirio, S. Demissew, M. Diazgranados, J. Dickie, T. Dines, B. Douglas, G. Dröge, M. E. Dulloo, R. Fang, A. Farlow, K. Farrar, M. F. Fay, J. Felix, F. Forest, L. L. Forrest, T. Fulcher, Y. Gafforov, L. M. Gardiner, G. Gâteblé, E. Gaya, B. Geslin, S. C. Gonçalves, C. J. N. Gore, R. Govaerts, B. Gowda, O. M. Grace, A. Grall, D. Haelewaters, J. M. Halley, M. A. Hamilton, A. Hazra, T. Heller, P. M. Hollingsworth, N. Holstein, M.-J. R. Howes, M. Hughes, D. Hunter, N. Hutchinson, K. Hyde, J. Iganci, M. Jones, L. J. Kelly, P. Kirk, H. Koch, I. Krisai-Greilhuber, N. Lall, M. K. Langat, D. J. Leaman, T. C. Leão, M. A. Lee, I. J. Leitch, C. Leon, E. Lettice, G. P. Lewis, L. Li, H. Lindon, J. S. Liu, U. Liu, T. Llewellyn, B. Looney, J. C. Lovett, Ł. Łuczaj, E. Lulekal, S. Maggassouba, V. Malé- cot, C. Martin, O. R. Masera, E. Mattana, N. Maxted, C. Mba, K. J. McGinn, C. Metheringham, S. Miles, J. Miller, W. Milliken, J. Moat, J. G. P. Moore, M. P. Morim, G. M. Mueller, H. Muminjanov, R. Negrão, E. N. Lughadha, N. Nicolson, T. Niskanen, R. N. Womdim, A. Noorani, M. Obreza, K. O'Donnell, R. O'Hanlon, J.-M. Onana, I. Ondo, S. Padulosi, A. Paton, T. Pearce, O. A. P. Escobar, A. Pieroni, S. Pironon, T. A. K. Prescott, Y. D. Qi, H. Qin, C. L. Quave, L. Rajaovelona, H. Razanajatovo, P. B. Reich, E. Rianawati, T. C. G. Rich, S. L. Richards, M. C. Rivers, A. Ross, F. Rumsey, M. Ryan, P. Ryan, S. Sagala, M. D. Sanchez, S. Sharrock, K. K. Shrestha, J. Sim, A. Sirakaya, H. Sjöman, E. C. Smidt, D. Smith, P. Smith, S. R. Smith, A. Sofo, N. Spence, A. Stanworth, K. Stara, P. C. Stevenson, P. Stroh, L. M. Suz, E. C. Tatsis, L. Taylor, B. Thiers, I. Thormann, C. Trivedi, D. Twilley, A. D. Twyford, T. Ulian, T. Utteridge, V. Vaglica, C. Vásquez-Londoño, J. Victor, J. Viruel, B. E. Walker, K. Walker, A. Walsh, M. Way, J. Wilbraham, P. Wilkin, T. Wilkinson, C. Williams, D. Winterton, K. M. Wong, N. Woodfield- Pascoe, J. Woodman, L. Wyatt, R. Wynberg, and B. G. Zhang, *State of the World's Plants and Fungi 2020* (London: Royal Botanic Gardens, Kew, 2020), https://doi.org /10.34885/172.

⑥ Barbara M. Thiers, *The World's Herbaria 2019: A Summary Report Based on Data from Index Herbariorum,* New York Botanic Garden, January 10, 2020, http://sweetgum.nybg.org/science/docs/The_Worlds_Herbaria_2019.pdf.

⑦ James D. Wat- son, *The Double Helix: A Personal Account of the Discovery of the Structure of DNA* (New York: Atheneum, 1968).

⑧ "Doctoral Degrees Earned by Women, by Major," American Physical Society, accessed April 3, 2021, www.aps.org/programs/education/statistics/fraction-phd.cfm.

⑨ Isabel Torres, Ryan Watkins, Martta Liukkonen, and Mei Lin Neo, "COVID Has Laid Bare the Inequities That Face Mothers in STEM," *Scientific American,* December 23, 2020, www.scientificamerican.com/article/covid-has-laid-bare-the-inequities-that-face-mothers-in-stem/.

⑩ Catherine Buffington, Benjamin Cerf, Christina Jones, and Bruce A. Weinberg, "STEM Training and Early Career Outcomes of Female and Male Graduate Students: Evidence from UMETRICS Data Linked to the 2010 Census," *American Economic Review* 106, no. 5 (May 2016): 333–38, https://doi.org/10.1257/aer.p20161124.

⑪ Erin A. Cech and Mary Blair-Loy, "The Changing Career Trajectories of New Parents in STEM," *Proceedings of the National Academy of Sciences* 116, no. 10 (March 2019): 4182–87, https://doi.org/10.1073/pnas.1810862116.

⑫ Society for Economic Botany, accessed April 3, 2021, www.econbot.org/home/governance/code-of-conduct.html.

⑬ Ferris Jabr, "Could Ancient Remedies Hold the Answer to the Looming Antibiotics Crisis?," *New York Times Magazine*, September 18, 2016, www.nytimes.com/2016/09/18/magazine/could-ancient-remedies-hold-the-answer-to-the-looming-antibiotics-crisis.html.

第十一章／獨腿獵人

① Cassandra L. Quave and Andrea Pieroni, "A Reservoir of Ethnobotanical Knowledge Informs Resilient Food Security and Health Strategies in the Balkans," *Nature Plants* 1 (February 2015): 14021, https:// doi.org/10.1038/nplants.2014.21.

② Andrea Pieroni, Renata Sõukand, Cassandra L. Quave, Avni Hajdari, and Behxhet Mustafa, "Traditional Food Uses of Wild Plants among the Gorani of South Kosovo," *Appetite* 108, no. 1(January 2017):83–92, https://doi.org/10.1016/j.appet.2016.09.024.

③ Cassandra L. Quave and Andrea Pieroni, "Fermented Foods for Food Sovereignty and Food Security in the Balkans: A Case Study of the Gorani People of Northeastern Albania," *Journal of Ethnobiolog y* 34, no. 1 (March 2014): 28–43.

④ Jonathan Franzen, "Last Song for Migrating Birds," *National Geographic*, July 2013, www.nationalgeographic.com/magazine/2013/07/songbird-migration/.

⑤ Daniel Ruppert, "Assessing the Effectiveness of the Hunting Ban in Albania," master's thesis, Eberswalde University of Sustainable Development, 2018.

⑥ Susanne Masters, Tinde van Andel, Hugo J. de Boer, Reinout Heijungs, and Barbara Gravendeel, "Patent Analysis as a Novel Method for Exploring Commercial Interest in Wild Harvested Species," *Biological Conservation* 243 (March 2020): 108454, https://doi.org/10.1016/j.biocon.2020.108454.

⑦ Amy Hinsley, Hugo J. de Boer, Michael F. Fay, Stephan W. Gale, Lauren M. Gardiner, Rajasinghe S. Gunasekara, Pankaj Kumar, Susanne Masters, Destario Metusala, David L. Roberts, Sarina Veldman, Shan Wong, and Jacob Phelps, "A Review of the Trade in Orchids and Its Implications for Conserva- tion," *Botanical Journal of the Linnean Society* 186, no. 4 (April 2018): 435–55, https:// doi.org/10.1093/botlinnean/box083.

⑧ Jackson Maogoto, "In- quiry on Complicity in War Crimes as Defined in

Article 8(2) of the International Criminal Court," International Monsanto Tribunal in The Hague (October 2016): 5, https://www.monsanto-tribunal.org/upload/asset_cache/971889519.pdf ?rnd= KxkE6d.

⑨ Charles Ornstein, Hannah Fresques, and Mike Hixenbaugh, "The Children of Agent Orange," *ProPublica,* December 16, 2016, www.propublica.org/article/the-children-of-agent-orange.

⑩ Marco Caputo, James T. Lyles, Monique Salazar, and Cassandra L. Quave, "LEGO MINDSTORMS Fraction Collector: A Low-Cost Tool for a Preparative High-Performance Liquid Chromatography System," *Analytical Chemistry* 92, no. 2 (January 2020): 1687–90, https://doi.org/10.1021/acs.analchem.9b04299.

⑪ Charles L. Cantrell, Jerome A. Klun, Charles T. Bryson, Mozaina Kobaisy, and Stephen O. Duke, "Isolation and Identification of Mosquito Bite Deterrent Terpenoids from Leaves of American (*Callicarpa americana*) and Japanese (*Callicarpa japonica*) Beautyberry," *Journal of Agricultural and Food Chem- istry* 53, no. 15 (July 2005): 5948–53, https://doi.org/10.1021/jf0509308.

⑫ Gina Porras, John Bacsa, Huaqiao Tang, and Cassandra L. Quave, "Characterization and Structural Analysis of Genkwanin, a Natural Product from *Callicarpa americana*," *Crystals* 9, no. 10 (September 2019): 491.

⑬ Micah Dettweiler, Roberta J. Melander, Gina Porras, Caitlin Risener, Lewis Marquez, Tharanga Samarakoon, Christian Melander, and Cassandra L. Quave, "A Clerodane Diterpene from *Cal- licarpa americana* Resensitizes Methicillin-Resistant *Staphylococcus aureus* to β-Lactam Antibiotics," *ACS Infectious Disease* 6, no. 7 (June 2020): 1667–73, https://doi.org/10.1021/acsinfecdis.0c00307.

⑭ Rozenn M. Pineau, Sarah E. Hanson, James Lyles, and Cassandra L. Quave, "Growth Inhibitory Activity of *Callicarpa ameri- cana* Leaf Extracts against *Cutibacterium acnes*," *Frontiers in Pharmacolog y* 10 (October 2019): 1206, https://doi.org/10.3389/fphar.2019.01206.

⑮ Huaqiao Tang, Gina Porras, Morgan M. Brown, François Chassagne, James T. Lyles, John Bacsa, Alexander R. Horswill, and Cassandra L. Quave, "Triterpenoid Acids Isolated from *Schinus terebinthifolia* Fruits Reduce *Staphylococcus aureus* Virulence and Abate Dermonecrosis," *Scientific Reports* 10 (May 2020): 8046, https://doi.org/10.1038/s41598-020-65080-3.

⑯ Nicholas Richwagen, James T. Lyles, Brandon L. F. Dale, and Cassandra L. Quave, "Antibacterial Activity of *Kalanchoe mortagei* and *K. fedtschenkoi* against ESKAPE Pathogens," *Frontiers in Phar- macolog y* 10 (February 2019): 67, https://doi.org/10.3389/fphar.2019.00067.

第十二章／卡珊卓的詛咒

① H. M. Adnan Hameed, Md. Mahmudul Islam, Chi- ranjibi Chhotaray, Changwei Wang, Yang Liu, Yaoju Tan, Xinjie Li, Shouyong Tan, Vincent Delorme, Wing W. Yew, Jianxiong Liu, and Tianyu Zhang, "Molecu- lar Targets Related Drug Resistance Mechanisms in MDR-, XDR-, and TDR-*Mycobacterium tuberculosis* Strains," *Frontiers in Cellular and Infection Microbiolog y* 8 (April 2018): 114, https://doi.org/10.3389/fcimb.2018.00114.

② Centers for Disease Control and Prevention, *Sexu- ally Transmitted Disease Surveillance 2018*, October 1, 2019, https://doi.org/10.15620/cdc.79370.

③ Stephanie N. Taylor, David H. Morris, Ann K. Avery, Kimberly A. Workowski, Byron E. Batteiger, Courtney A. Tiffany, Caroline R. Perry, Aparna Raychaudhuri, Nicole E. Scangarella-Oman, Moham- mad Hossain, and Etienne F. Dumont, "Gepotidacin for the Treatment of Uncompli- cated Urogenital Gonorrhea: A Phase 2, Randomized, Dose-Ranging, Single-Oral Dose Evaluation," *Clinical Infectious Diseases* 67, no. 4 (August 2018): 504–12, https:// doi.org/10.1093/cid/ciy145; John O'Donnell, Ken Lawrence, Karthick Vishwana- than, Vinayak Hosagrahara, and John P. Mueller, "Single-Dose Pharmacokinetics,

Excretion, and Metabolism of Zoliflodacin, a Novel Spiropyrimidinetrione Antibi- otic, in Healthy Volunteers," *Antimicrobial Agents and Chemotherapy* 63 (October 2018): e01808-01818, https://www.ncbi.nlm.nih.gov/pmc/articles/PMC6325203/.

④ Gina Porras, François Chas- sagne, James T. Lyles, Lewis Marquez, Micah Dettweiler, Akram M. Salam, Tha- ranga Samarakoon, Sarah Shabih, Darya Raschid Farrokhi, and Cassandra L. Quave, "Ethnobotany and the Role of Plant Natural Products in Antibiotic Drug Discovery," *Chemical Reviews* 121, no. 6 (November 2020): 3495–3560, https://doi.org/10.1021/acs.chemrev.0c00922; François Chassagne, Tharanga Samarakoon, Gina Porras, James T. Lyles, Micah Dettweiler, Lewis Marquez, Akram M. Salam, Sarah Shabih, Darya Raschid Farrokhi, and Cassandra L. Quave, "A Systematic Review of Plants with Antibacterial Activities: A Taxonomic and Phylogenetic Perspective," *Frontiers in Pharmacolog y* 11 (January 2020): 586548, https://doi.org/10.3389/fphar.2020.586548.

⑤ "Guillain-Barré Syn- drome," Rare Disease Database, National Organization for Rare Disorders, accessed April 4, 2021, https://rarediseases.org/rare-diseases/guillain-barre-syndrome/.

⑥ Mary-Anne Melone, Nicholas Heming, Paris Meng, Dominique Mompoint, Jerôme Aboab, Bernard Clair, Jerôme Salomon, Tarek Sharshar, David Orlikowski, Sylvie Chevret, and Djillali Annane, "Early Mechanical Ventilation in Patients with Guillain-Barré Syndrome at High Risk of Respiratory Failure: A Randomized Trial," *Annals of In- tensive Care* 10 (September 2020): 128, https://doi.org/10.1186/s13613-020-00742-z.

⑦ Atul Ashok Kalanuria, Wendy Zai, and Marek Mirski, "Ventilator-Associated Pneumonia in the ICU," *Critical Care* 18 (March 2014): 208, https://doi.org/10.1186/cc13775.

⑧ Su Young Chi, Tae Ok Kim, Chan Woo Park, Jin Yeong Yu, Boram Lee, Ho Sung Lee, Yu Il Kim, Sung Chul Lim, and Yong Soo Kwon, "Bacterial Pathogens of Ventilator-Associated Pneumonia in a Tertiary Referral

Hospital," *Tuberculosis and Respiratory Diseases* 73, no. 1 (2012): 32–37, https://doi.org/10.4046/trd.2012.73.1.32.

⑨ Timothy Sullivan, "What Is the 'Relative Value' of an Infectious Disease Physician?," *Health Affairs,* February 3, 2017,https://www.healthaffairs.org/do/10.1377/hblog20170203.058600/full/.

⑩ "Do We Need a Netflix for Antibiotics?," *Financial Times*, video, 4:50, February 9, 2021, www.ft.com/video/adada10f-5747-4976-a3e0-958b0165e0ef.

⑪ Attila A. Seyhan, "Lost in Translation: The Valley of Death across Preclinical and Clinical Divide—Identification of Problems and Overcoming Obstacles," *Translational Medicine Communications* 4 (November 2019): 18, https:// doi.org/10.1186/s41231-019-0050-7.

結語

① "Spina Bifida and Agent Orange," US Department of Veterans Affairs, accessed April 2, 2021, www.publichealth.va.gov/exposures/agentorange/birth-defects/spina-bifida.asp.